中國学術思想 研究輯刊

八 編

林 慶 彰 主編

第 15 冊

宋代家禮家訓的研究

林 春 梅 著

王安石研究

林 敬 文 著

花木蘭文化出版社

國家圖書館出版品預行編目資料

宋代家禮家訓的研究　林春梅 著／王安石研究　林敬文 著—
初版 — 台北縣永和市：花木蘭文化出版社，2010〔民 99〕
目 2+92 面＋序 2+ 目 2+114 面；19×26 公分
（中國學術思想研究輯刊 八編：第 15 冊）
ISBN：978-986-254-199-9（精裝）
1.（宋）王安石　2. 家禮　3. 家訓　4. 宋代　5. 學術思想
534.5　　　　　　　　　　　　　　　　　99002374

ISBN - 978-986-2541-99-9

9 789862 541999

中國學術思想研究輯刊
八　編　第十五冊　　　　　ISBN：978-986-254-199-9

宋代家禮家訓的研究
王安石研究

作　　者　林春梅／林敬文
主　　編　林慶彰
總 編 輯　杜潔祥
出　　版　花木蘭文化出版社
發 行 所　花木蘭文化出版社
發 行 人　高小娟
聯絡地址　台北縣永和市中正路五九五號七樓之三
　　　　　電話：02-2923-1455／傳眞：02-2923-1452
網　　址　http://www.huamulan.tw 信箱 sut81518@ms59.hinet.net
印　　刷　普羅文化出版廣告事業
封面設計　劉開工作室
初　　版　2010 年 3 月
定　　價　八編 35 冊（精裝）新台幣 58,000 元

宋代家禮家訓的研究

林春梅　著

作者簡介

　　林春梅出生於台東知本，成長於台南。畢業於輔仁大學中國文學系、中國文學研究所碩士。畢業後，旋任教台南崑山科技大學迄今。

　　成長過程深受父母庭訓影響，恪守本分。求學階段屢受良師們提攜、及益友們扶持，回首過去，能夠完成完整學業，原是眾人的愛所灌注而成。在食指浩繁的勞力家庭裡，若非姐妹們相繼投入職場，解決家庭經濟窘境，實不能有今日之造化。受人點滴，當湧泉以報。過去種種，實感激在心頭，終生難忘。

提　　要

　　家族是我國社會主要的制度，也是社會的重心。家禮指家庭儀節，家訓則是約束家庭組成人員的行為規範。宋代家禮、家訓的內容，專注於立身處世，治家教子。以家族成員為主，目的在延續家族的生命。家族制度以親子為中心，實行倫理為本位，因家族關係複雜，維繫之道有賴於長幼尊卑之序，男女內外之別。而以孝悌精神貫通其中，講求恕、忍，方能維繫家族的長存，傳統的孝道，藉著善事父母，奉養承歡，培育人性，塑造人格。

　　宋代在政治武功上，較之前代積弱不振。遼、金、西夏、蒙古等外族的不斷侵擾下，不得不以歲貢取得一時的苟安，然而在文化傳承上，宋代書院林立，理學興盛，藝術蓬勃發展，各方面的成就，使得宋代士人的覺醒異於前朝，讀書人對積弱不振的國勢，有欲振乏力的苦悶，對於社會禮教的變革，個人心性的修養，以及家庭社會的規範，試圖找出其所能認知的因素及解決之道。雖然不能為當世所用，然而記載流傳做為家訓、家規，留待子孫恪守效法，因此宋代家禮、家訓特別發達，下開元明清三代家訓的發展。

目

次

第一章　緒　論

第一節　家訓淵源

　　家禮指家庭儀節，家訓則泛指任何形式上的教導、訓誡、規則、約定等，約束家庭組成人員的行爲規範，小則家庭，大則家族，前人所組織的家庭，大多是家族式的大家庭，故家訓、家禮也可說是狹義的族規。

　　宋以前的家訓，以《顏氏家訓》最有名，書中討論的範圍很廣，包括立身處世、治家教子、考據詞章義理，兼而有之，包羅萬象，如此家訓體裁可說是前無古人，宋代家訓受其影響很大，但內容上則專注於立身處世、治家教子，對象以家族成員爲主，目的在延續家族的生命，維持家族的和諧。家訓的來源，約有如下幾種：

一、古人的誡子書、家誡一類的作品。梁劉勰《文心雕龍·詔策》篇云：

> 戒者，愼也，禹稱戒之用休。君父至尊，在三周極。漢高祖之敕太子，東方朔之戒子，亦顧命之作也。及馬援以下，各貽家誡。班姬女戒，足稱母師也。（卷四）

其書於上古三代者，如〈周文王詔太子發〉（《全上古三代文》，卷二）、〈趙鞅自爲二書牘與二子〉（《全上古三代文》，卷二）等，漢之〈劉向誡子書〉（《全漢文》，卷三十六）、〈陳咸戒子孫〉（《全漢文》，卷五十五）等，三國時的〈王肅家戒〉（《全三國文》，卷二十三）、〈王昶家誡〉（《全三國文》，卷二十七）等，魏晉時的〈李秉家誡〉（《全晉文》，卷五十三）等，南朝宋〈顏延之庭誥〉（《全宋文》，卷三十六）等，可知家訓與家書有關。

二、古人的遺令或遺戒，亦即所謂的遺囑，屬告誡子孫的規範。其書於上古三代者如〈周文王遺戒〉（《全上古三代文》，卷三）等，漢之〈孔鮒將沒戒弟子〉（《全漢文》，卷十一）、〈楊春卿臨命戒子統〉（《全後漢文》，卷十一）等，三國之〈魏文帝終制〉（《全三國文》，卷八）、〈韓暨臨終遺言〉（《全三國文》，卷二十六）等，魏晉南北朝之〈王祥訓子孫遺令〉（《全晉文》，卷十八）、〈張融遺令〉（《全齊文》，卷十五）等，遺令大多是臨死時候的言詞，而家誡則作於平時。

三、古人自敘生平的「自敘」，如〈馬融自敘〉（《全後漢文》，卷十八）、〈魏文帝自敘〉（《全三國文》，卷八）、〈杜預自敘〉（《全晉文》，卷四十二）等都是屬於家訓的範圍，因藉「自敘」抒發生平志向，子孫自然不敢違背先人遺志或遺風，無形中達到告誡子孫的效果。故「自敘」也可歸於家訓範圍。

　　家訓的目的是告誡子孫，使之了解而能遵守，所以措辭接近白話，或當時口語，因情感真摯，用語親切較具文學價值。宋以後的家訓，大多是條例式，具有倫理的價值，且受理學的影響，更成為說教的工具。但由家訓的內容，可反映出當時的社會風氣、文化背景，家訓雖缺乏文學研究的價值，卻可探討當代士大夫族的思想及其社會風氣。

第二節　研究動機

　　家族是我國社會最主要的制度，也是社會的重心，《易傳‧序卦》言「有男女，然後有夫婦，有夫婦，然後有父子」，說明我國社會是先有婚姻，而後有家庭，有家庭而後有家族，家族的特點：（一）長幼尊卑有序、（二）男女內外有別，二者至為謹嚴。在一家之內，子從父，婦從夫，幼從長，「孝弟也者，其為仁之本與！」（《論語‧學而》），家長是家庭的領袖、法官，是財產的所有者，也是生活經驗傳授的教師。父母對子女，不僅限於延續後嗣，且有保護子女、撫養子女、教育子女的功能。能夠教育出良好的子女，即對社會的貢獻，在父慈子孝的社會中，倫理綱常是由家庭推及於社會，「身修而後家齊，家齊而後國治，國治而後天下平。」（《大學》）「親親而仁民，仁民而愛物」（《孟子‧盡心》），再如「不獨親其親，不獨子其子」（《禮記‧禮運》），我國民胞物與的觀念，可謂自家族觀念而來。

　　家族群居自有其優點：（一）家族中充分的表現互助合作，可使社會負擔

大爲減少，如養老恤孤。（二）家族生活的互助互愛能使下一代都有向上發展的機會，間接促成社會的發展。（三）家族道德發達的結果，能擴充孝友之心，推而及於國家社會。（四）家族構成一完整的體系，同族的人，不論變遷如何，都視同族爲一體，以致家庭成爲家族的單位，家族又成爲社會的重心，家族的孝道、親屬關係、崇拜祖先、敬老等近乎《宗教》的功能，已成中國文化的特質。

我國以農立國，由先秦至滿清，其間雖有政治上的治亂興衰循環不已，但不論治世或亂世，家族總有其安定社會的力量。處治世，士人在朝爲官，在野爲鄉紳，處亂世，家族成爲社會求治的寄托所在。家族組織亦有其缺點：（一）長輩在家庭中所負的經濟任務極大，而後輩常有依賴之心，往往自暴自棄，不求進取，愛之正所以害之，個人的自我也較常被埋沒。（二）家庭財產是共有共享，最易引起爭端，家庭糾紛多出於此，如夫婦間的反目、兒孫輩的爭奪財產，或婆媳勃谿，姒娌不睦等，至於其他，如媒妁之言的婚姻方式，全由家長做主，流弊甚多。

我國家族制度，以親子爲中心，實行倫理爲本位，因家族同居，家庭關係勢必複雜，維繫之道，有賴於長幼尊卑之序，男女內外之別，而以孝悌精神貫通其中，講求恕、忍，方能「同家共濟」，家庭的成員有血緣的關係，維繫之道，自有別於其他的團體。傳統的孝道，即在於發揮維繫血緣關係的特殊功能，孝的傳統觀念在「愼終追遠、傳宗接代」，於現實家庭生活中，主要爲「善事父母，奉養承歡」，家庭之所以能培育人性，塑造人格，亦基於孝的實踐，所涉及的溫情，不是任何團體所能企及或替代的。孝道的最高層表現，即爲延續祖先崇高的德操及家風、崇拜祖先的情志表現，我國家庭雖不言宗教，卻以孝代替宗教，如果有肖子賢孫使祖德留芳，則雖死無憾。

我國重視家庭，因社會的根基在家庭，母教更居其首，歷代正有萬千賢妻良母，在默默中奠定家庭的基礎，如孟母三遷，歐母畫荻，皆是母教的代表，今日道德堤防逐漸崩潰，人心陷於邪僻萎靡，部分婦女在女權提高後，漸漸忘卻自身應負的責任，尤其是對父母舅姑，丈夫兒女、叔姑姒娌，家事及祖先的祭祀等應盡的義務，或應有的照顧，多半沒有認眞履行，不盡義務，只求權利，逐漸失去知足守約、勤儉耐勞、刻苦犧牲、和安貧知命的精神，家庭是人格互相影響的團體，女教對治家更有其決定性的作用，家庭衝突每起於思想觀念、成見、生活方式，嚴重則家人失和、夫婦化離，爲避免衝突，

傳統家庭的庭訓、家訓、族規、宗法實具控制的功能，然而治家的最佳途徑，仍以容忍與體諒爲上策。

近百年來中華文化受西方文化的衝擊，其變遷的範圍和速度，就家庭言，大家族制度變遷轉向爲小家庭制度，傳統的婚姻禮法，變遷轉向爲自由戀愛，而趨向於開放式的婚姻，現今社會的小家庭每每嚮往於物質文明，不斷地重視物質主義及個人主義，現今社會的顯象是暴動、示威、遊行、反傳統、反文化、更有嬉皮、男女不分、吸食毒品、色情泛濫、離婚日益、家庭紛紛解組，可知物質文明所造成的生活享受，並不是人生必要條件，財富並非家庭幸福的源泉，唯有精神生活的美滿才是人生的目標，所以我們應歸本於固有文化的菁華，重視修身、愼終追遠的家庭倫理，由人道而通天道，對古代婦女的三從四德，應賦予新義，一切發乎情，止乎禮。男爲天、女爲地，不再是男尊女卑的提倡，而是二者各有所司，相輔相成，反映個人權利，但不能妨礙對團體所應盡的義務，家禮、家訓乃前人對家庭組織的約束力，使家族同居系統繼續長存。宋代家禮、家訓居承先啓後的地位，許多對婦女的壓抑，都是宋代理學家的提倡，促成婦女的社會地位呈現下降的趨勢，使婦女變得更加依賴於男子，欲知宋代家禮、家訓蓬勃發展下的士大夫思想、社會風氣，故撰寫宋代家禮家訓的研究。

第三節　研究範圍

家禮、家訓的形式很多，如古人的誡子書、家誡等，爲告誡子孫而作，而平常的庭訓，或是家書、自敘等都屬家禮、家訓的內容，但家書的內容屬多方面，且功用爲書信。自敘乃是敘述己身言行之傳記，藉此訓勉子孫的品德行事，內容太雜，如此研究範圍太大，非能力所及，無法鉅細靡遺研究，故把範圍縮小爲書籍登錄記載爲家禮、家訓者，如《放翁家訓》、《家訓筆錄》、或收錄前人訓誡子孫之內容，如《戒子通錄》，或內容全部訓誡子孫者，如《袁氏世範》，至於收在文集中，如家書、自敘、家傳等，則不在研究範圍裡，因內容太雜易導致個人的專門研究，且夾雜太多非訓勉內容，如孫奕《示兒編》自序「考評經傳、漁獵、訓詁以立總說、經說、文說、詩說、正誤、雜記、字說凡七條」，項安世《家說》體例亦是如此，其它如韓琦《傳家集》則按年月記載發生之事蹟，內容太雜，以目前能力實無法研究之，故摒除在外，留

待他日再詳細研究。

第四節　研究方法

　　本文站在歷史批評論以及心理批評的觀點來研究，所謂歷史批評論包括
「他視作品為『屬於一個時代』，那就是說某種文化中所產生的一種表白，而
且是該文化中產生的事件和情況的一種可能反映，他置作品於一個文學傳
統、習俗、風尚或種類之中，並決定它和其它類似作品間之關係。」〔註1〕因
此本文把家禮、家訓置於一個文學傳統，同樣的社會習俗及風尚，並探討其
他家訓、家禮的關係，視為宋代的文化表白，而且是宋代文化中所產生的事
件和情況，然而無可避免的，我們必須採取過去時期的心理和態度，接受他
們的標準，決心排除我們自己成見的干擾，但我們不可能忘記我們自己的語
言與獲得的態度，以及過去許多世紀以來的影響和輸入的東西的關係，故攙
雜了心理批評來研究家禮、家訓，即「批評家不是直接接受心理分析，就是
以心理分析適應自己的需要，一方面研究作品之後的人──或者換句話說，
作品是作者的反映或投影──一方面研究創作過程本身。」〔註2〕藉此二種方
法，期望能了解當時社會的情況及士大夫的思想。

〔註1〕見李宗慬譯，《現代文學批評面面觀》，頁3。
〔註2〕同註1，頁61。

第二章　宋代家禮、家訓產生的背景

　　家禮、家訓等都是家長經歷人生之後，留給後世子孫的訓示，希望子孫能夠奉行遵守，或規範、警惕子孫不可重蹈覆轍。家禮、家訓的產生，上可推至孔子告誡伯魚：「不學詩，無以言」、「不學禮，無以立」（《論語・季氏》），這是廣義的家訓，亦即平常家長對子女的訓示，以後如馬援〈示子書〉、班昭〈女戒〉、王肅〈家戒〉、顏之推《顏氏家訓》等都可以稱為家禮、家訓，在《顏氏家訓》之前，家訓內容較狹窄，或僅就某事而言，或偏重某一特定的對象，如馬援示兄子嚴敦，不可好議論人長短，妄是非正法，應慎口、謙約、節儉、清廉。而班昭〈女戒〉是針對女子所立下的規範，直至顏之推《顏氏家訓》二十篇，〈序致〉以總其綱，詳申儀節，〈教子〉以誘循，不宜苛責。〈兄弟〉應以人倫為重，同氣連枝，出入孝悌。〈後娶〉不免嫉妒沈惑，有乖門戶等等。〈治家〉宜風化由上，奢儉適中。至於〈風操〉則應篤學修行，不墜門風。〈慕賢〉則慎於交遊，期之禮數。〈勉學〉以人生在世，會當有業，士農商賈工伎，各守其分。〈文章〉以杜華崇實，識其體用雅正。〈名實〉如影之隨形，〈體道〉合德，必以相副。〈涉務〉以君子處世，不為物累。〈省事〉以守道崇德，居易待時。〈止足〉以欲不可縱，志不可滿，少欲則能知足。〈誡兵〉以武者陷身滅族，道以逆亂為誡。〈養生〉以愛養神明，調護氣息，慎節起臥，不必遠求。〈歸心〉重在端誘，君子處世，貴其克己復禮。〈書證〉、〈音辭〉、〈雜藝〉、〈終制〉，則為名物之研端。舉凡文字語言風俗術數之道，皆所兼及，期之博覽。全書述立身治家之法，辨正時俗之謬，以訓誡子孫，亦兼論字畫音訓，並考正典故，品第文藝，內谷雖博但略雜，開宋代家禮、家訓之先聲。宋代家禮、家訓特別興盛，探究其內容精神，有別於前代，這種現象的產生，實與社會背景、時代因素有密切的關係。

　　宋朝在政治武功上，較之前代，是最積弱不振的朝代，從太祖開國，到度宗亡國，先後有遼、金、西夏、蒙古等外族的侵擾，不得不以歲貢取得一時的苟安，然而在文化傳承上，宋代書院林立，理學興盛，藝術蓬勃發展，各方面的成就，使得宋代士人的覺醒卻又異於前朝，讀書人對積弱不振的國勢，有欲振乏力的苦悶，他們對於社會禮教的變革，個人心性的修養，以及家庭社會的規範等方面，在潛心觀察研究之餘，試圖找出其所能認知的因素及解決之道，雖不能為當世所用，然而記載流傳做為家訓、家規，留待子孫恪守效法，這種心態是可以理解的，也造成了宋代家禮、家訓特別發達的現象。

　　以下針對（一）理學的影響、（二）書院的興盛、（三）社會風氣的變革三方面來探討宋代家禮、家訓所以發達的原因。

第一節　理學的影響

　　宋代思想以理學為主流，其精神傳承是以中國本位思想——儒家思想為主，融合佛學、道學思想發展而成，理學家立說的目的，即想重新闡明以往中國學術之傳統，樹立一個指導政治和教育的大原則。藉此達成理想的新社會，並知學問和行為的關鍵在人心，故對心性之論深入探討，經范仲淹、王安石兩次政治改革失敗後，他們認為政治成效須賴下層社會穩固的基礎，故從宇宙天理之發掘，作為實踐之依據，再從心性之陶冶，作為人生的指歸，因此，家禮、家訓的產生，受理學的影響很大，本節分「理學家的產生」，「理學家對家禮、家訓產生的關係」二方面討論。

一、理學家的產生

（一）家學淵源

　　理學亦名道學，自漢武帝罷黜百家，獨尊儒術後，中國之學術思想便一直為儒家所支配，然而兩漢之後，玄風大暢於魏晉，佛學又盛行於六朝隋唐，儒家思想反倒鬱而不彰，學者目睹自漢以來，儒家經學顛錯於秦火，支離於漢儒，幽沈於魏晉六朝，痛心之餘，有心振興儒學，以儒家的立場而言，不論釋者的空或老莊的玄，皆非正統的道，因此想要撥亂反正，正人心、息邪說，就必須歸於六藝經傳所代表的聖人之道，理學的產生是儒家在批判、吸收和融化玄學、佛學的基礎上，所孕育的新儒學。承中國傳統天人合一，道德人生現實之理想，常取佛家空有同宗，我法皆幻之義，轉易變化，以成其

具有形而上內容的性理學或道學。

理學家的產生，自有其家學淵源：如程顥、程頤世居中山，後徙河南，其高祖羽是太宗朝三司使；父珦爲仁宗錄舊臣，後任黃陂尉，周敦頤在南安時，程珦任通判軍事，視其氣貌非常，與之交友，知其爲學知「道」，乃使二子顥、頤往受業。邵雍字堯夫，學者稱康節先生，其先范陽人。宋初，父古徙衡漳，雍幼隨父遷其城，少時自雄其才，慷慨欲樹功名，於書無所不讀，程顥初侍其父而識雍，論議終日（《宋史》，卷四二七）。其他如：

> 李侗……年二十四，聞郡人羅從彥得河洛之學，遂以書謁之……侗不量資質之陋，徒以祖父以儒學起家，不忍墜箕裘之業……是時吏部員外郎朱松與侗爲同門友，雅重侗，遣子熹從學，熹卒得其傳。（《宋史》，卷四二八）

> 熹幼穎悟，甫能言，父指天示之：「天也。」熹問曰：「天之上何物？」松異之。就傅，授以孝經……，熹少時，慨然有求道之志。父松病亟，嘗屬熹曰：「籍溪胡原仲、白水劉致中、屏山劉彥沖三人，學有淵源，吾所敬畏，吾即死，汝往事之，而惟其言之聽。」（《宋史》，卷四二九）

由此可知理學家諸人，受家學的影響非常大，理學受此推波助瀾，成爲宋代學術思想的主流，他們或繼承先人志向，發揚家學，或存重整家風之心，故批判佛、道哲學，復興儒家學說的新儒學運動，從不同角度探討「天地萬物之源」、「道德性命之源」、以及「天人之際」，以儒家的六經，特別是《周易》以及《論語》、《孟子》、《大學》、《中庸》等作爲根據，建立自己的理論。

（二）漢學的新見解

漢學者，重文字訓詁，名物考據，可說無一字無來歷，無一句無師承，師承所傳，篇章字句不敢有所出入，若有稍持異議，不曰背師，則曰非聖，宋初學者治學，厭惡漢儒專注詞章訓詁之學，而不知聖人傳經之本意，於是不取經籍考據，而專注儒經義理之探求，學者所重，不在師傳而在心得，如孫復斥王弼、鄭玄之訓詁爲虛妄，〔註1〕石介攻詞章爲浮僞，〔註2〕眞宗詔邢

〔註1〕 孫復，與范天章書：「專守王弼、韓康伯之說，而求於大易，吾未見其能盡於大易也，專守左氏、公羊、穀梁。杜何范之說者，而求於春秋，吾未見能盡於春秋也，專守毛萇、鄭康成之說而求於詩，吾未見其能盡於詩也。」

〔註2〕 徂徠文集，怪說：「堯舜禹湯文武周孔之道，萬世常行。不可易之道也，佛老

昺、杜鎬、孫奭等人校周禮、儀禮、公羊、穀梁、論語、孝經等書，以發其
疑義，〔註3〕皆有澄清前說，不信任漢唐魏晉訓詁之義。張載曰：「六經則須
著循環，能使晝夜不息，理會得六七年，則自無可得看，若義理則盡無窮。
待自家長得一格，則又見得別」，〔註4〕程頤云：「古之學者，先由經以識義理。
蓋始學時，盡是傳授。後之學者卻先須識義理。方始看得經，蓋不得傳授之
義云耳。」〔註5〕是皆以理爲得經之途徑，不以經爲盡括天下之理，理雖在經
中，亦非專於守經可得。朱熹云：「秦漢以來，聖學不傳。儒者唯知章句訓詁
之爲事，而不知復求聖人之意，以明夫性命道德之歸。」〔註6〕是宋儒主義重
心得，即不專以儒經爲限，不專以師傳爲主，而重會通上下古今諸說，可知
宋儒治學之特色在尊儒而非尊經，所取於經書者，則重於義理之探究，依天
道而言，則取《易經》，論心性則取《大學》、《中庸》、《孟子》，言倫理道德，
又取《學庸》、《易經》而具論，與漢儒異趣，即希由天道性命之根源，以發
現心性之先天價值，作爲後天行爲盡心盡性之準繩，程顥告神宗曰：

> 先聖後聖，若合符節，非傳聖人之道，傳聖人之心也，非傳聖人之
> 心也，傳己之心也。己之心無異聖人之心，廣大無垠，萬善皆備，
> 欲傳聖人之道，擴充此心焉耳。〔註7〕

宋儒治學擺脫漢唐，獨研義理，理學的產生即漢學注疏的革新，以直探孔孟
心傳者也。

二、理學家對家禮、家訓產生的關係

理學家探究宇宙物理的眞相，論究物理的起源，與其先天功能和後天效
用，由科學的宇宙觀推及哲學的心性論，故論天理與人欲無不歸於理氣，陸
氏言心即理是體用合一，程朱言性即理則爲由用見體，由人心人性指證天心
道心，則重「用」，由天心道心之眞體指證人心則重「體」，體用一致爲其倫
理價值判斷的原則，理學家以聖人爲依歸，無論在上或在下，一衷於理，得

　　以妖妄怪誕之教壞亂之，楊億以淫巧浮僞之言，破碎之。」
〔註3〕見《宋史》，卷四三一，儒林傳：「受詔與杜鎬、舒雅、孫奭、李慕清、崔偓
　　全等校定周禮、儀禮、公羊、穀梁、春秋傳、孝經論語爾雅義疏，及成，並
　　加階勳。」
〔註4〕見《張子全書》，卷六。
〔註5〕見《二程語錄》，卷九。
〔註6〕見《中庸輯略之中庸集解》原序。
〔註7〕見《宋元學案》，明道學案上。

志則放之國家天下者，而理未嘗有所增，不得志則歛諸身心意志者，而理未嘗有所損。

宋代士人並非讀書做官而已，是以格物致知、誠意正心，修身齊家、治國平天下爲最終目標，體用合一注重實踐，面對當時的社會風氣、政治因素，自然產生憂患意識，以爲根本在於教育，只有回到內在生活的追求，向樸素一路走去，以禮教民，由學校枚育、家庭生活著手，方可眞正達到功效，故從理學家治理政事。或居家生活之態度，可略見一斑，《宋史‧道學傳》記載：

程珦：慈恕而剛斷，平居與幼賤處，唯恐有傷其意，至於犯義理，則不假也……嫁遣孤女，必盡其力。所得奉祿，分擔親戚之貧者。伯母寡居，奉養甚至。從兄女既適人而喪其夫，珦迎以歸，教養其子，均於子姪。時官小祿薄，克己爲義，人以爲難。（《宋史》，卷四二七）

程顥：民以事至縣者，必告以孝悌忠信，入所以事其父兄，出所以事其長上，度鄉村遠近爲伍保，使之力役相助，患難相卹，而姦無所容，凡孤煢殘廢者，責其親戚鄉黨，使無失所，行旅出於其途者，疾病皆有所養，鄉必有校，暇時親至，召父老與之語，兒童所讀書，親爲正句讀，教者不善，則爲易置。擇子弟之秀者，聚而教之，鄉民爲社會、爲立科條旌別善惡，使有勸有恥，在縣三歲，民愛之如父母。（《宋史》，卷四二七）

張載：舉進士，……政事以敦本善俗爲先，每月吉具酒食，召鄉人高年會縣庭，親爲勸酬，使人知養老事長之事，因問民疾苦，及告所以訓戒子弟意。（《宋史》，卷四二七）

邵雍：初至洛，蓬蓽環堵，不芘風雨，躬樵爨以事父母，雖平居屢空，而怡然有所甚樂，人莫能窺之，及執親喪，哀毀盡禮。（《宋史》，卷四二七）

朱熹：知漳州，奏除屬縣無名之賦七百萬，減經總制錢四百萬，以習俗未知禮，采古喪葬嫁娶之儀，揭以示之，命父老解說，以教子弟。……其爲學，大抵窮理以致其知，反躬以踐其實，而以居敬爲主。（《宋史》，卷四二九）

理學家重視實踐，把儒家傳統道德加以發揚光大，克己復禮，由修身做起，以禮治家，以禮治世，由內而外，對家庭教育、家庭規範有所要求是必然的，

並且面對宋代的積弱不振、南宋偏安的局勢，讀書人不能有所作爲，難免有苟安的心理，在治理國家的心態上，又以國家分裂爲國恥，對社會有所期望，理想抱負卻不能伸展，只好退而治家，將希望置於子孫身上，故家禮家訓應運而生，既可肯定自己的理想及抱負，對後世子孫又有所俾益。故宋代家禮家訓發達，而南宋又較北宋更蓬勃發展。

第二節　書院的興盛

　　宋代興學奠定中國教育、文化深厚的基礎，其中雕版印刷的進步與傳播，造紙業發達，都市商業繁榮，朝廷中央的逐漸重視，理學家在官在鄉在家的倡導，爲教育制度的改變，提供了必要的物質條件和思想基礎，兩宋教育名家較唐代爲多，北宋初期，地方上沒有官學，而有規模的私學也極少。自仁宗慶曆後，士氣昂揚，經學復興，文風勃發，其間雖有朋黨紛爭，政治影響學術，或明或晦，變幻不常，但經黨爭折磨之餘，士人之有學養、有志氣、有主張者此起彼落，如波浪相擁，文苑連袂，師儒輩出。其中，一些清寒出身的名臣出守地方，往往興辦學校，如范仲淹於其任官所至之處，均首先爲之設學，並延聘良師，而許多賢士自辦私學，或更進一步辦族學、鄉學、義學。私學起於北宋中葉，而盛於南宋，書院即私學的代表。本節分「書院的興起」，「書院對家禮，家訓產生的關係」二方面來分析。

一、書院的興起

（一）書院制度的起源

　　書院之名，首見於唐玄宗開元六年置麗正修書院，見《新唐書》：

> 開元五年，乾元殿寫四部書，置乾元院使……，六年，乾元院更號
> 麗正修書院，置使及檢校官。（卷四十七）

它聚集文學之士，以編錄國史，整理古籍爲主，偶而爲帝王撰寫御書，爲皇帝講解經史，與聚徒講學無關，因朝廷另有一整套專門機構培育人才，麗正修書院應是皇室編校、典藏圖書之處，其後中央宦官干權；地方藩鎮割據，部份讀書人隱避山林讀書，以書院之名，自稱其讀書的齋舍，如：

> 梁山書院……唐藩存實讀書之處。（《天下書院總志》漳州府志）
> 石鼓書院……舊爲尋眞觀，唐元和間，士人李寬結廬讀書其上。（《天

下書院總志》衡府志）

唐末五代天下大亂，社會動盪不安，民間教育失其重心，因此有心人士將書院擴大爲講學之所，以收容士子如：

> 皇寮書院：唐劉廣霖爲吉州通判，流寓永豐，建書院以講學。（《天下書院總志》，江西永豐縣）

> 東佳書院：在東林山下，唐義門陳袞建，聚書千卷以資學者，子弟弱冠悉令就學，一名義門書院。（《天下書院總志》，江西德安縣）

書院在唐代已具私人講學的雛型，到了宋代更是蓬勃發展。宋代書院又有精舍之名者，乃因名儒欲以其講學，上比兩漢名儒的講學，如陸九淵命名《應天山》講學地爲精舍，曰「精舍二字，出後漢書包咸傳，其事在建武前，爲儒者講習之地，因此名甚無歉也。」（《象山全集》，卷三十六）在兩漢時，承春秋戰國私家講學之風，加以當時帝王的提倡儒學，因而私人講學風氣很盛，更有不少人建「精舍」以爲講學處所。如：

> 劉淑，字仲承……淑少學明五經，遂隱居，立精舍講授諸生常數百人（《後漢書》列傳，卷五十七）。

> 包咸，字子長……因往東海立精舍講授，光武即位乃歸檀數字文有……舉孝廉，連辟公府皆不就，立精舍教授，遠方至者常數百人。

> （《後漢書》列傳，卷六十九）

精舍到南北朝時期，已漸成爲釋者論佛經的處所，因經學式微，佛學盛行於中國，唐中葉，士人開始以書院名其讀書之舍，精舍原來的地位，爲書院所取代。宋代大儒學家者，欲上承孔孟講學風旨，遂沿漢儒之舊，相繼以精舍稱其講學之地，或建精舍講學，如陸九淵有應天山精舍、朱熹有武夷、滄州、寒泉等精舍，眞德秀有西山精舍，劉清之有槐陰精舍、臨蒸精舍，南宋時，理學家講學的精舍經擴建後，獲皇帝賜額題名而改稱書院（《後村文集》，卷九十三），因此書院與精舍又再正式合而爲一。

（二）書院教育的發展

北宋初平天下，吸收江南文物，並不重用，更不想培養江南人才，如「平諸國，盡收其圖籍。惟蜀、江南多，得蜀書一萬，江南書一萬餘卷，又下詔開獻書之路」（《太平治跡》統類，卷三）。五代時，許多文人避隱山林，讀書授徒，也有的是亡命者如：

> 蒯鼇，宣城人，工屬文……然居鄉博飲無行，不爲人士所容，乃去。

> 入廬山國學，……至後主末，始登仕版。迨國亡，銓授未及，遂不
> 復謀仕……亟隱居廬山。(《十國春秋》，卷二十八)
>
> 盧絳……讀書稱通大旨……；每以博奕角觝爲事，舉進士不中，遂
> 棄去。爲吉州回運務計吏，盜庫金，事覺，乃更儒服亡命江湖間……
> 入廬山白鹿洞書院，猶亡賴，以屠販爲事，多脅取同舍生金……與
> 諸葛濤、蒯濤，號爲廬山三害。(《十國春秋》，卷三十)

宋初對於可能潛伏前朝舊臣，窩藏不法文氓的書院，當然任其停廢，由《續
資治通鑑長編》：

> 以江州白鹿洞主明起爲蔡州襄陽縣主簿。白鹿洞在廬山之陽，常聚
> 生徒數百人，李煜僭竊時，割美田數十頃，歲取其租廩給之，選太
> 學之通經者，授以他官，俾領洞事。曰爲諸生講誦，至是起建議，
> 以其田入官，故爵之，白鹿洞由是漸廢矣。(卷十八)

可知北宋初期書院的發展情況，地方上少有正式的學校，其後袞州知州孫奭
建立學舍四十餘間，以己俸贍養，離任時申請正式撥給該州職田十頃。士大
夫提倡於下，中央才放棄對地方聚徒的警戒心，用財力來補助。

　　仁宗慶曆四年的興學運動，令州與縣皆立學設校，但爲時僅一年，然此時
天下太平已久，求學士子日。益增多，官學無法擔負教育的任務，書院的地位
更形重要，成爲取代部份官學的教育機構，當時名儒大多講學於書院，如范仲
淹講學於應天府書院，孫復、石介講學於泰山書院，周敦頤講學於濂溪書堂。
神宗熙寧四年王安石令諸路州縣各置學官，並以考試方法，以嚴教官之選，且
各州均給田十頃以養士，崇寧興學時，推行太學三舍法於各地方州學。

> 初令諸州行三舍法，考選升補，悉如太學，州許補上舍一人，內舍
> 二人，歲貢之，其上舍附太學外舍，試中補內舍生，其內舍免試，
> 則補外舍生。(《宋史‧選舉志》)

各地皆有官學，且有完善的制度，如有學田、升遷、選官等制度，加上科舉
考試，大部分士子皆趨向地方官學就讀，民間對書院教育的需要減低。

　　南宋偏安江南，高宗只求苟安，不圖興復，學校教育形同虛設，如兵部
侍郎虞儔奏：

> 竊怪乎近年州縣之學，往往多就廢壞，士子遊學非圖餔啜以給朝夕，
> 則假衣冠以誑流俗，而鄉里之自好者，過其門而不入，爲教授者，
> 則自以爲冷官而不事事……。(《續通典》，卷五十)

官學之不修，促使書院再度興起，其次南宋理學大盛，理學家及其弟子甚受一般士人推崇，其對權奸又多不假以辭色，深爲當權的小人所忌，小人彼此勾結攻擊理學家師徒，如胡紘傳：

> （胡紘）未達時，嘗謁朱熹於建安，熹待學子惟脫粟飯，遇紘不能異也，紘不悅，語人曰：此非人情隻難尊酒，山中未爲乏也，遂亡去，及紹熙五年，韓侂冑擢紘監察御史，遂劾趙汝愚，且訐其引用朱熹爲僞學罪首……侂冑患之，以汝愚之門及朱熹之徒多知名士，不便於己，欲盡去之，謂不可一一誣以罪，則設爲僞學之目以擯之……。（《宋史》，卷一五五）

南宋僞學之禁，使理學不得立足於官學，理學家多半相繼就書院以講學，如朱熹築武夷精舍以講學：

> ……及是知道難行，退而奉祠，杜門不出，學者尊信益眾，是歲四月，武夷精舍成，學者大集。（《閩中理學淵源考》，卷十六）

陸九淵講學於應天山精舍：

> 淳熙十四年，文安奉祠歸家……門人彭興宗與應天山麓張氏議，結廬以迎先生講學……乃建精舍居焉。（《象山全集》，卷三十六）

學禁使理學不能發展於官學之中，理學家講授其學於書院，促成南宋書院的再興，再其次科舉考試控制了士子入仕之途，生徒專於經義詞賦，爲入仕而努力，忽略品德的修養。如朱熹所言「郡縣之學，官置博士弟子員，皆未嘗考其德行道義之素，其所授受文皆世俗之書，進取之業，使人見利而不見義。」《宋史·選舉志》載南宋士子之不肖，「時舉人之弊凡五；曰傳義，曰換卷，曰易號，曰卷子外出，曰謄錄滅裂。」因此書院成爲提倡義理之學，講明修身之要，收容不屑就學於官學者的聚集處，故書院由復甦而至繼續不斷的發展，自寧宗嘉泰二年解除僞學禁後，理學地位提高，書院講學亦已合法化，不再受政治力量的壓迫，學者講學於書院已無所顧忌，於是遍布各地的理學各派弟子，乃相繼興建書院宏揚師承，使書院發展達最高峰，如「陳宓字師復……小嘗登朱熹之門，知南劍州時（嘉定二年）創延平書院，悉倣白鹿洞之規。」（《宋史》，卷四〇八）

二、書院對家禮、家訓產生的關係

宋代城市中，官府辦有小學，訂出學規，如京兆府小學學規，規定十五

歲上下的「生徒」入學的手續，教授的職責及課程，「生徒」守規等。理學家朱熹制定白鹿洞書院揭示，是根據儒家一貫的傳統精神，和聖賢所以教人爲學之大端，而條列成爲學的項目、次序和要點，宋代的學校、書院以及其他民間教育團體都制訂出類似學生守則的學規、學則、鄉約，如呂祖謙所訂規約，高登〈修學門庭〉，程端蒙、董銖所訂學則、呂大鈞撰《呂氏鄉約》，朱熹撰《增損呂氏鄉約》。

宋代的學規反映出宋代的教育思想及教育內容，有下列幾點：

1. 宋儒最重視人倫之教。即朱熹〈白鹿洞書院揭示〉中：「父子有親、君臣有義、夫妻有別、長幼有序、朋友有信」的五教。（《朱文公全集》，卷七十四）

2. 宋代教育是隆禮教育。自胡瑗〈嚴師弟子之禮〉起（《宋史》，卷四三二），以至於《呂氏鄉約》、《程董二先生學則》，莫不以「禮」爲教人之大端。

3. 躬行實踐注重生活教育。如胡瑗的「科條纖悉備具，以身先之」（《宋史》，卷四三二），就是躬行實踐，以身做則的著例。

4. 重視六藝之教，培養文武合一的人才。所以胡瑗分經義、治事二齋教人，治事之中有「講武以禦其寇」且於「公私試罷」，還要「掌儀率諸生會于肯善堂、合雅樂歌詩」（《宋元學案·安定學案》），朱熹制定〈月旦集會讀約之禮〉中，於集會讀約之後，「復會於堂上，或說書，或習射」，文武並重，六藝兼修。

5. 讀書以經爲依歸。高登〈修學門庭〉：「凡閱子史，必須有所折衷六經語孟。……諸子百家之言，合於六經語孟者爲是，不合於六經語孟者爲非。」（《眞西山讀書記》，卷二十一）

6. 爲學須專一、須有步驟。〈程董二先生學則〉：「讀書必專一，一書已熟，方讀一書，毋務泛觀，毋務強記。」

7. 致誠求學，講究經旨，高登〈修學門庭〉：「爲學之道，必先致誠，不誠未有能至焉者也。」胡瑗教人，首標經義。

8. 學以致用，學行一致。朱熹〈白鹿洞書院揭示〉：「博學之、審問之、愼思之、明辨之、篤行之」爲學之序最後爲篤行。

9. 交遊謹愼，彼此須相助相規勸，高登〈修學門庭〉：「凡取友，必須趨向正當，切磋琢磨，有益於己者。若乃邪僻卑污，與夫柔佞不情，相

誘爲非者，謹勿近之。」

10. 尊師重道。呂祖謙乾道四年九月規約：「舊所從師，歲時往來，道路
　　相逢，無廢舊禮。」（《呂東萊文集》，卷十）教以終身，學以終身，
　　師生之間，精誠無間的教學精神，尤爲宋代學風的一大特色。

　　雖然這些學規、學則各有側重，但無不根據當時的教育現象，演化爲具
體的教育規章，宋代在中央設有太學等學校，地方則有州學和縣學兩種，就
廣義的學校言，宋代的書院，也可算是學校，當時主持學校、書院及民間教
育團體者，大多是理學家，他們主持學校，發展教育，釐定重要教條、教法，
和學校書院的規則，即所謂的學規，而鄉約則爲某些社會教育團體的規章，
把抽象的教育理論化爲具體的教育規章，理學家在學校釐定學規，在家庭釐
定家訓家規是必然的，因爲理學重實踐，修身之後必然要求齊家，在學校用
學規訓戒子弟的德行，在家自然要求子孫甚至後代子孫要遵守家訓、修養品
德，保持傳統的家風。家訓的寫作，更可以顯現理學家對國家、對社會的期
許，且不必有所顧忌，任何情緒意見皆可展現，因爲是對自己的家庭、家族
子弟訓戒，由此可知，家訓是理學家理想國的境界，故宋代的家訓隨著理學
的發達而蓬勃發展，而理學得以保有與傳播，全賴書院的維繫。

第三節　社會風氣的變革

　　家禮、家訓的內容，除修身外即討論家族的婚喪、養老、恤族等問題，
主要以反映社會風氣爲主，因士大夫階層面對社會風氣的改變，想保存醇樸
的傳統風俗，以及革除其中的繁文縟節，扭轉當時世風日下的情形，故極力
闡揚格物致知的新精神，展現飽讀經史的新體悟，因此家禮、家訓應運而生。

一、婚　喪

　　宋代結婚的年齡，雖沿唐開元之制，但司馬光《書儀》定男子爲十六歲
以上，女子爲十四歲，朱熹《家禮》亦如之。凡同姓不婚、宗妻不婚，表親
不婚，〔註8〕堂外甥不婚，〔註9〕如違各杖一百並離之，又良賤不婚，僧道不
婚，娶同族之寡婦，於禮亦非宜。婚姻憑媒，先使媒婦通意，俟女家許之，
然後遣使者納采，司馬光《書儀》雖列納采、問名、納吉、納幣、請期、親

〔註8〕見《宋刑統》，卷十四，戶婚律。
〔註9〕見《宋會要輯稿》，一六五冊，刑法二之七六。

迎六禮，但士庶人婚禮，併問名於納采，併請期於納幣。〔註10〕宋禮所存者納采、納吉、納幣、親迎四禮而已，朱熹《家禮》並將納吉刪去，蓋得吉則送禮幣，不必於納幣之先，再有納吉之程序，故只存三禮。婦人離婚後，返回父母家曰歸宗，然後俟擇婿再婚，如嘉祐二年，李瑋尚福康公主，不協，卒告離絕。又章元弼娶中表陳氏，甚端麗，元弼貌寢陋嗜學，初，眉山集有雕本，元弼得之也，觀讀忘寢，陳氏有言，遂求出，元弼出之。〔註11〕宋以前，寡居不嫁者固多，但婦人再婚，仍視爲非過惡，故婦人皆不諱離婚再嫁，自經程頤朱熹倡夫死不嫁之說後，世俗遂以再嫁爲奇恥。

北宋初年，重視喪禮，士大夫貴族之家，儀色甚盛，民間亦有用僧道誦經設齋作醮作佛事，曰資冥福也，出葬則用以尊引。〔註12〕紹聖元符間，喪祭用紙錢，以禮鬼神，又以蘆葦紮鬼屋，外糊彩紙，屋內裝潢器物，悉如生人所用，定期燒化，政和初，又造氏人或紙馬等置紙屋門口，一併焚而殉葬，宋人重葬術，於是有風水之說，程頤之〈葬說〉，以爲地之美者，則其神靈安，子孫盛，司馬光〈葬論〉，以爲葬者藏也，孝子不忍其親之暴露，故歛而藏之。風水之說始於郭璞，其要旨謂本骸乘氣，遺體受蔭，所撰《葬書》二十篇，自宋始出，但蔡元定深覺其妄，刪去十二篇而存其八篇。道學家雖講義理，然程朱亦篤信風水，程頤之〈葬說〉，擇地有五事；相地須使異，曰決不爲路，不置城郭，不爲溝渠，不爲貴人所奪，不致耕犁所及，此大要也，其穴之法，南向北首，〔註13〕朱熹謂：「伊川先生力破俗說，然亦自言須是風順地厚處亦可，然則亦須稍有形勢，拱揖環抱無空闕處，乃可用也。但不某山某水之說耳。」〔註14〕一般講風水之說者，先擇山水環抱，略成氣象之形勢，其次，注意葬地深淺高低，有水有石，又其次，葬時擇年月日時，以趨吉避凶。

二、養老撫幼

養老撫幼，原爲社會救濟政策之一，京師早有此類機關之設立，北宋時，京師有舊置東西福田院，以廩老疾孤窮乞丐，給錢米者才二十四人，英宗命即寶勝壽聖禪院，增置南北福田院，并東西各建屋五十間。所養各以三百人

〔註10〕見《宋史》，卷一一五，士庶人婚禮。
〔註11〕見《師友談記》。
〔註12〕見《司馬光書儀》，卷五。
〔註13〕見《河南程氏遺書》，卷二下。
〔註14〕見《朱文公集》，卷六十三。

為額，歲出內藏錢五千貫給其費，其後又賜以泗州大聖塔施利錢，增為八千貫。〔註 15〕元祐四年，蘇軾知杭州，裒羨錢二千緡，黃金五十兩，於城中置病坊一所，各安樂，以僧至之，五年，醫癒千人，後改為安濟坊，元符元年，詔鰥寡孤獨貧乏不能自存者，以官屋居之，日給米豆，疾病者仍給醫藥。崇寧初，詔州縣立安濟坊，居養院，安濟坊沿唐代養病坊之制，為贈醫機關，醫治病人，居養院為救濟機關，收養鰥寡孤獨疾病癃老之人，京師亦置之，給常平米，厚至數倍，差官卒充使，令置火頭，具飲膳，給以納方絮被。〔註 16〕

　　南宋時，地方之救濟機關，或稱居養院，或稱養濟院，各地常有之。嘉泰元年三月和州言：以本路提舉韓挺申請置居養院，收養孤老殘疾不出外乞食之人，起造屋宇，支給錢米，揀選僧行看管，計有瓦屋二十五間，可收養一百餘人，其用錢三千二百餘貫，米二十石，去年十二月建，收養六十九人，每人日支米一升，至歲終，共支米一百七十二石八斗五升，差醫人診候，病人用藥調治，有過往客臥病在道路或店肆，不能行動者，許招入院，官給錢米藥餌，俟其病癒再給錢米津貼遣還鄉。〔註 17〕

　　孤貧小兒，收容教養。政和七年，成都府路提舉常平司，乞請居養院孤貧小兒可教者，令入小學聽讀，各人衣服欄鞝，於常平頭子錢內支給置造，詔從之，餘路依此。〔註 18〕遺棄小兒，雇人乳養，仍聽宮觀寺院養為童行，淳祐九年，詔給官田五百畝，命臨安府創慈幼局，凡貧家子弟欲厭棄不育者，許其抱至局，書生年月日，「官給錢典，雇孔婦在局中，如陋巷貧窮之家，或男女幼而失母，或無力撫養拋棄於街坊，官收歸局養之，月給錢米絹布，使其飽煖養育成人，聽其自便生理，官無所拘，若民間之人願收養者聽，官仍給月錢一貫，米三斗，以三年住支。」〔註 19〕歲裋，小孩多入慈幼局，道無拋棄者，其他州軍縣，亦多仿置。

三、恤　族

　　開寶元年，詔荊蜀民，祖父母、父母在者，子孫不得別財異居，二年，詔川峽諸州，察民有父母在，而別籍異財者論死，大中祥符二年，詔誘人兄

〔註 15〕見《續資治通鑑長編》，卷一九九。
〔註 16〕見《宋史》，卷一七八，食貨上。
〔註 17〕見《鶴山先生文集》，卷四十五。
〔註 18〕見《宋會要輯稿》，一六○冊，食貨六八之一三六。
〔註 19〕見《夢梁錄一》，卷十八。

弟析家產者，令所在擒捕流配，其於維護家庭完整，教民厚俗之意，可謂深且篤矣。〔註20〕是以大家庭之累世同居，見於《宋史‧孝義‧孝友傳》者五十人。如襄陽縣民張巨源五世同居，內無異爨，太平興國五年，詔旌表門閭，巨源嘗習刑名書，特賜明法及第。〔註21〕淳化元年，江州陳競十四世同居，長幼一千二百餘口，常苦食不足，令歲貸官米二千石，〔註22〕二年十月，信州玉山縣民俞攜，八世同居，內無異爨，詔旌表其閭，常稅外，免其他役。〔註23〕南宋時，理宗朝有潭州李符，度宗時有高郵夏世賢，皆累世同居，陸九淵傳，其家累世義居，推最長者一人為家長，家事悉聽命，子弟分任家事，田疇庖爨，賓客之事各有主，李庭芝傳，其家亦十二世同居。恤族者，巨卿大夫以其資財賙濟宗族之舉也，以范仲淹所創之義莊為最著，蘇州范氏之族聚居者九十人，仲淹建義宅，置義田義莊以收其宗族，又設義學以教子弟，教養之法咸備，初，仲淹在蘇州吳長兩縣置田十餘頃，歲入粳稻八百斛，其所得租米，自遠祖而下諸房宗族，計其人口，供給衣食及婚嫁喪葬之用，謂之義莊，於諸房中選擇子弟一名管理，旋立定規矩，令諸房遵守，其後諸房子弟有不遵守，范純仁乃奏請朝廷特降旨下蘇州，令官司受理，治平元年四月，箚付蘇州照行，熙寧以至政和，隨事立規，關防益密，南宋紹興五年，義宅焚燬，族人散亡，尚餘二千，慶元二年，范良器恢復義宅，就立新倉，揭舊規於堂上，刻田籍於石，嘉定三年十一月七日，續定規矩，是關於補助貢舉考試，掌管問題，給領、螟蛉子，私生子不受權利等修定。〔註24〕

范氏義莊之制，影響頗大，元老故臣多仿之，以濟貧活族，如吳奎少時家甚貧，晚貴通，以錢三百萬，置義莊以賙濟親朋友之貧乏者（《宋史》，卷三一六）。又如：

> 衡山縣崇嶽鄉紫蓋里，地名神前，趙氏之祖居，至趙忠肅（趙方）而族益蕃，忠肅公既貴，欲傚范氏義莊以厚其宗而未果，及丞相衛公世載勳勞，致仕二府，欲成先志，乃設趙氏義學莊，置田五千畝，莊有籍，五世以下入籍，計口衣食，悉遵高平之約，惟嫁娶喪葬各加厚，至於笄冠乳哺有助，尤貧者，計口歲有特給，又沾丐及於異

〔註20〕見《日知錄》，卷十四。
〔註21〕見《續資治通鑑》，卷十。
〔註22〕見《宋史》，卷四五六。
〔註23〕見《澗泉日記》，卷上。
〔註24〕見《范文正公集》，義莊規矩。

　　郡之族，則推廣舊約之所無者。擇族之賢而廉者二人，掌其出納。
　　既成，援嘉定免文正義田科歛之詔，拜疏於朝，璽書報可，又曰有
　　養而無教未也，乃立義學，中祠忠肅，旁闢四齋，歲延二師，厚其
　　餼廩，子弟六歲以上入小學，十二歲以上入大學，課試中，前列者
　　有旌，發薦擢第銓集補入者有贐，學規如嶽麓石鼓，而所以禁切其
　　佻闒，純糾其瑜禮敗度者尤嚴。〔註25〕

可見私人之救濟教養機關，亦遍設於各地。

　　累世同居的大家庭，在唐以前就有之，因為自東漢始，累世同居就被朝
廷倡尊為典範式的家庭組織型式，但東漢時累世同居的家庭極少，兄弟分異
還是常事，如《後漢書‧循吏傳》中，累世同居者僅樊宏「三世共財」，蔡邕
「與叔父從弟共居，三世不分財」，而關於分居異財的記述則較多，如許武與
二弟分財別居，蔣均兄弟爭財，謝弘不養父母，兄弟分析等。至曹魏時，九
品中正制度建立，門閥制度形成，社會動亂，戰事迭起，士民大量流徙，這
一切使家族聯繫密切，家族觀念強化，而在門閥政治下，統治集團不斷鼓吹
以孝治天下，因此，累世同居的大家族，在魏晉以後顯然地增多，如《晉書‧
儒林傳》氾毓「奕世儒素，敦睦九族，客居青州，逮毓七世」，《北史‧節義
傳》石文德「五世同居」，「天水白石縣人趙令安，孟蘭強等四世同居」，到了
唐代，累世同居的家庭就更多了，《新唐書‧孝友傳》序論中就列出萬年宋興
貴等三十六戶數世同居者，在本傳中又在三十六戶之外，列入李知本、劉君
良、萬敬儒等數世同居者，累世同居的大家庭，由於人口眾多，其中有相當
數量需要贍養的老幼，家庭的開支甚大，因此，必須具有一定的經濟條件，
此外，家屬眾多，為了維持正常的家庭生活秩序，就必須有一定的禮法相約
束，如《新唐書‧教友傳》九世同居的張公藝，唐高宗「臨幸其居，問本末，
書忍字以對，天子為之流涕」，原來九世同居；是靠一個忍字來維持的，因此，
累世同居的大家族，一是要有一定的家產或累世居官，作為物質基礎和維持
生活的必要條件，一是需要有一定的家法、家風，作為累世同居的規範。

　　我國的家庭禮制，主要反映在《禮記》之中，《禮記》自西漢成書，東漢
開始推廣後，直到唐代，不過是在東漢鄭玄注釋的基礎上，又加以注疏而已，
宋代的儒，在總括以往封建宗法制度的理論與實踐的基礎上，根據新的歷史
條件，把《禮記》的〈內則〉、〈曲禮〉中關於家庭禮制，又加以斟酌損益，

〔註25〕見《後村先生大全集》，卷九十二。

使家庭禮制更加完備，強化和適應當時的社會生活，唐代世家大族已經訂「家法」等一類成文條規。江州長史陳崇曾「爲家法戒子孫」，河東節度使柳公綽也有「家法」，陳氏家族成千口長期生活在一起，它的興起是唐末亂世，動盪多變的時局，兵禍連年，迫使他們尋求安全自保的途徑，因而合族聚居，以血緣親屬的組織，聯繫眾人，憑宗族的力量，在亂世中維護生命財產，謀求長期同居，家族內部的經濟分野，地位變動，家務糾葛，必然是錯綜複雜，而繼續家族義居的根本原因是家法的制訂，這是統治家族的內部力量，再加上朝廷嘉獎同族義居，產生輿論力量，形成一種觀念即維繫家族不散是崇高的榮耀，故義居成爲社會風氣。到了宋代，義居家族勢力太過龐大，影響君王的統治權，故有削減家族的情形產生，宋仁宗嘉祐七年，陳氏家族三千九百餘口，田莊三百多處，宋仁宗在文彥博、包拯、范師通、呂誨等建議下，派官臨門監護分析義門陳氏，繼而分莊，無非是抑制陳氏過於集中，朝野太盛，其次可作爲封建家族的模範，維護王朝的天下。〔註26〕雖然如此，宋代義居仍是被嘉許，隨著家族組織的重新建立，一時成文、不成文的家規便逐步增多起來，士大夫之家聚族既眾，必立規式爲私門久遠之計，是謂家訓、家規，司馬光有《家範》十卷，熙寧中陳直有《養老奉新書》十五篇，皆爲居家雜儀，以約束子弟，各地巨族又常訂有《增損呂氏鄉約》流行於世，本出入相友，守望相助，疾病相扶持之義，鄉約雖不是家族組織的規約，顯然對家法、義約等影響很大。

〔註26〕見《天下書院總志》，江西德安縣。

第三章　宋代家禮、家訓的內容分析

　　宋代社會型態轉變，人的行為也隨著更改，讀書人對於社會現象、政治見解，除了在書院講學的表達外，更充分表現在治家的家禮、家訓、家規中；故家禮、家訓等在宋代十分蓬勃，但年代已久，歷經戰亂，《宋史‧藝文志》中所記載的家禮、家訓多半亡佚，僅存書目，吉光片羽，尤足珍貴，故凡以訓示子孫為內容，不管成書、成篇或彙編，皆為本文探討的範圍，本文所收集的家禮、家訓、家規如下：

書　　　名	卷　數	作　　者	書　　　名	卷　數	作　　者
《涑水家儀》	一　卷	司馬光著	《家範》	十　卷	司馬光著
《石林家訓》	一　卷	葉夢得著	《家禮》	五　卷	朱熹著
《戒子通錄》	八　卷	劉清之撰	《放翁家訓》	一　卷	陸游著
《袁氏家訓》	三　卷	袁采著	《真西山教子齋規》	一　卷	真德秀著
《家訓筆錄》	一　卷	趙鼎著			

　　按：《戒子通錄》五卷至七卷，所收錄皆為宋人戒子孫之家訓、家規，其作者及篇章次第如下：

篇　　　名	作　　者	篇　　　名	作　　者
〈范魯公戒從子孫〉	范　質	〈皇考戒〉	柳　開
〈孫宣公〉	孫　奭〔註1〕	〈戒子言〉	高　瓊
〈戒子弟言〉	王　旦	〈家訓〉	楊　億
〈唐質肅〉	唐　介〔註2〕	〈晏元獻與兄書〉	晏　殊

〔註1〕戒子通錄所收各家訓示之篇名，或取原篇名，如〈童蒙訓〉，或劉清之命名之，取本名者，如「唐子滂」，取字號者，如「劉彥沖」、「陳師德」、取謚號者，如「范文正」，取官名者，如「孫宣公」。

〔註2〕同註1。

〈戒子孫〉	賈昌胡	〈杜正獻責弟書〉	杜　衍
〈范文正〉	范仲淹〔註3〕	〈韓忠獻戒子姪詩〉	韓　琦
〈歐陽文忠書示子〉	歐陽修	〈與子書〉	韓　億
〈示子書〉	王禹偁	〈名二子說〉	蘇　洵
〈庭戒〉	宋　祁	〈胡翼之遺訓〉	胡　瑗
〈邵康節戒子孫〉	邵　雍	〈蘇丞相訓子孫詩〉	蘇　頌
〈訓子孫文〉	司馬光	〈家庭談訓〉	梁　燾
〈唐子滂〉	唐子滂〔註4〕	〈張太史〉	張　耒
〈家戒〉	黃庭堅	〈張無盡〉	張商英
〈鄒忠公〉	鄒　浩	〈唐既〉	唐　既
〈關澮〉	關　澮〔註5〕	〈戒子弟書〉	范純仁
〈江端友〉	江端友〔註6〕	〈陳師德〉	陳　定〔註7〕
〈張忠獻遺令〉	張　浚	〈胡文定〉	胡安國〔註8〕
〈送終禮〉	高　閌	〈教子語〉	家　頤
〈示子辭〉	何　耕	〈童蒙訓〉	呂本中
〈辨志錄〉	呂祖謙		

　　《宋史・藝文志》所著錄計二十四家，今可見者七家，〔註9〕兼含其它成篇或彙編，雖然所見不多，然猶可見家禮、家訓在宋代之特色。今略分析各

〔註3〕同註1。
〔註4〕同註1。
〔註5〕同註1。
〔註6〕同註1。
〔註7〕同註1。
〔註8〕同註1。
〔註9〕宋史藝文志收錄各家訓：

書　名	作　者	亡佚	書　名	作　者	亡佚
《魏公家傳》三卷	范　質	佚	《胡氏家傳錄》一卷	胡剛中	佚
《河南劉氏家傳》	劉唐老	佚	《范祖禹家傳》八卷	范　沖	佚
《古今家誡》二卷	孫景修	佚	《續家訓》八卷	董正工	佚
《韓忠獻公家傳》一卷	韓庚卿	存	《談氏家傳》一卷	談　鑰	佚
《李氏家傳》三卷	李復圭	佚	《韓琦家傳》十卷	韓正彥	存
《章氏家傳德慶編》一卷	章邦傑	佚	《居家雜儀》一卷	司馬光	存
《家範》十卷	司馬光	存	《家禮》	朱　熹	存
《北山家訓》一卷	不　詳	佚	《誠子拾遺》十卷	柳　玭	佚
《示兒編》一部	孫　奕	存	《家戒》一卷	黃　訥	佚
《白氏家傳記》二十二卷	不　詳	佚	《童蒙訓》三卷	呂本中	佚
《蒙訓》四十四卷	王應麟	存	《弟子職女誡鄉約家儀鄉儀》一卷	張時舉	佚
《尊幼儀訓》一卷	李宗思	佚	《家說》十卷	項安世	存

家的內容。

第一節　司馬光《家範》、《家儀》

司馬光字君實，號迂夫，晚號迂叟，世稱涑水先生，陝州夏縣涑水鄉人。司馬光從兒時即受到最好的家庭教育，自幼凜然如成人，七歲，聞講《左氏春秋》，大愛之，退爲家人講，即明其大義，自是手不釋書，至不知饑渴寒暑。由於熟讀經史古籍，所獲心得遠較他人爲多，到十五歲時，便能於書無所不通；二十歲舉進士，神宗時以議王安石新法之害，出居洛，高太后臨朝，入爲相，盡改新法，相八月卒，著《資治通鑑》歷時十九年（《宋史》，卷三三六），詳於治亂興亡之迹，對史料的選擇與運用，具精密之分析力和高度的綜合力，作爲人君治道之史鑑。

至於家庭，司馬光撰《家範》，秉忠信，行篤敬，居仁門，由義里，全體孔門正旨而作，內容更運用其史學的才能，將史料分析綜合，歸納家庭組織成員所應取法的內容。全書未有說教筆法，宛如歷史故事，而寓意深遠，教在其中矣，閭巷困窮，貞夫節婦之遭際，實爲王道文化的基石，闡明其事蹟，即想扭轉偷盜淫邪之風熾。

《家範》分十卷，首卷陳述《易經・家人卦》，內離女，外巽順，二五均當位，內主中饋，外則有家，大業生焉，爲《家範》作述之旨；次言《孝經》，治國在齊家，取古代事蹟作爲家範，首重男女之別，主張義居而行孝悌，均無貧、和無寡、安無傾，盡其所有而均之，雖衣食不足，而人無怨。司馬光並列古史傳以證：

> 「公父文伯之母……不踰閾」。「漢萬石君……皆以馴行孝謹」。「樊重……賑贍家族」。「馮良志行高潔」。「宋謝弘微性嚴正、舉正必修禮度……」。「柳公綽在公卿最名有家法……」。「吐谷渾阿豺……單者易折，眾者難摧，戮力一心，然後社稷可固」。（卷一）〔註10〕

《家範》中對爲人祖、爲人父、子、妻、姑、舅、孫……皆有詳細規範：

一、祖

爲人祖者應思利後世，以義方訓子孫，禮法齊家道，聖人以德遺子孫，

〔註10〕家範原文所舉皆歷史故事，事蹟繁多，故以句號隔開，避其煩雜，下皆仿此。

賢人以廉以儉遺子孫，司馬氏訓古證之：

> 「孫叔敖……戒其子……無受利地……」。「漢相國蕭何買田宅，必居窮僻處……令後世賢師吾儉」。「疏廣曰……賢而多財則損其志，愚而多財則益其過……」。「張文節公爲宰相，所居堂室不蔽風雨……人情由儉入奢則易，由奢入儉則難……以德業遺子孫」。（卷二）

二、父 母

　　爲人父者，應教子以義方，自小以正教之，毋詒欺，爲人母者，切勿知愛而不知教，《顏氏家訓》言「父子之嚴不以狎，骨肉之愛不可以簡，簡則慈教不接，狎則怠慢生焉」（卷一），父母實導引子女向善之首，司馬氏援史證之：

> 「梁大司馬王僧辯母魏夫人，性甚嚴正……故能成其勳業」。「梁元帝時，有一學士，聰敏有才，爲父所寵，失於教義……愛而不教，適所以害之」。「翟方進繼母……織履資方進遊學」。「魏緝母房氏，緝生未十旬，父薄卒，母鞠育不嫁，訓導有母儀法度」。「范滂坐黨人被收，其母就與之訣曰：汝今得與李杜齊名，死亦何恨，既有令名，復求壽考，可兼得乎。」（卷三）

三、子

　　爲人子者應孝親，孝親乃人倫之要，因不愛其親而愛他人者，謂之悖德，不敬其親而敬他人者，謂之悖禮。爲人子而事親或虧，雖有他善，累百不能掩也。事親應致其敬，樂親之志，並保身方是純孝，祭祀應事死如事生，事亡如事存。故司馬氏援史證之：

> 「宋武帝即大位，春秋已高，每旦朝繼母蕭太后，未曾失時刻」。「梁臨川靜王宏……避難潛伏，與太妃異處，每遣使恭問起居……彼在危難尚如是，況平時乎」。「王溥父祚有賓客，溥常朝服侍立……可謂居則致其敬矣」。「老萊子孝奉二親」。「王延事親色養，夏則扇枕席，冬則以身溫被」。「文王之爲世子，朝於王季日三」。「文王有疾，武王不脫冠帶而養」。（卷四）

四、女

　　女子應婉婉聽從，嫁必守婦德、婦言、婦容、婦功，達婦順，然亦可以

文事、以孝思、以節烈而著於朝廷及閭里，故司馬氏指出：

> 「漢和熹鄧皇后，六歲能史書，十二通詩論語，諸兄每讀經傳，輒下
> 意難問……晝修婦業，暮誦經典」。「班婕妤、曹大家之徒，以學顯當
> 時，名垂後來」。「陳氏有三女無男，祖父母年八九十，老耄無所知，
> 父篤癃疾……三女相率于西湖採菱藕……未嘗虧怠，鄉里稱為義
> 門」。「唐奉天竇氏二女，雖生長草野，幼有志操……遇亂守節不渝，
> 視死如歸」。「漢文帝時緹縈上書曰……願入身為官婢，以贖父刑罪，
> 使得改行自新也，書聞上悲其意，此歲中亦除肉刑法」。（卷六）

五、孫

　　為人子孫者，當念先祖遺德，不可懈怠，事祖如事父，不可違背，則可
謂孝也。司馬氏指出：

> 「晉李密……祖母劉氏躬自撫養密，奉事以孝謹聞，劉氏有疾，則
> 泣側息，未嘗解衣，飲膳湯藥，必先嘗後進……」。「齊彭城郡丞劉
> 瓛，有至性，祖母病疽經年，手持膏藥，漬指為爛」。「平盧節度使
> 楊損……曰今尺寸土皆先人舊物，非吾等所有，安可奉權臣耶」。（卷
> 六）

六、伯叔父

　　為人伯叔父者，禮服兄弟之子猶子也，應推恩愛於諸姪，故司馬氏指出：

> 「劉平……羊仲為賊所殺……平抱仲女而棄其子……曰力不能兩
> 活，仲不可以絕類，遂去而不顧」。「侍中淳于恭，兄崇卒，恭養幼
> 孤，教誨學問」。「晉鄧攸……遇賊……謂其妻曰：吾弟早亡，唯有
> 一息，理不可絕，止應自棄我兒……」。（卷六）

七、姪

　　為人姪者，侍諸父伯叔如事嚴父，謹守禮法，不得懈怠。司馬氏指出：

> 宋義興人許昭光，叔肇之坐事繫獄，七年不判……餉饋肇之，莫非
> 珍新，資產既盡，賣宅以充之，肇之諸子倦怠，惟昭光無有懈息，
> 如是七載，尚書沈演之嘉其操行，肇之事由此得釋。（卷六）

八、兄　弟

　　凡為人兄必友其弟，弟之事兄主敬愛，則家必和諧無爭，故司馬氏指出：

「漢丞相陳平，少時家貧好讀書……其嫂嫉平之不視家產，曰亦食糠核耳，有叔如此，不如無有，伯聞之，逐其婦而棄之」。「隋吏部尚書牛弘弟弼，好酒，酗，嘗醉射殺夕弘駕車牛，弘還宅……曰作脯，坐定，其妻又曰：叔忽射殺牛，大是異事，弘曰：已知，顏色自若，讀書不輟」。「梁安成康王秀，于武帝布衣昆弟，及爲君臣，小心畏敬過於疏賤者，帝益以此賢之」。「後漢議郎鄭均，兄爲縣吏，頗受禮儀……曰：物盡可復得，爲吏坐贓，終身捐棄，兄感其言，遂爲廉潔，均好義篤實，養寡嫂孤兒，思禮甚至」。（卷七）

九、姑姊、舅甥、舅姑、婦、妾、乳母

事舅如事父，事姑如事母，事舅姑如事父母，婦聽而婉，妾事女君，猶臣事君，尊卑殊絕，禮節宜明，乳母宜求其寬裕、慈惠，溫良恭敬，慎而寡言者，可以爲子師。故司馬氏指出：

齊攻魯，至其郊，望見婦人抱一兒攜一兒而行……問之曰：所抱者誰也，所棄者誰也，婦人對曰：所抱者妾兄之子也，棄者妾之子也……曰：己之子私愛也，兄之子，公義也……持節行義，不以私害公……。
（卷七）

文公遭驪姬之難，未反而秦姬卒……康公時爲太子贈送文公于渭之陽，念母之不見也，曰：我見舅氏如母存焉，故作渭陽之詩。（卷十）

十、夫　妻

夫婦之道，天地之大義，風化之本原也，爲人妻者其德有六，一曰柔順，二曰清潔，三曰不妒，四曰儉約，五曰恭謹，六曰勤勞，一與之齊，終身不改，故司馬氏指出：

晉白季使過冀，見冀缺耨，其妻饁之，敬，相待如賓，與之歸，言諸文公曰：敬，德之聚也，能敬必有德，德以治民，君諸用之，文公從之，卒爲晉名卿。（卷七）

衛世子共伯早死，其妻姜氏守義，父母欲奪而嫁之，誓而不許，作柏舟之詩以見志。（卷八）

司馬光《家範》以家庭倫常爲主，力尊夫婦有別，父慈子存，兄友弟恭，就家庭成員待人接物而言，應對進退以禮爲重，大多沿襲《禮記・內則》、《易經・家人》、《孝經》、《大學》而來，可知司馬氏是承襲儒家思想，明顯地指

出中國家族是男系社會，男尊女卑，婦女居附屬地位，爲維持家庭和諧，女性須柔順，勤儉持家，《家範》一書，最終目的即以孝悌貞順爲持家之本。

司馬光《家儀》一書，則是訓示子孫的規則，儀者度也、法也、則也（《說文》），《家儀》即家法、家訓，以家庭倫常道德爲主，又稱《涑水家儀》、《居家雜儀》，對象以家庭成員爲主，瑣碎而詳盡，明言爲子、爲婦……者，應如何處世，並未如《家範》證之以歷史人物，故清楚而明白且較具主觀性。司馬光認爲：

1. 持家應勤儉守禮，故提出：

   爲家長者，必謹守禮法，以御群弟子……制財用之節，量入以爲出……禁止奢華，常須稍存贏餘以備不虞。（《涑水家儀》）

2. 事親應懷敬順之心，司馬光認爲：

   爲子爲婦者，毋得蓄私財……侍于父母舅姑之所，容貌必恭，執事必謹，言語應對必下氣怡聲……受父母之命，必籍記而佩之，時有而速行之……父母所愛亦當愛之，所敬亦當敬之……樂其心，不違其志，樂其耳目，安其寢處，以其飲食忠養之……。（《涑水家儀》）

3. 男女有別，司馬光認爲：

   男治外事，女治內事，男子畫無故不處私室，婦人無故不窺中門，男子夜行以燭，婦人有故身出必擁蔽其面，男僕……入中門，婦人必避之，不可避，亦必以袖遮其面……。（《涑水家儀》）

4. 長幼有序，教育應從童稚作起，司馬光認爲：

   「教之以恭敬尊長，有不識尊卑長幼者，則嚴詞禁之……，誦孝經論語……誦尚書……誦春秋及諸史，始爲之講解，使曉義理……出外就傅，居宿于外，讀詩禮……使知仁義禮智信，自是以往可讀孟荀揚子、博觀群書……皆通始可學文辭」。「六歲……女子始學女工之小者……講解論語、孝經、列女傳、女戒之類，略曉大意……教以婉娩聽從及女工之大者……冠笄則皆責以成人之禮」。（《涑水家儀》）

5. 待僕妾應仁厚，但有欺詐背公、徇私離間等行爲者，應逐之；故司馬光主張：

   男僕……若專務欺詐，背公徇私，屢爲盜竊弄權犯上者，逐之，女僕……其兩面二舌，飾虛造讒，離間骨肉者，逐之，屢爲盜竊者，

逐之，放蕩不謹者，逐之，有離叛之志者，逐之。(《涑水家儀》)

《家儀》內容大多承襲《禮記·內則》，其中司馬光篩選適合當代禮儀者，並增加自己的見解，反映當代的社會風氣。今試臚列《家儀》與〈內則〉並比較如下：

名　稱	內　　　　　　　　　容
一、家儀	凡爲子爲婦者，毋得蓄私財，俸祿及田宅所入盡歸之父母舅姑，當用則請而用之，不敢私假，不敢私與。
內則	子婦無私貨，無私畜，無私器，不敢私假，不敢私與。
二、家儀	凡父母有過，下氣怡聲，柔聲以諫，諫若不入，起敬起孝，悅則復諫……撻之流血，不敢疾怨，起敬起孝。
內則	同右。
三、家儀	深宮固門，內外不共井，不共浴堂，不共廁，男治外事，女治內事，男子畫無故不處私室，婦人無故不窺中門，男子夜行以燭，婦人有故身出，必擁蔽其面目……。
內則	男子不言內，女子不言外……外內不共井，不共湢浴，不通寢席……男子入內，不嘯不指，夜行以燭，無燭則止，女子出門，必擁蔽其面，無燭則止。
四、家儀	六歲教之數與方名，男子始習書字，女子始習女工之小者，七歲男女不同席、不共食，始誦孝經論語……九歲男子誦春秋及諸史……十歲男子出就外傅居宿于外。
內則	六年教之數與方名，七年男女不同席，不共食，八年出入門戶及即席飲食，必後長者，始教之讓，九年教之數日，十年出就外傅，居宿於外，學書計，衣不帛襦褲十，禮師初，朝夕學幼儀，請肄簡諒。

《家儀》與《家範》，皆是針對家庭成員而言，然而《家儀》著重於子婦事舅姑一事，旁及幼教及僕妾，雖不如《家範》引古證今，但敘述更詳盡，以家庭倫理道德爲主，平常灑掃應對進退都是以禮爲重，禮以實踐爲主，家庭生活即禮的充分表現。

第二節　葉夢得《石林家訓》

葉夢得字少蘊，蘇州吳縣人，自號石林居士，「嗜學蚤成，多識前言往行，談論亹亹不窮」(《宋史》，卷四四五)，然而並非食古不化，而是文武兼備，調兵遣將有條不紊，如：

> ……八年，除江東安撫制置大使兼知健康府，行官留守，又奏防江措畫盡八事：(一) 申飭邊備，(二) 分布地方，(三) 把截要害……，夢得團結沿江民兵數萬，分據江津，遣子模將千人守馬家渡，金兵不得渡而去。(《宋史》，卷四四五)

> 海寇朱明猖獗，詔夢得挾御前將士便道之鎮，或招或捕，或誘之相

戎，遂平寇五十餘群。(《宋史》，卷四四五)

葉夢得讀書求取功名，並不限於追求利祿，而是報效社稷爲最終目的，順著格物致知，誠意正心，修身齊家，治國平天下，大學八目的規範去實踐，其家訓以誠意正心、修身齊家爲本，故行事端正，一朝出仕則以社稷爲重。

《石林家訓》著重個人修身及家庭相處之道，觀其内容可分爲：與書爲友、謹言愼行，事親勿欺、兄弟和睦四類：

一、與書爲友

取法聖賢行徑，胸中自無不義之念，不讀書則易流於庸俗，若縱欲而行，久必喪身破家。故葉夢得指出：

> 旦起讀書三五卷，正其用心處，然後可及他事……若遇無事，終日
> 不離几案，茍善于此，一生永不會作向下一等人。(《石林家訓》)

二、謹言愼行

人常因一己之喜惡而愛惡他人，愛之欲其生，惡之欲其死，必分是非，計利害，切勿人云亦云，所謂近朱者赤，近墨者黑，故應擇交善人、端正之士，背後之言不可聽，則是非毀譽不及身，故葉夢得指出：

> 將欲愼言必須省事擇交，每務簡靜，無求于事會，則自然不入是非
> 毀譽之境。(《石林家訓》)

三、事親勿欺

事親之道勿欺而已，不欺父母則敬在其中，除卻口體之奉養外，須心存敬意，親授教訓須面從且心從，正如《論語》云：「至於犬馬皆能有養，不敬何以別乎」。故葉夢得指出：

> 親授教訓，面從而不行，欺也，己有過矣，隱蔽使不聞，欺也，有
> 懷于中，避就不敢盡言，欺也，佯爲美觀之事，未必出于情，欺也。
> (《石林家訓》)

四、兄弟宜和睦

兄弟有急難之義，和睦則外侮不至，亂之所由生，言語爲階，爲妻者應柔順，勿搬弄是非，勿計較財貨，則紛爭不現，故葉夢得主張：

> 兄弟輯睦最是門户久長之道，然必須自少積累，使友愛出于至誠，

> 不見纖毫疑間乃能愈久愈篤……近世兄弟失和……其大有二，溺妻
> 妾之失，以口相謀，較貨物之入，以增相等。(《石林家訓》)

勤於讀書者必知聖賢事，效法聖賢行徑，久之必類聖賢，修身之餘必齊家，而維繫家庭的和諧須上行下效，言教不如身教，以孝親爲主，友愛兄弟爲輔，家庭成員待人接物必須謙讓，勿逞口舌之快，勿計較錢財，盡人眾事，謹言愼行，勿道聽塗說，老子言「六親不和有孝慈，國家昏亂有忠臣」(十六章)，當代社會風氣已不注意孝親友愛，徒爲眼前的利益而紛爭不已時，有志之士必然從自己，推而至家庭，由內而外，身體力行改革之。葉夢得思想及作爲皆承襲儒家，重個人修身、行事誠正無僞；其次家庭生活，重事親之道，必須養親、敬親，姊妹如兄弟，皆應友愛；且由事親之心，推至事君之心，二者無差異，葉夢得訓誨子孫，舉大綱而論述，承儒家而無創見，然實踐之，亦見其偉大。

第三節　朱熹《家禮》

　　宋代儒學復興運動中，禮是其中一個重要項目，理學家中橫渠、二程皆重禮，朱熹更是禮學大師，對家禮的制度，提出他客觀認知的見解，朱熹認爲：

> 橫渠所制禮，多不本諸儀禮，有自杜撰處，如溫公卻是本諸儀禮，最爲適古今之宜。(《朱子語類》，卷八十四)
> 二程與橫渠多是古禮，溫公則大概本儀禮，而參以今之可行者，要之溫公較穩，其中與古不甚遠，是人八分好。(《朱子語類》，卷八十四)
> 溫公之說亦適時宜，不必過泥古禮，即且從俗，亦無甚害，且從溫公之說，庶幾寡過。大抵今士大夫家，只當且以溫公之法爲定，伊川考之未詳。(《朱文公文集》，卷六十四)

橫渠不免出之杜撰，二程不免泥古，故獨從司馬溫公之說，因溫公的禮能做到適時宜，不泥古。

　　《家禮》一書，《四庫提要》言：

> 家禮五卷，舊本題宋朱子撰，案王懋竑白田雜著，有家禮考，曰家禮非朱子之書也。家禮載于行狀，其序載于文集，其或書之歲月載于年譜，其書亡而復得之，由載于家禮附錄，自宋以來，遵而用之，

其爲朱子之書，幾可疑者，乃今反復考之，而知決非朱子書也。(《四庫全書》經部禮類)

高師仲華以爲《家禮》乃朱子之書，其《朱子的禮學》，曾述家禮的特點有三：（一）制作禮儀，掌握禮的根本；（二）綱紀大道，詳定禮之儀文；（三）斟酌古今，適合於禮的施行。故《家禮》開宗明義即曰：「凡禮，有本有文，自其施於家者言之，則名分之守，愛敬之實，其本也。」其儀文即維繫人道之標準，唯「酌以古今之變，更爲一時之法」，「因其大體之不可變者，而少加損益於其間」，故能成爲宋代通行之禮儀寶典。朱熹爲學，大抵窮理以致其知，反躬以踐其實，而以居敬爲主，對禮有深入的研究，推崇司馬溫公之說，《家禮》一書大多從司馬溫公《書儀》而加以革新，由此可知《家禮》乃朱熹所做無疑。

《家禮》以家庭禮節爲主，全書分五卷，一、通禮，二、冠禮，三、婚禮，四、喪禮，五、祭禮，皆是日用的常禮，本於古人修身齊家之道，愼終追遠之心，使民風歸於醇厚，然而朱熹承古而不泥古，對當時不合理的儀節制度，提出革新之道，如：

一、祠堂乃體現飲水思源，尊祖敬宗之意，實家名之守，開傳世之業，宗子主持，子孫不得據爲己有，祠堂內設四龕，供奉高祖以下先世神主，並規定祠堂內設祭器以及祭祀的儀式、服裝等，祠堂的地位遠勝於其他家財，遇有災禍，當先搶救，故朱熹提出：

君子將營宮室，先立祠堂於正寢之東，爲四龕以奉先世神主，旁親之無後者以其班祔……或有水火盜賊，則先救祠堂，遷神主、遺書，次及祭器，然後及家財……。(《家禮》，卷一)

二、古者男三十而娶，女子二十而嫁，而後改爲男年十五，女年十三以上，並聽婚嫁，朱熹參古今之道，酌禮令之中，順天地之理，合人情之宜提出：

男子年十六至三十，女子年十四至二十，身及主昏者無期以上喪，乃可成昏。(《家禮》，卷三)

三、司馬光《書儀》雖列納采、問名、納吉、納幣、請期、親迎六禮，但士庶人婚禮，併問名於納采，併請期於納幣。(《宋史》，卷一一五)宋禮所存者納采、納吉、納徵（又名納幣）、親迎四禮而已。唯朱子《家禮》並將納吉刪去，蓋得吉則送禮幣，不必於納徵之先，再有納吉之程序，故只存三禮，主張：

必先使媒氏往來通言，俟女許之，然後納采，主人具書，夙興奉以
告於祠堂，乃使子弟爲使者，如女氏……納幣具書遣使如女氏……
主人告於祠堂，遂醮其子，而命之迎……。（《家禮》，卷三）

四、祠堂設有龕法，若大宗世數未滿，則仿小宗之制，祭祀止于高祖以下四
代即高祖、曾祖、祖、父，實際仍行小宗之制度，指出：

祠堂之內，以近北一架爲四龕，每龕內置一桌，大宗及繼高祖之小
宗，則高祖居西，曾祖次之，祖次之，父次之；繼曾祖之小宗，則
不敢祭高祖，而虛其西龕一；繼祖之小宗，則不敢祭曾祖，而虛其
西龕二；繼補之小宗，則不敢祭祖，而虛其西龕三。若大宗世數未
滿，則亦虛其西龕，如小宗之制。（《家禮》，卷一）

五、喪禮中置靈座，設魂帛，當時男子可用畫影置於魂帛後，朱熹認爲女子
不可同於男子，否則爲非禮，喪禮不作佛事，因天堂地獄乃勸善而懲惡之說，
實際則無也，提出：

世俗皆畫影置於魂帛之後，男子生有畫像，用之猶無所謂……婦人
生時，深居閨門……豈可使畫工直入深室，揭掩面之帛，執筆訾十
相，畫其容貌。（《家禮》，卷四）

……死者形神相離，形則入於黃壤朽腐消滅，與木石等，神則飄若
風火不知何之……浮屠所謂天堂地獄者，計亦以勸善而懲惡也，苟
不以至公行之，雖鬼何得而治乎！（《家禮》，卷四）

《家禮》多承古禮，其祭高祖以下四代的革新主張，成爲南宋後期的習俗，
在婚禮上，僅存納采、納幣、親迎三禮，因爲得吉則送幣，不必納徵之先，
再有納吉，改士庶人婚禮之四禮爲三禮，此則順應風俗，稍做修正，然而不
允許婦人畫影置於魂帛之後，因婦女生時深居閨門，出則乘車擁蔽其面，豈
可死後任畫工揭帛而畫其容貌，此皆不合禮。對於用冠帽，衣履裝飾如人狀
者，置於魂帛後，更視之鄙俚，尤不可從，當廢除，世俗相信天堂地獄之
說，常設道場，作水陸大會，寫經、造像，修建塔廟之行爲，妄想升天堂，
不必入地獄，對於此說，則予以否定，因人有氣血故知痛癢，死則形神相離，
形入黃壤，神隨風飄，天堂地獄乃浮屠勸善而懲惡的說法，因此，朱熹對當
時社會迷信提出全面革新，愼終追遠乃固有文化特質，然攙雜宗教迷信而失
去理性時，則勢必引起革新，故朱熹《家禮》承襲古禮，也賦予禮的時代意
義。

第四節　劉清之《戒子通錄》

　　《戒子通錄》一書共八卷，宋劉清之收錄，書中內容皆前人訓示子孫之語，其中卷五至卷七乃宋代名臣訓勉子孫之言行，本節討論內容以卷五至卷七爲主，劉氏共收錄宋人四十家，或詩或文，或全篇記載，或節錄其要，內容繁瑣，難見原書風貌，但吉光片羽，亦可看出宋代家禮、家訓的風貌。

　　劉清之字子澄，臨江人，受業於兄靖之，甘貧力學，博極書傳，居官時仁民愛物，視民如子，注重民風之醇樸，表彰氣節，改習俗之惡者，如：

　　　　……州有民妻張以節死，嘉祐中，詔封旌德縣君，表其墓曰「烈女」，
　　　　中更兵火，至是無知其墓者，清之與郡守羅願訪而祠之，鄂俗計利
　　　　而尚鬼，家貧子壯則出贅，習爲當然，而尤謹奉大洪山之祠，病者
　　　　不藥而聽於巫，死則不葬而畀諸火，清之皆諭止之。（《宋史》，卷四
　　　　三七）

劉清之勸民爲善，敦親睦鄰，維持善良風俗，嘗序范仲淹義莊規矩，勸大家族衆者，隨力行之，本之家法，參考先儒禮書，定爲祭禮，仗民行之，上行下效，如：

　　　　嘗作諭民書一編，首言畏天積善，勤力務本，農工商賈莫不有勸，
　　　　教以事親睦族，教子祀先，謹身節用，利物濟人，婚姻以時，喪葬
　　　　以禮。（《宋史》，卷四三七）

劉清之極力推崇家族義居，躬行孝悌，由其《戒子通錄》可略見之，茲分析如下。

　　蘇頌，字子容，丹陽人，元祐丞相，紹聖家居作述懷百韻，以代家訓，劉清之取其略，蘇頌主張：

1. 修身：應勤奮讀書，法先聖先賢遺教，堅持操守。
　　　海爾宜悱憤，名教樂有餘，異端多亂眞，其要本誠名……學不沾洽，
　　　何由垂望聞，操守不堅純，久必成淄磷，進修欲及時。……（卷五）
2. 家庭生活：不遠家風，當發揚之，並勤儉持家，忍順待人，則家必諧。
　　　更思祖先勳，相傳清白訓，出處有殊途，豐約毋過分，考室俟肯堂，
　　　肥家在忍順……中菁須自防，外誘不可徇……家聲期遠振。（卷五）

　　邵雍，字堯夫，洛陽人，熙寧徵士，諡康節，主張修身：凡事物非禮則不爲也，交友取物則須合乎善義，知過必改，知賢必親，善惡由資性、由勤奮、行之則爲君子。

　　知善也者，吉之謂也……目不觀非禮之色，耳不聽非禮之聲，口不
　　道非禮之言，足不踐非禮之地，人非善不交，物非義不取，親賢如
　　就芝蘭……有過不能改，知賢不肯親，雖生人世未得謂之人……善
　　惡無他，在所存……。（卷五）

　　孫奭，字宗右，博州人，天禧從官疾甚，徙正寢，屏婢妾，謂子瑜曰：
　　……當母內姬妾，獨若與諸孫在庶，不死于婦人之手。（卷五）
可知婦女乃居微卑地位，承襲孔子言「唯女子與小人，為難養也。」（〈陽貨〉）
的觀念。

　　陳定，字師德，莆田人，主張修身為學有十戒，過與不及都不好，泥於
小道作俗吏、經生、學行好作險怪，此皆人之通病，故戒之。
　　道不可不力學，勿入諸子，經當潛心以終身，勿作經生，行不可不
　　砥礪，勿作險怪，政事不可不學，勿作俗吏……九流不可不貫穿，
　　勿泥小道……。（卷五）

　　胡瑗，字翼之，泰州人，嘉祐天章侍講，主張家庭生活，就嫁娶而言，
嫁女必勝吾家，娶婦必不如吾家，自信家人皆能執禮，可以家庭之禮感化他
人，因家禮嚴明，故能如此。
　　嫁女必須勝吾家者，勝吾家，則女之事人必欽必戒，娶婦必須不若
　　吾家者，不若吾家，則婦之事舅姑必執婦道。（卷五）

　　劉子翬，字彥沖，紹興通判興化軍，訓子之道主張修身，學貴乎始，凡
日常應對，執事必虔，行事必莊重，人性本善，存之則誠，體之則仁，任外
務欲望所駕，則其質乃變，見賢思齊，見不賢內自省，修養讀書不可間斷。
　　……善學者：必謹其初，凡日用間，業業乾乾，散秩必恭，執事必
　　虔中，惟不自輕，雖奴隸亦尊……聖心之純性，本渾全，或誤於未
　　聞，知誤勿執，守之則真……彼真不賢，可助余之勗，見賢可信，
　　信之不疑，勿窺其小疵，謂不足以為余師，我信乃自益。（卷五）

　　張浚，字德遠，廣漢人，紹興丞相，主張家庭生活：以儉為美德，當施
惠宗族之貧者，婚禮不用樂，勿浪費，祭禮以至誠為主，喪禮貴哀，反對作
佛事，應節浮費依古禮，救濟貧者，婦女不得言語無節，徒為害事。
　　婚禮不用樂……不當效彼俗子，徒為虛費，無益有損……祭禮重大，
　　以至誠嚴潔為主……喪禮貴哀，佛事徒為觀看之美……不若節浮費
　　而依古禮，施惠宗族之貧者……。（卷五）

范質，字太素，大名人，建隆宰相，作詩告知從子勿求高官，當從修身做起，主張：

1. 修身：時時應進修，謹言慎行，交友須小心，嚴以律己，寬以待人，嗜酒狂樂易為凶險，任俠為人赴急難，易陷囚獄，多言易招是非，勢位難久居，無須強求，當服簡素，清心寡欲才是。

   孜孜務進修，夙夜事勤肅，言行思悔尤，出門擇交友……恭則近乎禮，自卑而尊人……勿多言，多言眾所忌……舉世重任俠，俗呼為義氣，為人赴急難，往往陷囚縈；……勢位難久居，畢竟何足恃……。（卷五）

2. 家庭生活：事親當恭敬，行事當謹慎，勿敗壞門風。

   孜孜務進修、夙夜事勤肅，言行思悔尤……省親嘗懼怩，恐撥庭闈羞……，立身莫若先孝弟，怡怡奉親長，不敢生驕易。（卷五）

晏殊，字同叔，撫州人，康定丞相，與兄討論教子事宜，主張修身，應教子讀書，學書學禮，可免恥辱，求樸實之性格，勿與輕薄不著實者來往，則可免禍。

   ……假如性不高，亦須勤令讀書，學書學禮，度視老宿有德之人，所冀向後自了得，一身免辱門戶也……小男女尤宜親近有德，遠輕薄之徒……。（卷五）

杜衍，字世昌，越州人，慶曆丞相，責難其弟之信，主張家庭生活，持家當節儉勿奢侈。

   此人從到，便嫌我家貧，云汝左右皆金釧釵鈿，每婢榻上，各有四五張綾，然則汝性侈……。（卷五）

韓琦，字稚圭，相州人，嘉祐丞相，寒食節祭拜祖墳，因作戒子姪詩，家庭生活：欲求得富貴，即須勤奮學業，事親當孝順，忠義報國，祖墳當修護，喪葬無須聽信葬師語。

   學業勤則成，富貴汝自取，仁睦周吾親，忠義報吾主，聞須求便官，墳壠善完補，死則託二塋，慎勿葬他所……無惑葬師言，背親圖福祐……。（卷五）

歐陽修，字永叔，廣陵人，主張修身：人不學不知道，故當勤學，但勿鋒芒畢露，為官當思報效，盡心而不避事，甚者可能臨難死節，官下宜清廉。

   人之性因物則遷，不學則捨。君子而為小人……當思報效，偶此多

事，如有差使，盡心向前，不得避事，至於臨難死節，亦是汝榮事……

官下宜守廉……。（卷五）

唐介，字子方，江陵人，主張修身：當以直道求得功名，且至公爲報，仕宦多坎坷，窮達自有命，努力自有得。

吾以直道自任，蒙聖主厚恩……以至公爲報……惟荊棘則甚多矣；

然仕宦窮達各有時命……。（卷五）

韓億，字宗魏，雍邱人，景祐參知政事，主張修身：處事當韜晦，勿輕率，凡事當細心思慮，以免犯錯，不可收拾。

一心公忠，何慮不達，更宜每韜晦，懼輕言之失……法穰庶事，皆須經心熟思，毋致小有失錯……。（卷五）

蘇洵，字明允，眉州人，論二子蘇軾及蘇轍名之優劣，藉此訓勉之修身：爲人當外飾而不居功，處於福禍之間，多可免禍。

軾獨若無所爲者，雖然去軾，則吾未見其爲完車也，軾乎，吾懼汝之不外飾也……車之功者，轍不與焉，雖車仆馬斃，而患亦不及轍，是轍者，善處乎禍福之間也。（卷五）

司馬光，字君實，陝州人，主張：

1. 修身：當以儉素爲美，因以約失之者，鮮矣！人情由儉入奢易，由奢入儉難，薪俸豈能常有，故謀遠之計，當以儉修身，故以此訓子孫。

吾家本寒族，世以清白相承……吾心獨以素儉爲美……孔子稱：與其不遜也，寧固。又曰：以約失之者，鮮矣！……有德者，皆由儉來也，儉則寡欲，君子寡欲則不役於物，可以直道而行。（卷五）

2. 家庭生活：推崇同族義居，因身孤則人戕之，兄弟如枝葉，去之則本根無所庇蔭，君子若愛其身而棄其枝葉，乃捨本逐末，因愛其親則愛其兄弟，愛其祖則愛其宗族，唯戮力一心，然後家族可固，故應以義方訓子，以禮法齊家，司馬氏言：

棄其九族，遠其兄弟，欲以專利其身，殊不知身既孤，人斯戕之矣……世之人欲愛其身，而棄其宗族，烏在其能愛身也……手足之繫於身首，不可離也……自古聖賢未有不先親九族，然後能及他人者……以義方訓其子，以禮法齊其家。（卷五）

3. 主張喪葬不應擇年、月、日、時、地，因死生有命，富貴在天，固非葬所能移，不當學習羌胡習俗，自焚其柩，取燼骨而葬之。

> 古人不擇年月也……是不擇時也……不擇地也……夫死生有命，富
> 貴在天，固非葬所能移，就使能移，孝子何忍委其親不葬，而求利
> 於己哉……竭力不能歸其柩，即所亡之地死葬之，不猶愈於火焚
> 乎……。（卷五）

4. 婦人當從一而終，專以柔順，不當以強辯，娶妻勿娶悍妻，且以禮防
　之，若妻犯禮而出之，乃義也。

> ……從一而終也……若妻室犯禮而出之，乃義也……為人妻者，其
> 德有六，一曰柔順，二曰清潔，三曰不妒，四曰儉約，五曰恭謹，
> 六曰勤勞……。（卷五）

張商英，字天覺，號無盡居士，蜀之新津人，主張家庭生活：孝慈應由
天性、且言教不如身教。

> 父孝子必孝……自己身不孝，養子謾勞教……孝是種子法，不由教
> 不教。（卷五）

王旦，字子明，魏州人，主張家庭生活：當儉素不奢侈，保守門風。

> 我家世清德，當務儉素，保守門風，不得恃相輔家事泰侈。（卷五）

高瓊，亳州人，景德時大將，主張修身：處事當正直，威武不能屈，求
取功名成就當奮鬥。

> 毋曲事要勢以覬進身，若吾奮節行間至秉旄鉞，豈因人力哉！（卷
> 五）

唐說，字潛亨，江陵人，元符隱士，教子應修身：務充德性，富貴皆浮
雲，但求自立自足即可。

> 良能富於己，何得為貧，識者皆貴之，何得為賤，此天下真富貴也，
> 汝能自立自足矣，餘聽命可也。（卷五）

楊億，字大年，建州人，主張修身：教育當從童稚開始，教以孝悌、忠
信、禮義、廉恥等事，養其良知良能。

> 童稚之學，不止記誦，養其良知良能，當以先入之言為主，日記故
> 事不拘，今古必先以孝弟，忠信、禮義，廉恥等事……。（卷五）

江端友，字子我，陳留人，主張修身：平日常息心定志，則用意勞神，
鑿空妄作，名利之心皆可灰滅，如此自然能體道，學道復性當以攻苦食淡為
先，與人交遊宜擇端雅之士，勿論人是非。

> 夜臥不眠，常須息心定志……及起邪念……用意勞神，鑿空妄作名

利之心，皆可灰滅……志慮既澄，自能體道……學道當以攻苦食淡
爲先……與人交遊，宜擇端雅之士……談議勿深及他人是非……。
（卷五）

宋祁，字子京，安陸人，主張：

1. 修身：入則孝悌、出則忠君，朋友有信，不可廢學。

孝於親則悌於長，友於少，慈於幼，出於事君則爲忠，於朋友則爲
信，於事無不敬……人不可以無學……書在胸中，則不爲人所輕誚
矣。（卷五）

2. 家庭生活：喪葬不得作佛事。

吾沒後，不得作道佛二家齋醮。（卷五）

黃庭堅，字魯直，豫章人，主張家庭生活：叔兄慈惠，弟姪恭順，無以
小財爲爭，無以小事爲讎，無以猜忌爲心，無以有無爲懷，姒娣和睦，同族
義居，外侮不能欺。

吾高祖起，自憂勤嚘類數口，叔兄慈惠，弟姪恭順，爲人子女者告
其母曰……無以小財爲爭，無以小事爲讎……是以官私皆治富
貴……姒娣眾多內言多忌，人我意殊，禮義消衰……其所以連於苦
也……吾族敦睦，當自我子起……。（卷六）

梁燾，字況之，須城人，主張修身：喜怒不當形於色，忿急之怒當寬恕
之，勿多言戲物。

喜怒之言勿出諸口，造次顛沛勿忘於恕，又日子弟沈默緩畏，毋戲
物妄笑，遇事和而有容，語言舉止務淹雅凝重，喜怒不形於色。（卷
六）

唐子滂，字惠潤，主張修身：當以孝行第一，孝者無所不包，則不復爲
惡。

人性苟有一孝，則無所不包，猶樹根一固而百枝生焉……君子不以
昏行易操，不以夜寐易容。（卷六）

柳開，字仲塗，主張家庭生活：兄弟義居，不當聽信婦人之言，偏愛私
藏，以至背戾分門。

娶婦入門，異姓相聚，爭長競短，漸漬日聞，偏愛私藏……男子有
剛腸者，幾人能不爲婦人所役。（卷六）

王禹偁，字元之。觀種黍、蔬食二詩，示子修身：當讀書爲學，且勤儉

持家，以備不時之需，因務農辛苦，水旱則穀價騰貴，士大夫流更應惜福，勿奢侈怠惰。

> 柳公綽近代居貴位，每逢水旱年，所食唯一器，豐稔即加籩……汝
> 家本寒賤，自昔無生計，菜茹各須甘，努力度凶歲。（卷六）

張耒，字文潛，宛邱人，北鄰賣餅兒，每五鼓未旦即上街呼賣，雖大寒烈風不廢，且時刻不稍差，故戒子孫職無高卑，意志當堅強。

> ……業無高卑志當堅，男兒有求安得閒。（卷六）

賈昌朝，字子明，真定人，主張：

1. 修身：居家當孝慈，與人相處當謙和，仕宦當清廉，用法審案必詳慎寬恕，訥言敏行，行事必端正。

> 居家孝，事君忠，與人謙和，臨下慈愛，眾中語涉朝政得失，人事
> 短長，慎勿容易開口，仕宦之法清廉為最，聽訟務在詳，審用法必
> 求寬恕，追呼決訊不可不慎……君子居不欺乎暗室，出不踐乎邪徑，
> 外訥於言而內敏於行，然後身立而名著矣。（卷六）

2. 家庭生活：入則孝，出則悌，叔姪昆弟有過失，當相規勸，親戚相處以寬厚為主。

> 又見士人之家，叔姪昆弟苟有過失，不務交相規正於內，而乃互為
> 謗毀於外，詳究其因，止於爭官職，競貨財而已，夫以榮利之薄，
> 而亡親戚之厚，茲名教罪人也。（卷六）

關澮，字聖功，錢塘人，主張修身：當寬以待人，嚴以律己、見善習之，見不善內自省。

> 樂道人之善，惡稱人之惡。（卷六）

范仲淹，字希文，蘇州人，主張：

1. 修身：當清心潔行以自樹，不可竊論曲直，以免招悔禍，君子固窮，見利思患，則可免禍，自行充實，勿求人薦拔。

> 京師交遊慎於高議，不同常言之地，且溫習文字，清心潔行以自樹，
> 立平生之稱，當見大節不必竊論曲直，取小名招大悔矣……凡見利
> 處便須思患，老夫屢經風波，惟能忍窮，故得免禍……甚勿作書求
> 人薦拔……。（卷六）

2. 家庭生活：推崇同族義居，凡宗族饑寒者，必卹之，不以居家苦淡為憂，當思子欲養而親不在。

……欲以養親，親不在矣……吳中宗族甚眾，於吾固有親疏，然以
吾祖視之，則均是子孫……則饑寒者，吾安得不卹也……雖清貧但
身安為重……。（卷六）

范純仁，字堯夫，蘇州人，主張修身：寬以待人，嚴以律己，人善於責
人而恕己，以此自勵則可達聖人地位。

人雖至愚，責人則明，雖有聰明，恕己則昏，但常以責人之心責己，
恕己之心恕人，不患不到聖賢地位也。（卷六）

鄒浩，字志完，常州人，主張修身：當以六經為本，因孝弟忠順皆在其
中，知而行之，取法古人，不患不到聖賢地位。

汝其尊六經以為本，博群籍以為枝，可取者友，可奉者師，孝悌忠
順之端，篤誠充擴而弗移。（卷六）

胡安國，字康侯，建安人，主張修身：修己以安人，勤儉讀書，清心寡
欲，感化姦吏，必止其邪心，以禮至誠風化之，民訟當訓導，使趨於善，效
法當代賢人，忠信立心，行為端莊。

禁姦吏必止其邪心……必以風化德，禮為先……立心以忠信，不欺
為主，行己以端莊，清慎見操執……苦學篤信清儉之事……（卷六）

高閌，字抑崇，明州人，主張家庭生活：首重家廟之建築，明白嫡庶之
分，則廟有定主，推崇同居而同財。

他日如營居室，必先家廟……惟嫡子孫相繼居之，眾子別營居焉，
蓋嫡庶之禮明，而自知分矣……異居而同財，有餘則歸之宗，不足
則資之宗……喪不慮居為無廟也，若兄弟探籌以析居，則廟家無定
主矣！（卷六）

家頤，字養正，眉山人，主張修身：讀書至樂，人應自小積學積善，守
道守節，為善由人，富貴由天，當憂人不憂天。

人至樂無如讀書，至要無如教子，父子……律之以威，繩之以禮……
養子弟……既積學……又積善……可使觀德……不可使觀利……重
道……守節……賢不肖係諸人，其貧富貴賤係之天。（卷六）

何耕，字道夫，蜀之廣漢人，主張修身：學業可求，而富貴不可求，讀
書交益友，問道於良師，皆可增廣見聞，識遠而志高，仕則卓然有成，不仕
亦介然自重。

疏瀹乎六藝之源，游泳乎諸史之涯……廣見聞於益友，質是非於名

師……其達也，必能卓然有立，以示百僚之準式，其窮也，亦將介
然自重。（卷六）

呂本中，字居仁，東萊人，主張修身：後生不得論前輩是非及先儒得失，
維持敦厚之風，注意辭令容止，輕重疾徐，行事待人須明長幼尊卑，不可以
爵祿而去親側，視富貴如浮雲，簡重清靜，不事聲色，為事須由衷不可矯飾，
解經必先反諸身，學問須理會曲禮少儀禮儀等，以及爾雅訓詁等文字，然後
可語上，下學而上達，勿博戲，取之傷廉，與之傷義，生活當簡約，毋輕議
人，用輕說事，退而自修，不得醉酒、服藥，當官須清、慎、勤、忍，可保
祿位，遠恥辱，且以暴怒為戒，當詳審。

> 先儒得失，前輩是非，豈後生所知……難得而易失者，事親之日也，
> 豈可以爵祿故久去親側……凡人為事須是由衷方可，若矯飾為之，
> 恐不免有變，時任誠而已……凡欲解經，必先反諸其身，又思措之
> 天下，反諸其身而安，措之天下而可行……前輩常教少年毋輕議人，
> 毋輕說事，惟退而自修可也……當官大要直不犯過，利不害義，在
> 人消詳斟酌之爾，然求合於道理，本非私心專為己也……。（卷六）

呂祖謙，字伯恭，東萊人，主張修身：幼學之士先分別人品之上下，何
者為聖賢之事，生活儉素，忍詬能成大事，切勿發人私書，拆人信物，借人
書冊器用，愛護過於己物，讀書不輟，樂善行義，萬事真實有命，人力計較
不得，士之致遠，先器識而後文藝，詭誕之事，奇邪之術，君子遠之，君子
不記人過，勿博奕，窮經問學，不道人短長，不在其位，不謀其政，事親孝
悌，身教重於言教。

> 幼學之士，先要分別人品之上下，何者是聖賢所為之事……向善背
> 惡……伍子胥為人剛戾，忍詬能大事……發人私書，拆人信物，深
> 為不德……借人書冊器用……須愛護過於己物……讀書不輟……正
> 心修身……萬事真實有命，人力計較不得……不務經術，好酖博奕，
> 廢事棄業……業終無補益……。（卷七）

由《戒子通錄》所收內容，可知宋朝士大夫首重修身及家庭教育：（一）在生
活上提倡勤儉傳家，敦親睦族；（二）去習俗之惡者，求民風的醇樸；（三）
視富貴如浮雲；（四）強調個人修身，效法聖賢德行，入則孝，出則悌，謹而
信，汎愛眾而親仁；（五）發揚謹身節用，利物濟民的博愛精神；（六）宣揚
儒家孝悌精神，鼓吹家族義居，明三綱五倫之義；（七）出仕為官更應清、慎、

勤、忍，不在其位，不謀其政。可見士大夫族諄諄訓誨，極力維護儒家傳統文化，革新社會風氣，保持醇樸民風之苦心。

第五節　陸游《放翁家訓》

陸游字務觀，越州山陰人，高宗紹興中試禮部，舉試薦送屢前列，為秦檜所嫉，檜死，始為寧德簿，孝宗即位，遷樞密院編修官，歷鎮江、夔州通判，范成大帥蜀，游為參議官，以文字交，不拘禮法，人譏其頹放，因自號放翁。游才氣超逸，忠愛出於天性，畢生以中原未復為念，各體文皆工，尤長於詞，為南宋大家之一，所撰《放翁家訓》共計二十七項，依其內容可分為個人修身及家族生活兩方面。

一、個人修身

1. 不可敗壞門風：陸游認為陸氏世代廉直忠孝，孝悌行於家，忠信著於鄉，陸氏子孫為學仕宦皆不可辱於先人，故主張：

   吾家在唐為輔相者六人，廉直忠孝，世載令聞……東徙渡江，夷於編氓，孝悌行於家，忠信著於鄉，家法凜然，……仕而公卿命也，退而為農亦命也。若夫撓節求貴，市道以營利，吾家所深恥。(《放翁家訓》)

2. 寬以待人，勿露所長，招人嫉妒，飲食取飽，切勿奢侈，以珍異誇耀世俗，對己品德有礙，不僅招人嫉妒且易惹禍上身，故主張：

   人之害吾者，或出嫉妒，或偶不相知，或以為利，其情多可諒，不必以為怨……汝輩但能寡過，勿露所長，勿與貴達親厚，則人之害己者少。(《放翁家訓》)

   凡飲食但當取飽，若稍令精潔，以奉賓燕，猶之可也，彼多珍異誇眩世俗者，此童心兒態，切不可為其所移。(《放翁家訓》)

3. 絕意仕進，務農免禍，陸游以為為官奉承不當，不但易失官爵，且喪失臣節，甚而喪身亡族，惟務農可以免禍，主張：

   若苟逃遣斥而奉承上官，則奉承之禍不止失官，苟逃死而喪失臣節，則失節之禍，不止喪身……惟躬耕絕仕進則去禍。(《放翁家訓》)

4. 人應及時努力，以免老大徒傷悲，主張：

   人生才固有限，然世人多不能克盡其實，至老必抱遺恨……。(《放

翁家訓》）

5. 人應居處恭，色思溫，凡輩行長於我者，必當謙遜，主張：

> 人士有與吾輩行同者，雖位有貴賤，交有厚薄，汝輩見之，當極恭
> 遜，己雖官高，亦當力請居其下，不然則避去可也。（《放翁家訓》）

《放翁家訓》在個人修身中，標示世代以忠君傳家，其次孝悌行於家，忠信著於鄉，家學皆以文儒爲主，訓示子孫不可敗壞家風，且應有憂患意識，因事常成於困約，而敗於奢靡，若仕而公卿，退而爲農皆命也。陸氏隱含定命思想，易導引子孫走上消極人生，其家訓極力強調躬耕絕仕可去禍，平常修身仍以儒家爲正統，主張過則勿憚改，寬以待人，應節儉勿奢華，並忘貪欲，謙卑爲懷，對長上應恭遜。至於仕宦一途更是避之猶恐不及，可從陸游宦海背景印證，前期爲秦檜所嫉，難伸己志，中期直言諫上，以中原未復爲念，不爲器重，晚期再出爲韓侂冑撰南園閱古泉記，見譏清議。朱熹嘗言：「其能太高、蹟太近，恐爲有力者所牽挽，不得全其晚節。」（《宋史》，卷三九五）家訓完成於南宋孝宗乾道四年，晚期再出是寧宗朝，可見所言與所行不能驗證，雖說絕仕去禍，然有機可伸己志時，雖知有禍仍不畏也。

二、家族生活

（一）持家之道

陸游認爲社會風俗日壞，自己仕途多舛，因此主張務農，不求仕，不應舉，以躬耕務農爲家風。

1. 務農使民俗歸於醇樸：

> 風俗方日壞，吾家本農也，復能爲農，策之上也，杜門窮經，不應
> 舉，不求仕，策之中也，安於小官，不慕榮達，策之下也。（《放翁
> 家訓》）

2. 訟訴最是傷神，持家者應盡量避免：

> 訴訟一事最當謹始，或官司雖無心，而其人天資闇弱，爲吏所使，
> 亦何所不至，有是而後悔之，固無及矣！（《放翁家訓》）

3. 讀書可使心向善，貧則教訓童稚，以給衣食，無害矣！

> 子孫才分有限，無如之何，然不可不使讀書，貧則教訓童稚，以給
> 衣食，但書種不絕足矣！若能布衣草履，從事農圃，足跡不至城市，
> 彌是佳事。

4. 才智敏銳者，應使讀書，常加簡束，勿使變壞：

> 後生才銳者最易壞，若有之，父兄當以為憂，不可以為喜也，切須
> 常加簡束，令熟讀經子，訓以寬厚恭謹，勿令與浮薄者游處，如此
> 十許年，志趣自成。（《放翁家訓》）

治國有阻，退而求齊家，故於家訓內容中，要求子孫應勤讀書，修身不輟，子孫中有才銳者應加簡束，令讀書，注重內在心性薰陶，避免外在的誘惑，才不致為惡，肯定教育的功能，及近朱者赤，近墨者黑的影響，陸游亦指出應避免訴訟，得饒人處且饒人，若遇貪官污吏則訴訟多半兩敗俱傷，故應避之。

（二）喪葬禮俗

陸游主張不求富、不求仕，故於家族的經濟動力——田產，並無治理方面的訓示，但近一半的家訓條例，皆反對當時喪葬的儀節，可知《放翁家訓》針對當時社會喪葬儀式加以革新損益，主張：

1. 反對喪家張設器具，吹擊螺鼓，設靈位，否定地獄天堂之說及鍊度之說，指出：

> 吾死之後……遇當齋日，但請一二有行業僧誦金剛法華數卷，或華
> 嚴一卷……又悲哀哭踊是為居喪之制，清淨嚴一，方盡奉佛之禮，
> 每見喪家張設器具，吹擊螺鼓，家人往往設靈位，輒哭泣而觀之，
> 僧徒衒技，幾類俳優，吾常深疾其非禮。（《放翁家訓》）

> 升濟神明之說，惟出佛經，黃老之學本於清淨自然，地獄天堂何嘗
> 言及，黃冠輩見僧獲利，從而效之，送魂登天，代天肆赦，鼎釜油
> 煎，謂之鍊度，交梨火棗用以為脩，可笑者甚多。（《放翁家訓》）

2. 墓誌銘應以實為主，勿溢美以誣後世，指出：

> 墓有銘，非古也，吾已自記，平生大略，以授汝等，慰子孫之心，
> 如是足矣！溢美以誣後世，豈吾志哉！（《放翁家訓》）

3. 生死乃氣之聚散，無關禍福報應，指出：

> 氣不能不聚，聚亦不能不散，其散也，或遽或久……為善自是士人
> 常事，今乃規後身福報，若市道然，吾實恥之，使無禍福報應，可
> 為不善耶！（《放翁家訓》）

4. 反對厚葬，及出葬用香亭、魂亭、寓人、寓馬及僧徒引導，廣召鄉鄰，
   指出：

厚葬於存歿無益……至於棺柩，亦當隨力……汝等第能謹守，勿爲
人言所搖，木入土中，好惡何別耶！（《放翁家訓》）

近世出葬或作香亭寓馬之類，一切當屏去，僧徒引導，尤非敬佛之
意，廣召鄉鄰，又無益死者，徒爲重費，皆不須爲也。（《放翁家訓》）

5. 植木塚上以識其處，當以簡爲要，無須立石人石虎以識墓，指出：

古者植木塚上，以識其處耳……積以歲月，林樾寖盛，遂至連山彌
谷，不肖孫曾遂有翦伐貿易之弊……吾死後墓木毋過數十。（《放翁
家訓》）

石人石虎皆當罷之，欲識墓處，立一二石柱。（《放翁家訓》）

6. 反對守墓以僧，指出：

守墓以僧，非舊也……墳墓無窮，家資厚薄不常，方當盛時雖可辦，
貧則必廢，又南方不族墓，世世各葬，若葬必置菴瞻僧，數世之後，
何以給之，當如先世，置一菴客，歲量給少米，拜掃日，給之酒食
及少錢，此乃久遠事也。（《放翁家訓》）

7. 居喪之禮可因時因地而有所變通，但反對飲酒廣設殽羞，以至招客赴
食之類，此即可守禮而不守者，指出：

居喪之禮不可不勉，人固有體氣素弱，不能常去肉食者，禮亦許之，
然亦不得已耳！……若夫飲酒及廣設殽羞，乃至招客赴食之類，乃
可以守禮而不守者，亦是近世禮法陵夷，遂至於此。（《放翁家訓》）

由陸游革新喪葬儀式的條例中，可略見當時社會風俗，迷信而無理性，
慎終追遠是中國的傳統文化，但喪禮若是流於繁文縟節，兼以宗教迷信，並
藉誇耀於人，毫無悲戚之心，那已失去喪禮的實質意義，陸氏不拘禮法，人
以爲其頹放，然而所見可取之處多矣！且賦予喪禮新精神。

第六節　袁采《袁氏世範》

袁采字君載，信安人，著有《政和雜誌》、《縣令小錄》及《袁氏世範》
三書，今只傳《袁氏世範》，詳細事蹟已不可考，《衢州府志》言其「登進士
第、三宰劇邑，以廉明剛直稱」，陳振孫《書錄解題》說「采嘗樂清，是書即
在樂清時所作」，書前有劉鎮的〈淳熙戊戌年序〉，由此推知他與朱熹約前後
時期，於立身處世之道，反覆詳盡，所以砥礪末俗者，極爲篤摯，《袁氏世範》
書分睦親、處己、持家三門，共計二百零三條，內容著重個人修身及家族生

活。略分類如下：

一、個人修身

袁采認為人生智識不同，凡事應任自然，憂患失敗乃常事，強求富貴徒生事端，主張：

> 人之智識有高下。(《袁氏世範》，卷二)
> 世事變更皆天理。(《袁氏世範》，卷二)
> 貧富定分應任自然。(《袁氏世範》，卷二)
> 處富貴不宜驕傲。(《袁氏世範》，卷二)
> 憂患順受則少安。(《袁氏世範》，卷二)
> 謀事難成則永久。(《袁氏世範》，卷二)

其次如：

1. 不因人富貴或貧賤而有差別待遇，皆應以禮待之：

   > 禮不可因人分輕重。(《袁氏世範》，卷二)

2. 人非聖賢，孰能無過，為人重在知過能改，故人之德性，若有偏差，應救失成為全德之人：

   > 性有所偏在救失。(《袁氏世範》，卷二)
   > 人行有長短。(《袁氏世範》，卷二)
   > 人不可懷慢偽妒疑之心。(《袁氏世範》，卷二)
   > 悔心為善之幾。(《袁氏世範》，卷二)
   > 惡事可戒而不可為。(《袁氏世範》，卷二)
   > 君子有過必思改。(《袁氏世範》，卷二)

3. 老成者之經驗歷練可為借鏡，故應親近老成，近朱者赤，近墨者黑，與小人交，久之成小人而不知：

   > 小人當敬遠。(《袁氏世範》，卷二)
   > 老成之言更事多。(《袁氏世範》，卷二)
   > 老人當敬重。(《袁氏世範》，卷二)

4. 內自省察，成仁之本：

   > 人能忍事則無爭心。(《袁氏世範》，卷二)
   > 言語貴簡當。(《袁氏世範》，卷二)
   > 覺人不善知自警。(《袁氏世範》，卷二)
   > 與人言語貴和顏。(《袁氏世範》，卷二)

與人交游貴和易。(《袁氏世範》，卷二)

才行高人人自服。(《袁氏世範》，卷二)

5. 平日行止不做驚人之舉，凡事以平常心待之：

言貌重則有威。(《袁氏世範》，卷二)

衣服不可侈異。(《袁氏世範》，卷二)

居鄉曲務平淡。(《袁氏世範》，卷二)

言語慮後則少怨尤。(《袁氏世範》，卷二)

人情厚薄勿深較。(《袁氏世範》，卷二)

《袁氏世範》個人修身中，大多承襲《論語》的內容，加以簡明的經解，是典型的儒家傳統思想，其次是佛道中的定命、果報觀念，勸人不可爲惡，由此可知袁采的出發點即發揚中國傳統文化——爲善，至於不能預測的未來，則嘗試以「定命」讓人安分守己，不要胡作非爲。其出於論語思想的條例，如下比較之：

書　　名	內　　　　　　　容
《袁氏世範》	人之智識有高下。(卷二)
《論語》	可與共學，未可與適道，可與適道，未可與立，可與立，未可與權。(〈學而〉)
《袁氏世範》	處富貴不宜驕傲。(卷二)
《論語》	貧而無諂，富而無驕。(〈學而〉)
《袁氏世範》	人行有長短。(卷二)
《論語》	見賢思齊焉，見不賢而內自省也。(〈里仁〉)
《袁氏世範》	人貴忠信篤敬。(卷二)
《論語》	言忠信，行篤敬，雖蠻貊之邦行矣。(〈衛靈公〉)
《袁氏世範》	厚於責己而薄於責人。(卷二)
《論語》	躬自厚而薄責於人，則遠怨矣。(〈衛靈公〉)
《袁氏世範》	處事當無愧心。(卷二)
《論語》	內省不疚，夫何憂何懼。(〈顏淵〉)
《袁氏世範》	公平正直人之當然耳。(卷二)
《論語》	君子貞而不諒。(〈衛靈公〉)
《袁氏世範》	人能忍事則無爭心。(卷二)
《論語》	君子無所爭。(〈八佾〉)
《袁氏世範》	小人當敬遠。(卷二)
《論語》	唯女子與小人，爲難養也，近之則不孫，遠之則怨。(〈微子〉)
《袁氏世範》	君子有過必思改。(卷二)
《論語》	君子不重則不威，學則不固，主忠信，無友不如己者，過則勿憚改。(〈學而〉)
《袁氏世範》	覺人不善知自警。(卷二)
《論語》	三人行必有我師焉，擇其善者而從之，其不善者改之。(〈述而〉)

《袁氏世範》	諛諛之言多姦詐。（卷二）
《論語》	巧言令色鮮矣仁。（〈學而〉）
《袁氏世範》	言語慮後則少怨尤。（卷二）
《論語》	君子慎於言。（〈學而〉）
《袁氏世範》	小人難責以忠信。（卷二）
《論語》	君子恥其言而過其行。（〈憲問〉）
《袁氏世範》	言貌重則有威。（卷二）
《論語》	君子不重則不威。（〈學而〉）
《袁氏世範》	見得思義則無過。（卷二）
《論語》	見利思義，見危授命，久要不忘平生之言。（〈憲問〉）
《袁氏世範》	報怨以直乃公心。（卷二）
《論語》	以直報怨，以德報德。（〈憲問〉）

此外《袁氏世範》的個人修養中，常指出富貴是命定，窮達皆定分，能夠自少壯享富貴安逸至老者，乃是大福之人。但這種人非常少，譬如不測之機，有千萬分之一二人可得，常人期盼努力有成果，然大多是勞心費力老死無成。至於憂患，人皆有之，多半謀事難成，若成則永久平寧。主張善惡必有報，小人作惡必天誅。可看出《袁氏世範》中有很濃的定命思想，及果報觀念。

定命源於儒家經典，詩、書說天命有德者為君王，失德者則亡，到了《左傳》、《國語》時已出現天命有定數的說法，如：

> 天祚民德，有所底止，成王定鼎於郟鄏，卜世三十、卜年七百，天所命也。（《左傳》宣公三年）

> 天之所啓，十年不替，夫其子孫，必光啓土。（《國語・鄭語》）

這種天命的定數觀，或許是受了當時盛行的占卜迷信所影響，以為人類的未來能透過神祕的占卜行為，得到某種程度的可信度，然後再假託於天，便可使人信以為真，一般認為命是客觀存在的事實或現象，而且人無法加以掌握，人必得受此種命的限制，當自己日夜追求的富貴、福氣，或修行的品德、仁義，不得實現於世時，便歸諸於命。如孔子言「道之將行也與，命也，道之將廢也與，命也，公伯寮其命何！」（〈憲問〉）命定論給人的影響是消極的，因為一切皆有定數，努力也無法達到效果，至於孔子所言「甚矣！吾衰也，久矣！吾不復夢見周公！」（〈述而〉）「鳳鳥不至，河不出圖，吾已矣夫！」（〈子罕〉）他並不因為無法掌握命，便放棄自己的責任，仍是「知其不可而為之」（〈憲問〉）仍不忘自己堅持的道德立場，這種跳出命所設置的藩籬限制者，

畢竟是少數。定命引發出宿命論，這都是消極的作法，而果報觀念則是佛道思想中的特色之一，但卻對命定思想給予肯定，欲求命好必須為善，注意品德的修養，趁此世修來世的福報。

　　總之，袁采呈現很濃的定命思想，容易引人走向消極，但為大部分勞苦終身者找到了慰藉，即善惡的果報，為求命好者，務必向善不輟。

二、家庭生活

　　即家庭成員日常家居細節，彼此應如何相處方能和諧，成員應如何敬重，如何相愛，族產應如何維持不墜，皆屬家庭生活。袁采以家庭成員相處之道、治產之道二方面論述：

（一）家庭成員相處之道

　　以父母對子女為首要關係，其次是兄、婢妾、奴僕等，袁采認為：

1. 維持家庭和諧的根本之道在「不爭」，尤其處家庭成員多時，「不爭」
   更是重要原則，人人不計較，對於家庭盡心盡力，寬以待人，和家庭
   成員秉持幼吾幼以及人之幼的精神，兄友弟恭，長幼有序，則家居必
   和諧，主張：
   人貴能處忍。（《袁氏世範》，卷一）
   同居長幼貴和。（《袁氏世範》，卷一）
   兄弟貴相愛。（《袁氏世範》，卷一）
   同居相處貴寬。（《袁氏世範》，卷一）
   友愛弟姪。（《袁氏世範》，卷一）

2. 百善孝為先，為人子應孝順父母，以誠篤之心，報答父母撫育之恩，
   父母有過，可和言幾諫，但不可辨曲直，希望父母惟己之聽，體諒父
   母愛子之心或有不均，此乃天性無須計較：
   父子貴慈孝。（《袁氏世範》，卷一）
   處家貴寬容。（《袁氏世範》，卷一）
   父兄不可辨曲直。（《袁氏世範》，卷一）
   順適老人意。（《袁氏世範》，卷一）
   孝行貴誠篤。（《袁氏世範》，卷一）
   人不可不孝。（《袁氏世範》，卷一）
   父母常念子貧。（《袁氏世範》，卷一）

父母多愛幼子。(《袁氏世範》，卷一)

祖父母多愛長孫。(《袁氏世範》，卷一)

3. 父母對子弟有養育、完成人格之責，可通情於子弟，而不責子弟之同於己，對於子弟不可妄憎愛，且愛子貴均，不至於愛之適足以害之，應於幼時教導，不使廢學，長而為有用之材，故袁采認為：

性不可以強合。(《袁氏世範》，卷一)

父母不可妄憎愛。(《袁氏世範》，卷一)

子弟須使有業。(《袁氏世範》，卷一)

子弟不可廢學。(《袁氏世範》，卷一)

教子當在幼。(《袁氏世範》，卷一)

父母愛子貴均。(《袁氏世範》，卷一)

子弟常宜關防。(《袁氏世範》，卷一)

子弟貪繆勿使仕宦。(《袁氏世範》，卷一)

子弟當習儒業。(《袁氏世範》，卷一)

4. 兄弟手足有急難之義，唯有和睦相處，才是門戶長久之道，亦即不爭產業，富者分惠其餘，貧者知有分寸，同居各盡公心，自然無爭，故袁采認為：

兄弟貧富不齊……富者時分惠其餘……貧者知自有定分。(《袁氏世範》，卷一)

同居不必私藏金寶。(《袁氏世範》，卷一)

分業不必計較。(《袁氏世範》，卷一)

5. 家庭成員，最忌猜疑及背後批評；言語傳遞不當，常導致糾紛不斷，離間親戚之感情，因此諄諄告誡：

背後之言不可聽。(《袁氏世範》，卷一)

同居不可相譏議。(《袁氏世範》，卷一)

失物不可猜疑。(《袁氏世範》，卷一)

6. 婢妾、奴僕管理不當，易生糾紛，甚至訴訟，婢妾、奴僕應令飽暖、防疾病，知來歷，審其德行，取其勤樸，年滿當送還，待之當寬恕，宜防姦盜，謹出入，如此由內而外自有分寸，不可亂了規矩。故袁氏指出：

侍婢不可不謹出入。(《袁氏世範》，卷三)

僕廝當取勤樸。(《袁氏世範》，卷三)

輕詐之僕不可蓄。(《袁氏世範》，卷三)

婢僕不可自鞭撻。(《袁氏世範》，卷三)

婢僕疾病當防備。(《袁氏世範》，卷三)

婢僕當令飽暖。(《袁氏世範》，卷三)

雇女使年滿當送還。(《袁氏世範》，卷三)

買婢妾當詢來歷。(《袁氏世範》，卷三)

袁采的家庭成員相處之道，本著儒家孝悌精神，而加以時代意義，使之更具體，且具現代家庭的思想觀念，如「性不可強合」(卷一)，不再視子弟為父兄之產物，尊重個人思維，父兄、子弟應雙向溝通，諒解父母之心，如「父母常念子貧」(卷一)、「父母多愛幼子」(卷一)，及了解子弟之性，加以輔導，如「子弟常宜關防」(卷一)、「子弟貪繆勿使仕宦」(卷一)。

(二) 治產之道

田產是經濟的主力，因此治產方面著重如何保護田產，如火災、竊盜是主要破壞力，故治產之道中，多針對此作周密的防範，再者，田產的買賣、繼承紛爭之路，在治產條例中也廣泛的討論。

1. 田產方面

農業社會田產即財產，貧富的表徵，故應注意防旱，及適時種植增加收入，如修治陂塘，終年可用水溉田，荒山閒地可植桑果竹木。田產易起紛爭在於產界及交易，切勿貪圖小利買賣違法之田產，應合法交易杜絕爭端。故袁采提出：

溉田陂塘宜修治。(《袁氏世範》，卷三)

修治陂塘其利博。(《袁氏世範》，卷三)

桑木因時種植。(《袁氏世範》，卷三)

田產界至宜分明。(《袁氏世範》，卷三)

分析闄書宜詳具。(《袁氏世範》，卷三)

田產宜早印契割產。(《袁氏世範》，卷三)

鄰近田產宜增價買。(《袁氏世範》，卷三)

違法田產不可置。(《袁氏世範》，卷三)

2. 賦稅方面

凡有家產者必有稅賦，佃農乃須向地主繳稅，稅賦乃務農者之經濟負擔，

農業屬看天吃飯，凡收成須預留稅賦，餘者方能日用，可知當時生活之苦。
故袁采明言：

> 稅賦宜預辦。（《袁氏世範》，卷三）
>
> 稅賦早納為上。（《袁氏世範》，卷三）

3. 舉債方面

凡經濟不順，須借貸，然除非必要，不可輕易借貸，今日無寬餘，他日
更難有寬餘，而假貸於人者，應以仁心取息，否則因果報應，他日子孫必舉
債於人，故袁采指出：

> 假貸取息貴得中。（《袁氏世範》，卷三）
>
> 佃僕不宜私假借。（《袁氏世範》，卷三）
>
> 錢穀不可多借人。（《袁氏世範》，卷三）
>
> 債不可輕舉。（《袁氏世範》，卷三）

4. 宅舍方面

宅舍乃飲食起居之所，應注意防盜、防火，並做好睦鄰工作，以備不時
之需，故主張：

> 宅舍關防貴周密。（《袁氏世範》，卷三）
>
> 山居須置莊佃。（《袁氏世範》，卷三）
>
> 防盜宜巡邏。（《袁氏世範》，卷三）
>
> 睦鄰以防不虞。（《袁氏世範》，卷三）
>
> 火起多從廚灶。（《袁氏世範》，卷三）

5. 遺產方面

財產爭奪古今皆然，錢財乃權利的轉移，要使家庭和諧不爭，除了自我
修養分業不計較外，亦需靠大家長的處理得當，勿遺子孫爭奪之口實，故主
張：

> 分析財產貴公當。（《袁氏世範》，卷一）
>
> 收養義子當絕爭端。（《袁氏世範》，卷一）
>
> 孤女財產隨嫁分給。（《袁氏世範》，卷一）
>
> 庶孽遺腹宜早辨。（《袁氏世範》，卷一）
>
> 收養親戚當慮後患。（《袁氏世範》，卷一）
>
> 分給財產務均平。（《袁氏世範》，卷一）
>
> 遺囑公平維後患。（《袁氏世範》，卷一）

遺囑之文宜預爲。(《袁氏世範》，卷一)

6. 理財方面

居家應注意人爲的節流方式，認爲：

用度宜量入爲出。(《袁氏世範》，卷二)

起家守成宜爲攸久計。(《袁氏世範》，卷二)

節用有常理。(《袁氏世範》，卷二)

事貴預謀後則時失。(《袁氏世範》，卷二)

荒怠淫逸之患。(《袁氏世範》，卷二)

治產之道在管庫的子弟以及僕役須慎選，大家長若用人不當，田產仍舊不保，農業生活仍須注意睦鄰工作，因此明言「鄰近田產宜增價買」，起造屋宇應以餘力，漸積而儲之，買賣土地不可違法，若貪圖小利則易惹來紛爭，於財力有餘時，應造橋修路，修治陂塘，存仁心造福鄰里，利人也利己。

袁采又針對當時社會風氣、禮俗的弊病，提出革新方案：

1. 指腹為婚

當時盛行指腹爲婚，幼時議婚，婦女沒有婚姻、財產的自主權，自始至終依父兄、翁婿、兒子生活，少有才智出眾，眼光遠大者，針對當時女子所受之束縛，提出警戒，同情憐憫之心油然生矣，故主張：

男女不可幼議婚。(《袁氏世範》，卷一)

孤女財產隨嫁分給。(《袁氏世範》，卷一)

孤女宜早議親。(《袁氏世範》，卷一)

婦人不必預外事。(《袁氏世範》，卷一)

寡婦治生難託人。(《袁氏世範》，卷一)

女子可憐宜加愛。(《袁氏世範》，卷一)

婦人年老尤難處。(《袁氏世範》，卷一)

2. 媒妁婚姻

男女沒有婚姻自主權，父母聽信媒妁之言，常使家庭不睦，爲人父母者應慎思明辨，注意門當戶對，並仔細收養關係，不慎而有同姓通婚，於法不容，皆可見袁采之苦心，主張：

媒妁之言不可信。(《袁氏世範》，卷一)

養異姓子有礙。(《袁氏世範》，卷一)

議親貴人物相當。(《袁氏世範》，卷一)

書中睦親、處己、治家皆吾輩平日生活之道，反覆詳盡，其言精確，其意敦厚，覽者易曉，學而行之，可以達到孝悌、忠恕、善良，亦即道易明而其教易行，無非想息紛爭省刑罰，俗還醇厚，達到厚人倫、美習俗的效果，由《袁氏世範》可知維持家道之歷久不衰，在於家長的執行態度是否均等慈愛，治產是否有道，以及家庭成員是否長幼有序，互敬互諒，服從家長的指導，並且去除私欲，發揚善性，把儒家的不爭精神發展到極點，則家庭必和諧無虞，故袁采針對社會風氣提出其救失之法，喚起大家的注意，袁采對婚姻的革新態度，甚至影響到現代，今日流行自由戀愛，更無幼時議婚之事，可知袁采的真知灼見。

第七節　真德秀《真西山教子齋規》

《真西山教子齋規》分八條，言簡意賅，全為兒童教育：

一曰學禮：凡為人要識道理、識禮數，在家庭事父母，入書院事先生，並要恭敬順從，遵依教誨，與之言則應，教之事則行，毋得怠慢，自任己意。

二曰學座：定身端坐，齊腳手，毋得伏檯靠背，偃仰傾側。

三曰學行：籠袖徐行，毋掉臂跳足。

四曰學立：拱手正身，毋得跛倚歪斜。

五曰學言：樸實語事，毋得妄誕，低細出聲，毋得叫喚。

六曰學揖：低頭屈腰，出聲收手，毋得輕率慢易。

七曰學誦：專心看字，斷句慢讀，須要字字分明，毋得目視東西，手弄他物。

八曰學書：臻志把筆，字要齊整圓淨，毋得輕易糊塗。（《真西山教子齋規》）

《真西山教子齋規》是希望父兄師長以此教其子弟，毋輕小節，毋騖速成，循循規矩，由小時做起，躬行倫理，故古人重視胎教，若小時曲意撫摩，姑息恣其所為，長而驕惰，雖欲禁防，為時已晚，因此真西山先生八則齋規特別重視兒時教育，言行舉止須合乎禮節，專務讀書修養品德，真西山名德秀，四歲受書，過目成誦，立朝不滿十年，奏疏無慮數千萬言，皆切當世要務，直聲震朝廷，四方人士誦其文，想見其風采，及宦遊所至，惠政深洽，不愧其言，由是中外交頌，治事為政，以書為鑑，法古今聖賢，修讀書記，

曾語門人「此人君爲治之門，如有用我者，執此以往」（《宋史》，卷四三七），
可知眞德秀教子之重點在讀書。

第八節　趙鼎《家訓筆錄》

　　趙鼎字元鎮，四歲而孤，其母樊氏躬自訓導，二十一歲鄉里首薦。崇寧
五年登進士第，高宗時官至同中書門下平章事兼知樞密院，知人善用，爲相
時，南北之勢已成矣！趙鼎以爲「兩敵之相持，非有灼然可乘之釁，則養吾
力以俟時，否則，徒取危困之辱。」（《宋史》，卷三六○）趙鼎爲國之策，專
以固本爲先，根本固而後敵可圖，讎可復，趙鼎從政生涯中，初於高宗朝可
謂學以致用，憂國憂民，後雖受秦檜排擠，謫居潮州，移吉陽軍，趙鼎曾謝
表曰：「白首何歸，帳餘生之無幾，丹心未泯，誓九死以不移。」（《宋史》，
卷三六○），其後書銘旌云：「身騎箕尾歸天上，氣作山河壯本朝。」可知其憂
國憂民，雖處死生禍變之際，而猶不渝若是。更知其忠君愛國之誠摯，所撰
家訓筆錄三十項，依內容可分個人修身及家庭生活兩方面。

一、個人修身

　　趙鼎認爲孝順父母，友愛兄弟，乃人倫之首要，孝悌即行仁之本，讀聖
賢書，所學何事，求仁而得仁，人格完備必先由孝悌做起，故趙鼎提出：

> 閨門之內，以孝友爲先務，平日教子孫讀書爲學，正爲此事。（《家
> 訓筆錄》）

其次趙鼎認人之才性，各有短長，讀書求仕境遇或有不同，然須以廉勤爲本，
待人接物知和順，和順則不爭不嫉，如此可遠禍害，故提出：

> 凡在士宦，以廉勤爲本，人之才性，各有短長，固雖勉強，唯廉勤
> 二字，人人可至，廉勤所以處己，和順所以接物，與人和則可安身，
> 可以遠害矣！（《家訓筆錄》）

人情由儉入奢易，由奢返儉難，勤儉持家家必興，故趙鼎於家訓中，特推崇
「節儉」以司馬溫公「訓儉示康」一文爲典範，主張：

> 古今遺法，子弟固有成書，其詳不可概舉，唯是節儉一事，最爲美
> 行，司馬溫公訓儉文，人寫一本，以爲永遠之法。（《家訓筆錄》）

　　《家訓筆錄》修身首重孝悌，平日居家主張讀書爲學，應是家教影響，
因「母樊氏教之，通經史百家之書」（《宋史》，卷三六○）當官則處己以廉勤，

接物以和順，生活則節儉，以此持家可豐家而遠恥辱。可知趙鼎為子孫謀慮之遠，雖是簡易之道，因知易行難，故收錄於家訓中，盼子孫力行之。

二、家庭生活

家庭成員飲食起居，日常生活，應以何種態度相待，維持家族和諧，長久義居光大門楣，族產應如何維繫不墜，趙鼎認為：

（一）主家之道

1. 家族中以主家者為執法者，子孫悉聽教誨，若有不肖者敗壞家風，則堂前訓飭之。

   子孫所為不肖，敗壞家風，仰主家者集諸位子弟堂前訓飭，俾其改過，甚者影堂前庭訓，再犯再庭訓。（《家訓筆錄》）

2. 同族義居乃美德，主家者須持心公平，勿欺隱晚輩，如父母愛子貴均，勿有所偏私，分給財產均平，方不致兄弟姒娌不和，家族持和之道在「不爭」，主家者推行於上，方可率下。

   同族義居，唯是主家者持心公平，無一毫欺隱，乃可率下，不可以久遠不慎，致壞家法。（《家訓筆錄》）

3. 歲時享祀，旦望酌酒獻食，不得怠慢，主家者率長幼畢集，注重禮儀，即慎終追遠，使族人德性歸於醇厚。

   旦望酌酒獻食如平日，長幼畢集，不得懈慢。（《家訓筆錄》）

   遠忌供養飯僧，追薦如平日，合族食素。（《家訓筆錄》）

   歲時享祀，主家者率諸位子弟協力排辦，務要如禮，以其享祀酒食，合族破盤。（《家訓筆錄》）

維持家族精神生活，主家者是家族秩序的維護者，子孫不可敗壞家風，凡有不肖者皆應庭訓，主家者的公平作風是同族義居的核心力量。趙鼎是同族義居的擁護者，強調大家長制，家訓中指出祭儀不得懈慢，須協力排辦，即慎終追遠的表示，重喪祭是儒家思想的表徵，可見趙鼎是儒家思想的實踐者。

（二）治產之道

田產是家族經濟的來源，趙鼎家訓著重如何處理田產歲租，使之公平合理，並重申同族義居之義：

1. 同族義居，田產不許分割，其餘諸財則可分給諸子，至於俸入優厚，

自置田產，養贍有餘者，應均濟他人之用度不足。

應本家田產等，子子孫孫並不許分割，自有正條可以檢照遵守。(《家訓筆錄》)

田產不許分割，即世世為一戶，同處居住，所貴不遠墳壠。(《家訓筆錄》)

士宦稍達，俸入優厚，自置田產，養贍有餘，即以分給者均濟諸位之用度不足，或有餘者，然不欲立為定式，此在人義風何如耳！能體吾均愛子孫之心強行之，則吾為有後矣！(《家訓筆錄》)

2. 以最長一人主管家事及收支租課，計口分給，所收之數，十分內椿留一分，以備門戶緩急之用，免於舉債，子弟不得於管田人處，私取租課及私取錢物，主管家事者，處事須取眾議所同乃可。

歲收租課，諸位計口分給，不論長幼俱為一等，五歲以上，給三之一，十歲以上給半，十五歲以上全給，止給骨肉，女雖嫁未離家，竝婿甥並同……。(《家訓筆錄》)

宅庫租課收支等，應具文曆並收支單狀，主家者與諸位最長子弟一人通行簽押……。(《家訓筆錄》)

甲年所收租課，乙年出糶收索……據所收之數，分內椿留一分，以備門戶緩急……。(《家訓筆錄》)

諸位子弟不得於管田人處私取租課，如敢違者重行戒約，及時私取錢物，於分給數內尅除外，更令倍罰。(《家訓筆錄》)

3. 家族內有人婚嫁，主家者主之，除資送禮物等，其筵會及其他費用，並於椿留內支破，祭祀、忌日，日望等亦由椿留內支出，主家者應公共商量，隨事裁處，務要合中，兩無妨闕。

每正初合分給時，即契勘當年內諸位如有婚嫁，每分各給五百貫足。(《家訓筆錄》)

應婚嫁……除資送禮物等，已給錢諸位自行措置外，其筵會及應于費用，並於椿留內支破……。(《家訓筆錄》)

非泛支用，除婚嫁資送等已有定數外，如祭祀忌日旦望等，名色不一，難為預定，仰主家者，公共商量，隨事裁處，務要合中，兩無防闕。(《家訓筆錄》)

《家訓筆錄》在治產之道中，明白指出家族管理人的確定及其職責，以

最長一人主管家事，須眾議所同乃可，並非專制獨裁，而是尊重多數意見，頗具民主之風，至於宅庫租課收支等，應具文曆並收支單狀，主家者與諸位最長子弟一人，通行簽押，田產乃家族經濟的來源，家訓中除明白指出收支租課等事務，及其錢財運用分配，如何計口分給外，並極力強調田產不許分割，以維持家族義居，且對族產的生產運作有合理的指示，去除家族成員爭奪的口實，至於婚嫁祭祀，主家者與本位子孫應協力排辦，務要如禮，可知趙鼎講究禮法，家族義居如一小型社會，故立家訓，明示子孫應遵守之。

　　上述家禮、家訓、家儀之成書，知作者將禮之精神落實於現實生活之實踐，理學家重視生活之實踐，故因時、因事、因人而為之節文損益，彰顯禮的實用性，使理論與實際融而為一。由家禮，家訓之內容分析可知，宋代的家族組織依靠家禮、家訓等條法來管理族人，族長是家族的管理者，掌有主管全族的一切權力，從宋仁宗開始，經過許多著名的政治家如范仲淹等和理學家朱熹等的提供，以官宦家族為核心力量，以小宗之制為宗法，以族產為物質基礎，以祠堂為活動中心及精神表徵，以家訓、家禮為管理規則，家族組織便在全國推展開來，逐步鞏固和完善。

第四章　宋代家禮、家訓的承先啓後

　　近代中國家族制度是從宋代起較具規模，之前多半是貴族式家族組織制度，唐末世族漸趨沒落，而宋代建國以科舉取士，演成統治貴族和新興官僚合法之政體。隨著唐末世襲貴族的動搖，農業經濟發達及宋初文化進步，新興官僚組成的家族制度逐漸民眾化，即以宗族血統的結合爲主，內部行互相扶助的習慣，以大家長制度支配族人行爲，族中組織非常嚴密，帶有強制性的管理和監督，他們將宗族重新樹立爲促進修身、矯正禮俗、以及安定社會的團體，而維持家族秩序的家禮、家訓應運而生，成爲不可缺少的規範，它代表士大夫階層齊家的準繩。

　　由前章家禮、家訓內容分析，可知家禮、家訓的承先啓後是：（一）承襲儒家的傳統；（二）順應當代化的因革損益；（三）精神特色影響及於元、明、清的家禮、家訓。茲分述如下。

第一節　承襲儒家的傳統

　　儒家思想自西漢以來，早已深入中國人心，滲透於中國的民俗，溯其本源在禮，無禮則一切制度皆失去依據。孔子所言的小康之治即「禮義以爲紀，以正君臣，以篤父子，以睦兄弟，以和夫婦，以設制度，以立田里。」（《禮記・仲尼燕居》）禮的精神是履行道理，行爲合乎道理、體乎人情，因爲「禮者，履也」、「禮也者，理也；君子無理不動」（《禮記・仲尼燕居》），舉凡政治的實施必須合於禮，一切與政治有關者都離不開禮，誠如賈誼《新書》言：

　　　　道德仁義，非禮不成，教訓正俗，非禮不備，分爭辨訟，非禮不決，

> 君臣、上下、父子、兄弟，非禮不定。宦學事師，非禮不親，班朝
> 治事，莅官行法，非禮威嚴不行，禱祠祭祀，供給鬼神，非禮不誠
> 不莊，是以君子恭敬撙節退讓以明禮。

家族是一個小型的政治社會，維繫家族秩序的根本意義在禮，三綱「君為臣
綱，父為子綱，夫為妻綱」，其中三分之二是屬於家庭，五倫「君臣有義，父
子有親，夫婦有別，長幼有序，朋友有信」，其中五分之三是關於家庭，大學
八目中「治國、平天下」是為政的最終目標，然而齊家卻是由個人延伸到團
體社會的轉捩點，可知家庭是一切社會團體之本，儒家精神的實踐當從家庭
教育做起。

　　家禮、家訓是維持家庭秩序的規範，自然是以發於情，合乎禮為依歸，
現就家族社會中之父子，兄弟，夫妻所應有的態度，明文呈現於家禮、家訓
者，大約可分為孝、悌、順等三項，而持家之道可分儉、忍、勵志三項，茲
分別說明之。

一、孝

　　孝為百行之首，是儒家倫理思想之重心，也是家族社會之基本理論，《孝
經・開宗明義章》言「夫孝，德之本也，教之所由生也。」孝是天經地義，
人人當切實踐行，恆常不變的真理，所以古來聖王常以孝化行天下，因為若
人人都能善事父母，家庭自然和睦，以孝治民，令順民心，政治教化自然順
利推行，人民和睦相處而無爭，國家自然也安定。

　　家禮、家訓明白指示子孫應遵守孝、敬、謹的儒家傳統，《論語》、《孟子》
中早有明示：

（一）愛親、敬親、順親、養親

> 今之孝者，是謂能養，至於犬馬皆能有養，不敬何以別乎？（《論語・
> 為政》）

> ……人悅之，好色，富貴，無足以解憂者，惟順於父母，可以解
> 憂……。（《孟子・萬章上》）

父母與子女之親愛乃天性，侍奉父母，口體之養當不虞匱乏，更要心存敬意，
和顏悅色地使父母精神愉快，父母有過，做子女若不聞不問，即陷父母於不
義，但不可疾言厲色勸諫，應和顏悅色地規勸，若父母不接受，仍應恭敬，
等待父母內心愉快，再委婉勸諫，若因而遭父母斥責也不可怨尤。這種孝道

傳統、反映於宋代家禮家者，如：

> 父子貴慈孝。（《袁氏世範》，卷一）
>
> 父兄不可辨曲直。（《袁氏世範》，卷一）
>
> 孝行貴誠篤。（《袁氏世範》，卷一）
>
> 戒爾學立身，莫若先孝弟，怡怡奉親長，不敢生驕易。（《戒子通錄》，卷五）
>
> 父孝子必孝，不教亦須孝，自己身不孝，養子謾榮。（《戒子通錄》，卷五）
>
> 凡父母有過，下氣怡色，柔聲以諫，諫若不入，起敬起孝……。（《涑水家儀》）

儒家傳統的孝道，對父母首重愛、敬、順、養，大孝終身慕父母，仁人君子，必孝順父母，方能成就其德行，故宋儒於家禮、家訓仍承此觀點，加以發揮孝道精神。

（二）繼　志

> 父在觀其志，父沒觀其行。三年無改於父之道，可謂孝矣。（《論語·學而》）

爲人子者能終身不忘父母之志，才是眞孝，唯有深入體會父母的內心，順其心志去做，不使父母蒙羞，如此才是孝的行爲，其反映於家禮家訓者如下：

> 我家世名清德，當務儉素，保守門風，不得恃相輔家事泰侈。（《戒子通錄》，卷五）
>
> 四郎下面二孩兒，假如性不高，亦須勤令讀書，學書、學禮，度視老宿有德之人，所冀向後，自了得一身，免辱門户也。（《戒子通錄》，卷五）

承先人遺志，不辱家風，或光大門楣是儒家孝道的另一種表示，因爲自己並不只代表自己個人而已，是代表家門，唯有不辱父母才是盡孝，故家禮、家訓仍是承此思想不變。

（三）喪　祭

> 生，事之以禮，死，葬之以禮，祭之以禮。（《論語·爲政》）
>
> 三年之喪，齊疏之服，飦粥之食，自天子達於庶人，三代共之。（《孟子·滕文公上》）

對父母生前的奉養，如昏定晨省，衣食奉養等，是爲人子女者的基本態度，

在父母亡故後的喪葬儀節，必須致哀盡禮，如此才是完整的孝道，儒家主張不過分浪費、舖張的厚葬，一切按禮行事，還要依時祭祀，表示對父母及祖先的追思與懷念。宋代家禮、家訓仍是承襲儒家重喪祭表孝道的傳統。朱熹《家禮》把喪祭之禮，做詳細的記載，明言禮節依《禮記》內容而來，如〈雜記〉孔子曰：「少連大連善居喪，三日不怠，三日不解期悲哀，三年憂喪服……。」強調「凡此皆古禮，今之賢孝君子，必有能盡之者，自餘相時，量力而行之，可也。」、「凡祭主於盡愛，敬之誠而已，貧則稱家之有無，疾則量筋力而行之，財力可及者自當如儀。」，孝道的表示在喪祭，不可舖張浪費，應量力而行，誠敬才是根本之道。其它家訓中亦指出：

> 祭禮重大，以至誠嚴潔為主……喪禮貴哀，佛事徒為觀看之美，節浮費而依古禮，施惠宗族之貧者。（《戒子通錄》，卷五）
>
> 歲時享祀，主家者率諸位子弟協力排辦，務要如禮，以其享祀酒食，合族破盤。（《家訓筆錄》）

由此可知，儒家孝道思想，宋儒於家禮、家訓中仍一脈相承，並未違背其根本精神，迄今孝道已成中國的固有文化，究其本源，無非是做到孔子所言「生，事之以禮，死，葬之以禮，祭之以禮。」

二、悌

兄友弟恭，互愛互助即悌。兄弟有急難之義，互助之情，若能和樂相處，自是家族社會之幸福，家族生活最主要的關係是夫婦、父子、兄弟。《顏氏家訓》指出，一家之親在此三者，兄弟幼時，「父母左提右挈，前襟後裾，食則同案，衣則傳服，學則連業，遊則共方，雖有悖亂之人，不能不相愛也。」

故禮教中孝悌並倡，悌即維繫家族社會中之兄弟關係。《詩經》所示：

> 凡今之人，莫如兄弟，喪之威，兄弟孔懷，原隰哀矣！兄弟求矣！
>
> 脊令在原，兄弟急難，每有良朋況也永歎，兄弟鬩於牆，外禦其侮，每有良朋，烝也無我。（《鹿鳴之什》）

唯有兄弟才能互為犧牲奉獻，然而大家族中，兄弟各妻其妻，各子其子，合兄弟娣姒於一家，則人情親疏厚薄不相融洽，則欲維持父系家族社會之安寧秩序，應特別尊重兄弟的權益，而壓抑娣姒之地位與權益，強抑個性以求全。司馬光《家範》云：「為人妻者，其德有六：一曰柔順，二曰清潔，三曰不妒，四曰儉約，五曰恭謹，六曰勤勞」，袁采更指出「婦人不必預外事」，賢妻即柔順服從、不干預外事，以丈夫的世界為世界。身為丈夫者，若無遠識，家

族易生乖變，分崩離析，如親兄弟子姪，隔牆連屋，至死不相往來，不恤兄弟之貧，養親必欲如一，寧棄親不顧，或父母愛惜之偏，日久之後，兄弟成仇，凡此種種，家禮、家訓皆諄諄訓勉子孫，不可棄手足之情，有違天倫，如：

> ……叔兄慈惠，弟姪恭順，……無以小財爲爭，無以小事爲雠，使我兄叔之和也，……無以猜忌爲心，無以有無爲懷，使我弟姪之和也……。（《戒子通錄》，卷六）
>
> 兄弟輯睦最是門戶久長之道，然必須自少積累，使友愛出于至誠……。（《石林家訓》）

「兄弟貴相愛」。「同居相處貴寬」。「長幼貴和」（《袁氏世範》）……等都是兄弟相處所應具備的態度，也是儒家所重視的孝悌精神。孔子講究「入則孝，出則悌」、「君子務本，本立而道生，孝弟也者，其爲仁之本歟！」，孝悌已是中國固有的文化精神，故家禮、家訓承襲其精神，而加以發揚光大之。

三、順

順是婦女侍奉舅姑、丈夫之禮，因家族組織是父子、兄弟、夫妻、姑媳同居，中國社會以男子爲中心，婦女雖爲家族社會中不可或少之成員，但因家族社會以男性爲中心之故，婦女乃丈夫之附屬，禮重男權，即以此造成男系家族社會秩序。《禮記‧昏義》規定初昏見舅姑之禮：

> 夙興，婦沐浴以俟見。質明，贊見婦於舅姑……婦禮也，舅姑入室，婦以持豚饋，明婦順也……婦順者，順於舅姑，和於室人，而後當於夫，以成絲麻布帛之事……是故婦順備，而後內和理，內和理而後家可長久也。

婦女在未嫁之先，即先受婦順之教，〈昏義〉指出：

> 古者婦人先嫁三月，祖廟未毀，教於公宮，祖廟既毀，教於宗室，教以婦德、婦言、婦容、婦功，教成祭之，牲用魚，芼之以蘋藻，所以成婦順也。

婦女事舅姑，不只昏見舅姑須執婦順之禮，即日常生活，亦必昏定晨省，萬分恭順，一切繁瑣禮節，朝朝暮暮，奉行不忘。

宋儒張載有一篇〈橫渠女誡〉對婦女的觀念即主張婉順，指出「彼是而違，爾焉作非，彼舊而革，爾焉作儀，惟非、惟儀、女生則戒」承襲班昭《女誡》「直者不能不爭，曲者不能不訟，訟爭既施，則有忿怒之事矣」，宋儒治

妻之道，猶如君臣之道，臣庶須治服，妻妾須御順，故顯現於家禮、家訓者，依然以柔順婉約爲主，如：

> ……居閒無事則侍於父母舅姑之所，容貌必恭，執事必謹，言語應
> 對必下氣怡聲，出入起居必謹扶衛之，不敢涕唾喧呼於父母舅姑之
> 側，父母舅姑不命之坐，不敢坐，不命之退，不敢退。（《速水家儀》）

司馬光《家範》對於婦女的觀念，大都承襲《禮記・昏義》而來，爲人妻者應備婦德、婦言、婦容、婦功等四德，其先決條件，首重柔順，歷來男性對女性的要求即柔順。柔順固然是美德，幫助男性維持家庭秩序，成就其功業，即是賢妻，其實柔順即馴服，必須直不可爭、曲不可訟，絕不可干預外事，遵守從父、從夫、從子的原則，女性只是男性的附屬品，並非獨立的個體。

四、儉

在封建制度下，諸侯有其食邑，養其家人，大夫有田，士有祿，大都行同居共財之生活，士以下的平民多半是農人，誠如《孟子・盡心》篇所言：「百畝之田，匹夫耕之，八口之家，可以無飢矣！」可知中國家族特色是同居共財，家族同居，經濟大權全聽大家長處理，故〈曲禮〉言「父母在，不有私財」，〈內則〉言「子婦無私貨，無私富，無私器，不敢私假，不敢私與」，家長有處理經濟之權，而家產乃家人所共有，中國社會以同居共財爲美，然而同居人員眾多，良莠不齊，且人情之常，難免如

> 兄弟義居，固世之美事，然其間有一人早亡，諸父與子至，其愛稍
> 疏，其未必均齊，爲長而欺瞞其幼者有之，爲幼而悖慢其長者有之，
> 顧見利而交爭者，其相疾有甚於路人。（《袁氏世範》，卷一）
> 嘗有士大夫，其先亦國朝名臣也，家甚富，而尤吝嗇……憤怒遂平，
> 其子孫不哭，相與爭匿其財，遂至鬥訟。（《家範》，卷二）

其實中國同居共財之家庭，早經分解爲分居異財之小家庭，但士大夫家聚族百口，數世同居，帝王又常加以褒揚，使士大夫家以大家族同居相尙。大家族之同居共財，必須大家長賢明，而子弟恭順，則和睦相處無礙，家禮、家訓皆爲士大夫的產物，士大夫齊家治國的表現即崇尙數世和睦同居，故家訓內容以同居爲期許，若不能同居而異居異財，也以不害孝義爲前提。

同居或異居其理財方式，以儉爲大原則，因士大夫階層俸祿固定，在無法開源的環境下，唯有節流才是根本之道，《論語》中指出孔子之德「溫良恭儉讓」（〈學而〉），其次主張「以約失之者，鮮矣！」（〈里仁〉），「奢則不遜，

儉則固，與其不遜也，寧固」（〈八佾〉），儉約者必有仁義之心，故儒家捨奢尚儉。宋儒承襲儒家思想，認爲能以儉修身則不會隨「欲」而行，且可以管理家計。子弟若能如此則家風不墜，故家訓常明白指示，以儉持家，以儉修身，如：

> 我家世名清德，當務儉素，保守門風，不得恃相輔家事泰侈。（《戒子通錄》，卷五）
>
> 古今遺法，子弟固有成書，其詳不可概舉，唯是節儉一事，最爲美行。（《家訓筆錄》）
>
> 天下之事，常成於困約，而敗於奢靡，……若夫撓節以求貴，市道以營利，吾家之所深恥。（《放翁家訓》）

由此可看出，家禮家訓的精神仍是承繼儒家而來，儉則無欲，無欲則不會爲非作歹，在消極方面不會敗壞門風，對得起先人。

五、忍

忍即發揮不爭之心。大家族人口眾多，大家長爲了解決各個家庭經濟地位的不穩定，以及培植本族的政治勢力，於是購置族產，作爲宗族結合的物質基礎，如范仲淹在蘇州、長州、吳縣置良田四十多頃，將每年所得租米，自遠祖以下各房宗族，計口供給衣食及婚嫁喪葬之用，稱爲「義莊」，由各房中挑選一名子弟掌管，又逐步立定規矩，命各房遵守。范仲淹親自定下的規矩十三條，在以後續定規矩中，使義莊的經濟管理有相對的獨立性，如尊長不得侵擾干預，不得借用義莊的人力、車船、器用，不得租佃義田，義莊不得典買本族人田土，……等都是爲了鞏固義莊經濟之穩定。（《范文正公文集》）另一個方式即由族人共同籌田建立族產，如汪大猷在慶元府鄞縣率先捐田二十畝，作爲本族的義莊。這些作爲除了鞏固本族勢力外，無非是崇尚數世同居的表現，數世同居之要作即穩定的經濟基礎，另外應重視的即家族成員必須有不爭的心理，彼此互相包容、忍讓，如此才能將族規、家規的條文付諸行爲。

儒家對富貴的看法，《論語》指出「不以其道，得之不處也」（〈里仁〉），孟子更道出「養心莫善於寡欲」（〈盡心〉），所以孔子眼中的君子是無所爭，無欲則無所爭，如此便能包容。大家庭中，人人若無所爭，必能和睦相處，反之，則子弟爭財涉訟。宋太祖開寶元年六月癸亥詔「荊蜀民祖父母、父母在者，子孫不得別財異居」，太宗淳化元年九月辛巳「禁川峽民，父母在，出爲贅婿」，眞宗大宗祥符二年正月戊辰詔：「誘人子弟析家產者，令所在擒捕

流配」，諸如此法皆是爲維護宗法精神而頒行，以嚴別籍異財之禁，可知當時社會之別籍異財者，已禁不勝禁，故家禮家訓不斷鼓吹忍、無爭的美德，如

> 人能忍事則無爭心……人貴能處忍……分業不必計較。(《袁氏世範》，卷一)

> ……豐約毋過分，考室俟肯堂，肥家在忍順……(《戒子通錄》，卷五)

家禮、家訓獎勵處世修身以「忍」、「不爭」爲基本態度，雖略嫌消極，但維持家族生活的和睦，它卻是不二法門，唯有清心寡欲，才能消弭紛爭。

六、勵　志

儒家精神是養天地之正氣、法古今之完人，讀書勵志不外乎是效法聖賢之行徑，也是廣義的孝，因士人的行爲並非代表個人，而是代表家庭，人格有偏差，則忝於所生貽笑大方，故凡有行之士必戰戰兢兢，敦品勵學，惟恐使父母蒙羞，宋儒承繼儒家精神，於家禮、家訓中，更極力闡揚如：

> 後生才銳者，最易壞……切須常加簡束，令熟讀經子，訓以寬厚恭謹……。(《放翁家訓》)

> 旦起須讀書三五卷，正其用心處，然後可及他事。……(《石林家訓》)

> 幼學之士，先分別人品之上下，何者是聖賢所爲之事，顏子、孟子，亞聖人也，學之雖未至，亦可以爲賢人。(《戒子通錄》，卷七)

生爲人必有力爭上游之心，讀書勵志於己則誠意正心，於人則齊家治國，儒家對於有辱門戶之事是斷不可爲，唯有仰不愧於天，俯不怍於人，才對得起先人，不辱家門，故家禮、家訓襲此觀點極力講究個人勵志。

由上可知中國家族是父系家族，男尊女卑，父親有撫養、保護、教育兒女之權責，母親則協助父親行使職權，身爲兒女者，則敬重服從父母之意志行爲。儒家認爲欲治其國，必齊其家，治國平天下的根本在治家，治家之本在孝，孝即仁義禮智之基，做人的根本，欲維持家庭和諧，須力行孝、悌、順、儉、忍、勵志等。

第二節　順應當代化的因革損益

宋朝雖然是積弱不振的朝代，但經濟卻遠比漢唐都發達，手工業、商業都

比漢唐技術進步，規模擴大，宋之貧是國家財政上的入不敷出和對外關係上的軟弱無能所影響，北宋的疆域比漢唐小，南宋更是如此，但人口卻比漢唐的最高額增加一倍多，例如西漢末年，全國有民戶一千二百萬，唐玄宗天寶十三年有九百六十多萬戶，〔註1〕北宋徽宗大觀四年共二千零八十多萬戶，〔註2〕南宋寧宗嘉定十六年，共一千二百六十多萬戶，〔註3〕戶口的增加只是社會經濟發展的一個標誌，再就收入言，太宗云：「國家歲入財賦，兩倍于唐室」，〔註4〕南宋葉適云：「嘗試以祖宗之盛時所入之財，比于漢唐之盛時一再倍」，〔註5〕國家能夠長期穩定地增加收入，如果沒有社會生產的進步，是不可能的。

宋代重文治，建都開封形勢不足，對外戰爭以文人主兵，每受制於權姦，武臣無法抬頭，終至納幣締盟，備受屈辱，南宋君臣以議和求苟安，不求振作雪恥復仇，偏安江南，消磨民族之氣，士大夫對當時社會經濟發達，國勢積弱，民族意志漸弱的時代，表現於思想上有理學即新儒學的產生，面對當時的社會風氣，佛道盛行，士大夫們也提出多方面的改革，家禮、家訓即士大夫對社會有所期盼，把忠君愛國的思想轉移到家族規範，藉此肯定自己的思想，故家訓中有許多是順應社會的革新，可分以下二點分析之：（一）理學家的創見、（二）受佛道影響的革新。

一、理學家的創見

宋儒上承孔孟的成德之教，即踐仁以知天、盡心盡性以知天，重視實踐，主張學行合一，以完成德性為內聖目標，以淑世濟民，成就天下事物為外王目標，西漢以傳經為儒，以古經典為標準，周公孔子並稱，到了宋，孔孟並稱，即以孔子為創教之主，揭示孔子的仁教，不再以王者的禮樂為儒家本質，直接以孔子為標準，理學乃宋代思潮之主流，周敦頤、邵雍發其端、河南二程聞道於二人，且出入於釋老之言，程顥論定性識仁，主張理論，程頤論持敬致知，主張經驗論，張載主張敦厚崇禮，到南宋朱熹宗程頤，以主敬為持志之要，致知為下學的工夫，經驗涵養並重，舉凡《論語》之言仁，《大學》之言致知格物，《中庸》之言誠，《孟子》之言仁義，莫不兼容並包，加以系

〔註1〕　《文獻通考》，卷十，戶口一。
〔註2〕　《宋史地理志》序。
〔註3〕　《文獻通考》，卷十一。
〔註4〕　《續通鑑長編》，卷三十七，至道元年五月丁卯。
〔註5〕　葉適，《水心別集》，卷十一，外稿，財總論。

統組織成一家之言，理學又稱新儒學，其中一方面承襲儒學，一方面又提出革新之見解，如孔子言用心，孟子言心之官則思，並謂心有作用，至朱熹則曰心是理所會之地，其體卻虛，與儒家舊說不同，理學家表現於家禮、家訓的見解，有些是屬於革新的見解，今分三點：（一）綱常倫理、（二）婦女地位、（三）家族祠堂。

（一）綱常倫理

　　傳統所謂的五倫，《左傳》稱之為五教，文公十八年「父義，母慈，兄友，弟恭，子弟」，《中庸》謂「天下之達道五，所以行之者三，君臣也，父子也，夫婦也，兄弟也，朋友之交也，五者，天下之達道也……」，前者僅就「教」而言，後者就「倫」而言，直至《孟子・滕文公上》云：

> 使契為司徒，教以人倫：父子有親，君臣有義，夫婦有別，長幼有
> 序，朋友有信。

《孟子》所言是較完整，但並無五倫之稱，此時應是五倫觀念發端期，西漢董仲舒依據「陽尊陰卑」之說，在《春秋繁露・基義》言：

> 天為君而覆露之，地為臣而持載之，陽為夫而生之，陰為婦而助之，
> 春為父而生之，夏為子而養之，至道之三綱可求於天。

重視的是三綱問題，可知古時並無五倫之稱，常用五教，人倫稱之，宋朱熹把孟子的五倫列於〈白鹿洞書院揭示〉之篇首，明言此乃學者所當宗，其探討五倫的形上基礎言「道之在天下，其實原於天命之性，而行之君臣，父子、兄弟、夫婦、朋友之間」，天命是五倫的形上基礎，人的善性秉受於天命，倫理生活中一切合理行為的表現，都足以印證天命，天道或天理的存在，所謂「道不遠人」者是也。其探討五倫意義分析道：「父子、兄弟為天屬，而以人合者居其三焉：夫婦者，天屬之所由以續者，君臣者，天屬之所賴以全者也，朋友者，天屬之所賴以正者也，是則所以綱紀人道，建立人極，不可一日而偏廢。」天屬即血緣，倫理關係開始於夫婦，然後及於父子、君臣，這是一種自然之序，血緣關係須賴夫婦的結合，才得以延續，茲就人倫之道中，宋儒較具革新者分析之。

1. 孝　慈

　　家禮、家訓認為孝道是倫理生活中的最高原則，任何與此原則相悖的行為，都是不能容忍的，承襲孔子的觀點「吾黨之直者異於是，父為子隱，子為父隱，直在其中矣」（〈子路〉），為維護孝道的最高原則，在任何情形下，

都必須委屈求全，如《涑水家儀》承《禮記》的說法，對父母的孝道是無微不至，由生之服侍，到死之喪祭，皆恭敬不已，不敢違拗，甚至自己的行爲即代表父母的品德教養，仁人君子大多是爲不辱父母，光宗耀祖而活，沒有自我目的，如《袁氏世範》所言「父兄不可辨曲直」、「順適老人意」（卷一），更是視子女的委曲爲當然。

朱熹異於前人者，即把孝劃入幼兒教育，認爲這是小學之事，把格物致知稱爲大學之道，他認爲：

> 蓋古人之教，自其幼孩而教之以孝悌誠敬之實。及其少長，而博之以詩書禮樂之文，皆所以使之即夫一事一物之間，各有以知其義理之所在，而致涵養踐履之功，此小學之事，知淺而行之小者也……誠意正心修身齊家治國平天下者，至是而無所不盡其道焉，此大學之道，知之深而行之大者也。（《朱文公文集》，卷四十二）

朱熹認爲孝悌是屬於行爲訓練中的事，須在日常生活中耳提面命，其〈童蒙須知〉〔註6〕有關孝悌者如：

> 凡爲人子弟，須是常低聲下氣！語言詳緩，不可高言諠鬧，浮言戲笑，父兄長上，有所教督，但當低首聽受，不可妄大議論，長上檢責，或有過誤，不可便自分解，姑且隱默，久卻徐徐細意條陳云……凡步行趨蹌，須是端正，不可疾走跳躑，若父母長上，有所喚召，卻當疾走面前，不可舒緩……外出、及歸、必於長上前作揖……飲食於長上之前，必輕嚼緩嚥，不可聞飲食之聲……。

把孝道化爲嚴肅拘謹的訓練，有人問朱熹：「父母之於子，有無窮憐愛，欲其聰明成立，此之謂誠心耶？」朱熹答道：「父母愛其子，正也，愛之無窮，而必欲其如何，則非矣，此天理人欲之間正當審決」（《續近思錄》，卷六）父母慈愛其子出於至性不能已，希望子女有成就，此皆天理，若要求子女符合一己之願望，則個人私欲便蘊藏其中，朱熹替父母提出慈愛的標準，異於往常教條式的主張。又如袁采主張的孝慈「爲人父者，能以他人之不肖子喻己子，爲人子者，能以他人之不賢父喻己父」（《袁氏世範》，卷一），較前人之「父慈子孝」無確切作爲更具體，重視父子雙向的包容。

2. 夫婦之道

宋儒對男女的觀念，如尊卑、貴賤、健順等，來自《周易‧辭傳》，《中

〔註6〕《童蒙須知》收錄於陳宏謀《五種遺規》。

庸》云：「君子之道，造端乎夫婦，及其至也，察乎天地」，只在說明道不可離，到了朱熹，則就夫婦之道來發揮，指出：

> 男女居室，人事之至近，而道行乎其間，此君子之道所以費而隱也，
> 然幽闇之中，衽席之上，人或褻而慢之，則天命有所不行矣，此君
> 子之道所以造端乎夫婦之微密。（《續近思錄》，卷六）

把夫婦關係從「欲」的層面提昇到「理」的層面，並賦予道德意義，朱熹主張「夫婦有別」是禮以別異，保持禮數，守夫婦之道，其論婦女云：

> 有非，非婦人也，有善，非婦人也，蓋女子以順爲正，無非，足矣……
> 孟子之母亦曰：婦人之禮，精五飯、冪酒漿、養舅姑、縫衣裳而已
> 矣，故有閨門之修，而無境外之志。（《續近思錄》，卷六）

主張婦女無才便是德，因婦人若有才，多恃才傲物，不安於閨門之修，難免有境外之志，此在宋的社會及傳統觀念，是家庭的災害，故《袁氏世範》提及「婦人不必預外事」（卷一）。《涑水家儀》表示「男治外事，女治內事」，到了朱熹，進一步發展綱常學說，認爲「人道莫大于三綱，而夫婦爲之首」（《朱文公文集》，卷二十），把夫爲妻綱，抬到三綱的第一位。夫婦之道在宋朝是男尊女卑，夫者天也，妻子是毫無地位可言，乃丈夫的附屬，經過理學家的宣導，妻子地位更呆板，對夫只有犧牲奉獻到底。

（二）婦女地位

宋代婦女的自主權日益被剝奪，北宋時，妻子對丈夫不滿、感情疏遠，可要求離婚，如哲宗時，章元弼酷愛讀書，深夜讀眉山集而忘寐，「陳氏有言，遂求去，元弼出之」（《師友談記》），反映出做妻子的還有一定的離婚權，社會上婦女改嫁的事例很多，如宋祁爲張景撰墓志，直書其妻唐氏在張景死後，「以歲之不易，久而去室。」（《景文集》）即改適事，不以爲異，范仲淹幼年喪父，母謝氏改嫁淄州長山縣朱氏，仲淹改名朱說，范仲淹做官後，奏請准許恢復本姓，又在蘇州創設義莊，贍養范氏宗族，其中規定婦女再嫁可得二十貫作嫁資。（《范文正公文集》）王安石之子王雱精神失常，常與其妻龐氏鬥哄，王安石感覺龐氏無罪，想替他離異，又怕他誤被惡聲，所以決定代他擇婿而嫁之。（《東軒筆錄》）宋神宗時，法律允許婦女在丈夫外出時，長期不知消息的情況下，可向官府申請改嫁，﹝註7﹞朝廷還立法，在婦女居喪或父母喪，

﹝註7﹞《宋會要輯稿》，職官六、一之四十。

而貧乏不能謀生時，允許在一百天後自行嫁娶，[註8] 婦女在丈夫死後，再納人為夫，謂之接腳，「接腳夫」一詞屢見宋代之法令，[註9] 可知北宋社會普偏不以婦女改嫁，或接納後夫為恥，也不曾從倫理道德上予太多的非難，反而把允許婦女改嫁，看作是對婦女的同情。

　　隨著理學家及其他士大夫們極力提倡倫理綱常，把男尊女卑、三從四德，提到天理、自然的高度，則只准男子休妻，不准妻子要求離婚，程頤主張：「妻不賢，出之何害，如子思亦嘗出妻，今世俗乃以出妻為醜行，遂不敢為，古人不如此，妻有不善，便當出也」（《程氏遺書》），司馬光主張「若妻實犯禮而出之，乃義也」（《家範》），朱熹主張「妻有七出」即無子、淫泆、不事舅姑，口舌、盜竊、妒忌、惡疾等丈夫可將其逐出，認為這是正當道理（《朱子語類》），經過理學家的反覆宣揚，到南宋後期，既嫁從夫的教條，就變為法律上的規定「諸妻擅去，徒二年」，[註10] 程頤論及改嫁說：「只是後世怕寒餓死，故有是說，然餓死事極小，失節事極大」（《程氏遺書》），但民間長期形成的習俗不易立即改變，程朱的說教仍有限，程頤本人也不免隨俗行事，其甥女喪夫時，將其改嫁（《近思錄》），陸游之前妻唐氏改嫁同郡宗室趙士程（《齊東野語》），《袁氏世範》也提及「娶妻而有前夫之子，接腳夫而有前妻之子……」（卷一），《家訓筆錄》記載：「三十六娘吾所鍾愛，他日吾百年後……撥米二百石，充嫁資」，可知婦女改嫁、接納後夫不為恥，理宗之後，理學在社會上的影響，迅速擴大，一女不事二夫，婦無二夫等教條，發揮束縛婦女的極大效能。

　　宋代婦女的財產繼承權逐步減少，北宋時，對於婦女的財產繼承權規定，如果無在室女，即給予死者已出嫁的親姊妹三分之一，如果無在室女，給予已出嫁女兒三分之一，到南宋，婦女的財產繼承權明顯減少，已出嫁的女兒和姊妹，仍可獲遺產的三分之一，但限為三千貫以下（《名公書判清明集》），宋代婦女的行動被進一步的限制，可由司馬光《家儀》略見一斑，「男治外事，女治內事……婦人無故不窺中門……有故出中門，必擁蔽其面……男僕……入中門，婦人必避之，不可避，亦必以袖遮其面，女僕……出中門亦必擁蔽其面」，朱熹任泉州同安縣主簿，下令婦女出門必須用花巾兜面，可見婦女被

〔註8〕　《續通鑑長編》，卷四八四，元祐八年五月。
〔註9〕　《宋會要輯稿》，食貨六，一之五七。
〔註10〕　《名公書判清明集》，離婚嫁皆違條法。

限制的情形漸趨嚴重。

宋代法律逐步提高夫權，剝奪婦女的婚姻自主權，和財產繼承權，藉重建家族組織，提倡尊祖敬宗，婦女完全處于從屬的次要地位，理學家提倡男尊女卑、三從四德、夫死守寡、反對改嫁，把這些教條說成天經地義的事，使婦女地位下降，更加依賴男子。

（三）家庭祠堂

宋仁宗皇祐年間，歐陽修採司馬遷史記表，鄭玄詩譜法作譜圖，畫出世系，傳給族人，把安福府君歐陽修以來的遷徙，婚嫁、官封、名諡及其行事等編成新族譜（《居士外集》），此時蘇洵寫蘇氏族譜，他認為秦漢以來的仕者，「或至百世而不絕，無廟無宗而祖宗不忘，宗族不散，其勢宜亡而獨存，則由有譜之力也」（《嘉祐集》），寫族譜的目的是收族，區別遠近親疏的基礎上，結合本族的族人，使貧而無歸，由富者收之，藉此結合維持家族組織。

宋代理學家十分重視宗法統治，張載主張立嫡長子為大宗，又贊成繼禰之宗即小宗（《經學理窟》），程頤主張不同節序祭始祖、先祖、禰，而常祭則祭高祖以下（《程氏遺書》），朱熹《家禮》規定，在祠堂中設龕法，又聲明如果大宗世數未滿，則仿小宗之制，祭祀止于高祖以下四代，實際上仍實行小宗制度，朱熹祭祀高祖以下四代的主張，成為南宋後期的習俗。

宋代家族從地位、財力、才能等方面，選立本族中地位、財力、能力最高的主事者，張載把立宗法提到與天理等高，程顥、程頤提出奪宗法，主張讓官位高的族人代替原來的宗子（主事者）（《程氏遺書》），他們改變古代選立宗子的舊標準，透露出宋代新的家族組織是以仕宦為核心，目的在保護各個官宦能傳宗接任，永世不絕，並且藉此鞏固宋的統治，朱熹對於安定家族社會生活為安定政治的作法，就是倡說家道，然而封建時代的士大夫以上，廟祭之禮已不可見，但冠昏喪祭之儀式又不能廢，因此適應時勢，創建祠堂以代替古之宗廟，北宋只有大臣因朝廷的特詔，才得以立家廟，一般家族組織，都還沒有建立祠堂，朱熹在《家禮》一書，開宗明義地宣揚設祠堂的重要性，他認為「以報本反始之心，尊祖敬宗之意，實有家名分之守，所以開業傳世之本……特以祠堂名之」（卷一），因一般士庶都不得立廟，祠堂跟家廟之制不致混淆，他主張在居室之東建祠，由宗子主持，子孫不得據為己有，祠堂內設四龕，供奉高祖以下先世神主，並規定祠堂內設祭器以及祭祀的儀式、服裝等。

　　程朱諸儒終身講授家族倫理學說，感歎古時宗法家族之盛，不能重見於當時，即儒家政治哲學無法實現，而當時家族社會又支離破碎不可收拾，認爲振新政治；乃須安定家族社會，故取宗法之精義，而改變其方式，盛倡三綱五常，本孝悌精神鑄成宗法精神，別父子、兄弟、夫婦之責，明長幼尊卑之序，以復興古人之遺教。

二、受佛道影響的革新

　　中國傳統的宗教思想，著重在解決現實的人生問題，歷來前人推崇的是正德利用厚生，追求福祿壽，如原始宗教的天命鬼神扣緊人事禍福，道教的祈雨、治病、捉鬼與煉丹等巫術行爲，在於排解生存的困阨，道教的基本理論與思想體系，原是由道家與陰陽家蛻化而來，它的修煉方法則是古代神仙家與房中之術，而用來號召下層社會群眾的，卻是自古巫覡們相傳的祈禳咒詛之術，由魏晉道家風氣，積極走向形成道教的宗教意義，有兩個原因：（《中國道教史》）

1. 時衰世亂，政局不穩，戰爭頻仍，地方勢力的割據形勢，與依附眾望所歸的士族集團以自保者，隨處有人，取宗教的思想與方法，作爲避地高蹈，保境安民的教化，自然而然形成一種共同信仰的力量。

2. 佛教思想的傳入，仗有識之士，對於神仙道士的超神入化之說，愈有信仰研究的興趣，鑒于佛教的教義與修證方法，具有系統且理論有根據，於是「談玄」與修煉「丹法」。也漸求洗鍊而趨於有根據的言論，與有系統的途徑，如葛洪對丹道的彙編而著《抱朴子》，其他如稽叔夜著《養生論》，爲後世道士取爲神仙可學的資料。

　　佛教在中國鞏固基礎，是在漢末，佛教傳入漢代時，漢民族已建立高層次的固有文化，儒家已確立爲國家之學，奉老子爲祖，尊崇隱遁生活的道家，庶民間有長生不老，神仙方術的道教，佛教看破塵世的情形，即被視爲道家隱逸之士，此時佛陀與黃帝、老子並稱，佛與黃老同等看待，佛教與黃老之教近似，然後才被漢人社會接受，當魏晉時期，佛教傳入與佛經翻譯事業，已開展其奔騰澎湃之勢，西域佛教名士如支謙等人，留居中國或與魏晉名士有交往，翻譯佛經引用「道」、「功德」等，採儒道不分家的道家語，佛教禪定之學與道士修煉內丹之方類似，出家觀念與隱士觀念同，二者互有調和，在政治地位上，互爭宗教的教權，玄宗開元二年下詔明令，僧道當拜父母，

至此中國佛教，已脫離印度性質，融入中國社會習俗，支持家族制度的宗教，大事強調祭祖與緬懷兩親功德的佛事禮儀，乃中國佛教孝養之道，佛教雖歷經三武之禍，但已深植民間，茲就宋代佛道之消長，以及家禮、家訓對佛道的革新作分析：

（一）宋代佛道的消長

宋世崇尚道教，當時道教之興，實因個人圖謀與新舊黨爭，導致迷信或利用方術，而崇尚道教，如：

> 郭天信字佑之，開封人，以技隸太史局，徽宗為端王，嘗退朝，天信密遮白曰：王當有天下。既而即帝位，因得親暱。（《宋史》，卷四六二）

> 帝倉卒晏駕，獨決策迎端王，章惇異議不能沮，徽宗立，請權同處分軍國事……凡紹聖，元符以還，惇所斥逐賢大夫、士，稍稍收用之。（《宋史》，卷二四三）

太后從元祐舊黨，與章惇形成極端對立，誠如金中樞先生言「在此新舊黨爭情勢，虞天下未信從，託之以方術或神旨，實人之常情，然而道教之興，正由於此（《宋代學術思想研究》），徽宗宣揚教義，發展道教，其措施即抑釋以揚道，如：

> 大觀元年，二月，己未，御批：道士序位在僧上，女冠於尼上。（《十朝綱要》，卷十七）

> 大觀元年，十二月，戊戌，詔內外佛寺，尚有以道像侍立者，並迎歸道觀，不可遷，則除之。（《十朝綱要》，卷十七）

當時雖提高道教地位，但釋氏之影響力仍難消除，故同時力行揚道以齊儒，如：

> 政和八年……究其本始，使黃帝、老子、堯、舜、周、孔之教，偕行于今日（《宋大詔令集》，卷二二四）

以黃老齊堯舜周孔，揚道以齊儒甚明，帝王推行於上，則民風自然趨之若水，政和宣和間，道教方盛，一時詔令章表皆指佛為金狄，抑之甚而仇之也，〔註11〕儒學之士，每採道學之理論，又與僧侶往來，如「北宋大儒周敦頤採無極之說，邵雍襲龍圖之易，蘇軾生平好道術，喜學煉形蟬蛻之道，南宋大儒朱熹，且撰

〔註11〕《通鑑輯覽》，卷八十。

陰符經考異，又爲周易參同契作注」（《宋代政教史》），如「周濂溪曾就廬山歸宗寺佛印與東林寺常聰學佛，張橫渠亦從常聰受性理之論，而與程明道討論，程明道與程伊川或參禪、或研究華嚴、或楞伽經典，其思想受佛教影響不少……朱熹私淑大慧宗果，愛讀其語錄」（《中國佛教通史》）由此可知佛道思想已影響士人的學術思想，並深入民間。

（二）家禮、家訓中對佛道的革新

當宗教信仰演成迷信而無理性時，改革必應運而生，家禮、家訓即士人反映當代的社會風俗，如下分析之。

袁采的革新，袁氏強調善惡有報，或早或晚，勸人應善積陰德，遺澤後人，且本世之報乃前人之遺澤或遺惡，發揚佛家輪迴果報之說，處逆境猶應堅持原則，承襲「君子固窮，小人窮斯濫矣」的儒家思想，不僅修己也修後世之陰德，如《袁氏世範》言：

> 人有所爲不善，身遭形戮，而其子孫昌盛者，……此人之家積善多積惡少，少不勝多，故其爲惡之人，身受其報，不妨福祚延及後人……。（卷一）

袁采以果報勸人爲善，今世爲善可修來世報，且積陰德，福澤於後代子孫，以此誘人，可知其用心之苦，但僅消極不夠積極，易令人產生悲觀之定命思想。

陸游的革新，陸游信佛，但鄙棄俗世道場齋施之事，故《放翁家訓》中多半是革新禮俗的條例，反對地獄天堂之說，無論報應與否，都應爲善，如：

> ……遇當齋日，但請一二有行業僧誦金剛法華數卷或華嚴一卷……乃是深信佛言……又悲哀哭踊，是爲居喪之制，清淨嚴一，方盡奉佛之禮，每見喪家張設見吹擊螺鼓……吾深疾其非禮。（《放翁家訓》）

> ……送魂登天，代天肆赦，鼎釜油煎，謂之鍊度，交梨火棗用以爲脩，可笑者甚多。（《放翁家訓》）

陸游主張信仰可助己平靜無事，喪祭之繁文縟節在盡哀，並非誇耀鄰里爲美觀，人之存亡任自然，無須強求，陸游之主張可說對當代佛道盛行的全盤革新，令人耳目一新。

朱熹《家禮》首創祠堂供奉先世神主，祠堂地位遠勝其他家財，「或有水火盜賊，則先救祠堂，遷神主，遺書次及祭器，然後及家財」（卷一），喪葬

「置靈座、設魂帛」（卷二）時，「世俗皆畫影置於魂帛之後，男子生時有畫像，用之猶無所謂……至於婦人……爲非禮，或用冠帽衣履裝飾如人狀，此尤鄙俚，不可從也」（卷一）可知喪葬禮儀違背當時婦女規範時，則應去除，朱熹更主張「不作佛事」因「世俗信浮屠誑誘於始死，及七七日，百日、期年、再期、除喪、飯僧設道、或作水陸大會、寫經……爲此者滅彌天罪惡必升天堂……不爲者，必入地獄……」（卷一），人有血氣知痛癢，死後形入於黃壤朽腐消滅，何苦之有，故朱熹以爲天堂地獄之說，乃勸善懲惡，不足取信，可知朱熹亦反對佛教天堂地獄的說法。

《戒子通錄》中，張浚主張「喪禮貴哀，佛事徒爲觀之美，節浮費而依古禮，施惠宗族之貧者」（卷五）喪禮盡哀，不可浪費爲美觀事，與其浪費於不可知的未來，不如節哀省錢救濟貧苦的族人，也算孝行。宋祁指出「吾沒後，不得作佛道二家齋醮，此吾平生所志」（卷五），亦反對作齋俗事。韓琦指出「聞須求便官，墳壠善完補，死則託二塋，愼勿葬他所，得從祖先遊，魂魄自寧處，無惑葬師言，背親圖福祐」（卷五），祖墳應修補即愼終追遠之表現，願死後從先祖遊，勿聽葬師言，反對擇地而葬，司馬光更反對擇地、擇日、擇時而葬，反對停尸柩不葬，因「死生有命，富貴在天，固非葬所能移，就使能移，孝子何忍委其親不葬，而求利於己哉？」（卷五）

佛道經過長久的消弭，吸收儒家思想，佛教已非印度之佛教，乃中國化之佛教，道教吸收道家思想而來，二者皆俱本土性，然而宗教流於形式之迷信時，則人性之醇厚則不復矣，故家禮、家訓皆針對當時佛道世俗，提出革新意見，回歸儒家喪祭盡哀的原始主張。

第三節　精神特色影響及於元明清的家禮、家訓

禮儀本是根據社會需求所訂下的規範，它的奉行不該是強迫性而不顧環境，應是參考古代，而應用於當代，故家禮、家訓能夠在儒家思想寬廣的限度內作調整與修正。宋代的家禮，家訓居承先啟後的地位，隨著理學講求窮理盡性，格物致知，提倡人們躬行踐履，把修身、齊家作爲實現自我完善和社會道德的大事，故明清以後，幾乎大戶人家都有自己的家法、家規。

家禮、家訓的內容，風格各異，有的事無鉅細，均有定規，有的語焉不詳，籠統概說，而其流傳廣度，不僅止於士大夫階層，甚至可能推及於民間，足見其影響普及。宋以來的家禮、家訓都以儒家和理學的道德原則爲依歸，

貫徹儒家親親尊尊，父慈子孝，夫賢婦隨的基本精神，可說是儒家倫理規範的具體表現，家禮、家訓的主要功用在對於宗族的個體成員實施約束，尤其是提供思想行爲的標準，導源於儒家的教誨，也傳遞儒家的教誨。

家禮、家訓形式的發展，至宋代而定其型，元、明、清以後皆以之爲法，無出其右者。今觀元代《鄭氏規範》、明代《庭幃雜錄》、《許雲邨貽謀》、《楊忠愍公遺筆》、《家誡要言》、《訓子言》、《龐氏家訓》、《藥言》、《溫氏母訓》；清代《孝友堂家規》、《孝友堂家訓》、《蔣氏家訓》、《恆產瑣言》、《聰訓齋語》、《德星堂家訂》等家禮、家訓與宋代家禮、家訓比較之。

一、承襲儒家傳統

宋代家禮、家訓的主要綱要，即鼓吹儒家孝悌精神，發揚三綱五常的實踐，三綱五常立，則人人各司其職，家庭自然井然有序，儒家傳統思想乃宋代家禮、家訓的準則，元、明、清的家禮、家訓自然受其影響而加以遵守。

（一）孝

孝道是儒家基本精神，也是家禮、家訓的根本，如《詩經・蓼莪》云：「父兮生我，母兮鞠我，拊我畜我，長我育我，顧我復我，出入復我，欲報之德，昊天罔極。」，故孝悌的極致表現即如《孝經・開宗明義章》言：「立身行道，揚名於後世，以顯父母。」宋代家禮、家訓承此思想，提倡「戒爾學立身，莫若先孝悌，怡怡奉親長，不敢生驕易。」（《戒子通錄》，卷五）「學業勤則成，富貴汝自取，仁睦周吾親，忠義報吾主。」（《戒子通錄》，卷五），故元、明、清家訓亦重視孝道的力行，如：

> 子孫爲學，須以孝義切切爲務……。（《鄭氏規範》）
> 孝、友、勤、儉四字，最爲立身第一義……。（《龐氏家訓》）
> 人子於父母只養口體，此心何安……。（《孝友堂家訓》）

（二）悌

兄弟如手足，手足之愛即兄友弟恭的悌道精神，長幼有序，自然家庭和諧。宋代《戒子通錄》指出兄友弟恭的精神「……叔兄慈惠，弟姪恭順，……無以小財爲爭，無事爲讎，使我兄叔之和也，……無以猜忌爲心，無以有無爲懷，使我弟姪之和也。」（卷六）元、明、清家禮、家訓受宋代家禮、家訓的影響，於家訓中亦立法約束。

> 人倫有五，而兄弟相處之日最長……若恩意浹洽，猜間不生，其樂

豈有涯哉⋯⋯。（《聰訓齋語》）

父父子子、兄兄弟弟，元氣固結而家道隆昌，此不必卜之氣數
也⋯⋯。（《孝友堂家訓》）

（三）順

女子的本分即柔順婉約，惟有柔順才能相夫教子，成就男子在家庭上的
地位，一個家庭能不能和睦穩定，在於妻子是否賢淑溫良。女子在士人眼中
多半是心胸偏狹，見識短淺，善於搬唇弄舌，製造是非者，往往家庭不和，
夫妻不諧都是婦人之過，故婦人要嚴加管束。宋儒主張治妻之道，猶如君臣
之道，臣庶須治服，妻妾須御順。「⋯⋯居閒無事則侍於父母舅姑之所，容貌
必恭，執事必謹，言語應對必下氣怡聲，出入起居必謹扶衛之，不敢涕唾呼
於父母舅姑之側，父母舅姑不命之坐，不敢坐，不命之退，不敢退。」（《涑
水家儀》）以妻子對丈夫的絕對順從，換取家庭的安定。宋代家禮、家訓提倡
於前，元、明、清的家禮、家訓附和於後。

夫家之所以齊者父曰慈，子曰孝，兄曰友，弟曰恭，夫曰健，婦曰
順⋯⋯。（《孝友堂家規》）

男女相維，治家明肅，貞女從夫，世稱和淑，事夫如天，倚爲鈞
軸⋯⋯。（《龐氏家訓》）

主婦職在中饋，烹飪必親，米鹽必課，勿離竈前，女婦日守閨閣，
躬習紡織，至老勿踰內門⋯⋯。（《許雲邨貽謀》）

（四）修　身

儒家思想於個人最重修身，居「格物、致知、誠意、正心、修身、齊家、
治國、平天下。」《大學》八目之一，封建社會大家族制度，族長有莫大的權
威，群居生活最重視個人修身，唯有個人做到修身，才能保持家庭的和諧。

1. 儉

儉素是中國傳統美德，宋代家訓注重持家修身之道，訓誨子孫，儉爲其
主要修身綱要，如「⋯⋯吾心獨以儉素爲美，⋯⋯儉，德之共也，侈，惡之
大也⋯⋯。」（《戒子通錄》，卷五）元、明、清承其思想，鼓吹於後。

子孫不得與人眩奇鬥勝，兩不相下，彼以其奢，我以吾儉，吾何害
哉。（《鄭氏規範》）

⋯⋯思盡人子之責，報父祖之恩，致鄉里之譽，詒後人之澤。唯有

四事，一曰立品，二曰讀書，三曰養身，四曰儉用。(《聰訓齋語》)

孝、友、勤、儉四字，最爲立身第一義……。(《龐氏家訓》)

人須儉約自持，不可恃產浪費……。(《藥言》)

2. 忍

家庭相處之道，貴在能忍，忍則無爭心。人能忍事，遇巧詐爭奪則無爭，遇人非理相待，喜怒不形於色，處之泰然，皆忍的功夫，家庭和諧靠忍字來維繫，宋《袁氏世範》主張「人能忍事則無爭心……人貴能處忍……分業不必計較。」(卷一)《戒子通錄》主張「豐約毋過分，考室俟肯堂，肥家在忍順。」(卷五)元，明、清承之於後。

余性太直戇，一時氣忿所發言行，多有過當處，雖旋即追悔，已無及矣，是兒曹所宜深戒者(《藥言》)

問張公藝九世同居，得力在忍，夫同居義取於和，忍則情有不堪……曰必有忍乃其有濟，忍正所以成其和也……。(《孝友堂家規》)

3. 勵　志

古訓云：「三日不讀書，則理義不交於胸中，便覺面貌可憎，言語無味。」(《世說新語‧言語》)因讀書明理，日日體驗力行，法聖賢之行徑，行先儒之遺言，朝夕勵志，則邪念不復，發揚仁義禮智四端，雖不成賢，亦可遠恥辱，宋代家訓推行於前如：「教子弟讀書，固欲其取科第及深究聖賢言行之精微，然命有窮達，性有昏明，不可責其必到……子弟朝夕其間自有資益。」《袁氏世範》，卷一)「且起須讀書三五卷，正其用心處，然後可及他事……。(《石林家訓》)元、明、清受其影響，亦推行之如：

凡人須先立志，志不先立，一生通是虛浮，如何可以任得事，老當益壯，貧且益堅，是立志之說也。(《藥言》)

……人心惟危，道心惟微，危者嗜欲之心……微者理義之心……人心至靈至動，不可過勞，亦不可逸，惟讀書可以養之。(《聰訓齋語》)

二、承宋代家禮、家訓的觀念

宋代家禮、家訓中部分訓示是革新社會風氣而作，元、明、清的家禮、家訓承之而發揚光大，部分是理學家的鼓吹，元、明、清家禮、家訓力行之

（一）婦女地位

1. 男女有別

《孟子・離婁》篇言：「男女授受不親」，《禮記・曲禮》則把這種觀念具體化，宋代以後，男女之分更加嚴格，《涑水家儀》規定：

> 凡為宮室，必辨內外，深宮固門，內外不共井，不共浴堂，不共廁，
> 男治外事，女治內事，男子晝無故不處私室，婦人無故不窺中門，
> 男子夜行以燭，婦人有故出中門，必掩蔽其面……。

一道中門使婦女侷限於自己的小天地，與外界、異性都隔開，限制婦女的生活空間、生活貧乏，元、明、清的家禮、家訓更受其影響。

> 女子止主中饋，女紅、紡織事，不得操夫之權……。（《蔣氏家訓》）
>
> 童子年五歲誦訓蒙歌，不許縱容驕惰，女子年六歲誦女誡，不許出閨門……。（《龐氏家訓》）
>
> 主婦職在中饋，烹飪必親，米鹽必課，勿離竈前，女婦日守閨閣，躬習紡織，至老勿踰內門……。（《許雲邨貽謀》）

2. 婦女節操

婦人有三從之義，不管嫁與不嫁，都必須服從男子的管束，一生絕大多數光在夫家度過，最後的歸宿也是夫家。敬事丈夫，孝順公婆，養育兒女是婦女一生的主要生活內容，從漢代到唐代近千年之間，夫死改嫁事，司空見慣，而矢志守身的事則比較稀有，如漢光武帝姐姐湖陽公主、唐武則天及其女兒太平公主都曾身事二夫，權德輿之女改嫁獨孤郁（《權載之文集》），韓愈之女先後適李漢、樊宗懿（《皇甫持正文集》），宋理學家提倡婦女寡居守節，不贊成改嫁，程頤有「餓死事極小，失節事極大」之說（《二程語錄》），理學家的提倡，使婦女的貞節觀空前加強，但當時社會上丈夫死後妻子改嫁者甚多，《袁氏世範》常提及「接腳夫」一詞，宋以後，尤其是明清時期，節婦已成極普遍的社會現象，當時法律規定：凡婦女不論生前離棄或夫死寡居，如果準備再嫁他人，其所有隨嫁的裝奩財產，全部要歸前夫之家所有，只有夫亡無子而守志者，才能繼承丈夫的遺產，可知在上立者歧視婦女的改嫁行為，〔註12〕元、明、清家禮、家訓中也逐漸貫徹執行宋理學家的貞節觀念。

> ……婦女家有夫死就同死者，蓋以夫主無兒女可守，活著無用，故

〔註12〕《元典章》，卷十八；《大明會典》，卷十九；《欽定大清會典事例》，卷七五三。

隨夫亦死，這纔謂之當死而死……纔謂之貞節，若夫主雖死，尚有
幼女孤兒，無人收養，則婦人一身乃夫主宗祀命脈……。(《楊忠愍
公遺筆》)

蒙養不啻在男也，女亦須從幼教之，可令歸正，女人最污是失
身……。(《藥言》)

外祖妣朱氏，十九歲寡居，我母太安人，妣之繼女也，母于歸後，
妣與偕來，同我母食貧艱苦……苦節六十年，長齋六十年，眞節婦
也。(《蔣氏家訓》)

(二)喪葬祭儀與祠堂

儒家對喪葬祭禮有許多規定，從《儀禮·禮記》到朱熹《家禮》、形成了
一整套嚴密的喪葬祭儀制度，詳細記述了喪葬祭儀的各項內容，儘管在實際
應用中，許多儀節並未眞正使用，卻代表秦漢以來的禮儀規定，宋初儒生們
提倡振興儒學，對儒家的一系列禮儀規則，也重加探討和整理，在早期儒家
禮儀的基礎上，根據理學倫理說教的需要，創造了更完善、充實和規範化的
喪葬祭儀制度，最著名的是司馬光《書儀》和朱熹《家禮》記述的喪葬禮儀，
宋代家禮、家訓對當時喪葬祭儀的社會習俗，所提出的革新，深深影響到元、
明、清家禮、家訓對喪葬祭儀的訓誡，如：

……惑于術家者，妄求富貴，借前人已朽之骨殖，圖後人未卜之顯
榮，愚已甚矣，又或造年月之利害，判房分之吉凶，長幼猜嫌，牢
不可解……故凡爲子，當知暴棺非孝，入土爲安，不必遠求，但宜
預防，或鄰近山川，猶有遺穴，或祖宗墳墓，尚可附棺，隨分量力，
擇而取之……。(《德星堂家訂》)

今人酷信風水，將祖先墳塋遷移改葬，以求福澤之速效，不知富貴
利達，自有天數……。(《藥言》)

冠婚喪祭四事，家禮載之甚詳，然大要稱家有無，中於禮而已……。
(《藥言》)

安葬惟附棺之物，務求堅久，若修墳限於力，不必強也……。(《龐
氏家訓》)

吾家係詩禮，士大夫之家，冠婚喪祭必照家禮行……(《楊忠愍公遺
筆》)

> 喪禮久廢，多惑於釋老之說，今皆絕之，其儀式並遵文公家禮。(《鄭氏規範》)

元、明、清家禮、家訓對於喪葬祭儀的記載，大多承襲朱熹《家禮》的內容，對於當時社會之喪葬習俗，也承襲司馬光、朱熹等的看法，反對葬禮擇年、月、日、時、地而葬，不信天堂地獄之說，主張喪葬在盡哀，不當鋪張奢侈、飲酒作樂，此皆承宋家禮、家訓的見解，而加以發揚之。

宋代家族組織以祠堂作為全族祭祀祖先、舉行重要典禮、宣布重要決定等活動的中心。祠堂一詞在《漢書》張安世傳「賜塋杜東，將作穿覆土，起家祠堂」就已出現，其後祠堂是百姓紀念賢能與功德者而立的，如范仲淹死後，慶州、淄州長安縣等地，為表彰他的功績，陸續為他建立紀念性的祠堂（《范文正公集》），到朱熹為了體現「報本反始之心，尊祖敬宗之意；實有家名分之守，所以開業傳世之本」（《家禮》），宣揚設置祠堂的重要性，祠堂才確定其功能，南宋時，有關祠堂的記載並不多，到元、明以後就逐漸多起來，由元、明、清的家禮、家訓內容可略見一斑。

> 立祠堂一所，以奉先世神主，出入必告正，至朔望必參，俗節必薦時物，四時祭祀，其儀式並遵文公家禮。(《鄭氏規範》)

> 大宗祠堂子孫水木本源之地，謁必恭肅，如或苟且怠玩，自非先人肖子……。(《許雲邨貽謀》)

> 祠堂歲祭、忌祭各先期經理，當日昧爽舉行儀節，遵家及祠堂事宜。(《龐氏家訓》)

> ……佳辰會節，生忌朔望，得來祠堂瞻禮，是祖父之魂氣常在，兒孫之誠敬常存也，只此是人生第一吃緊事……。(《孝友堂家訓》)

由此觀之，祠堂在家族中已成為不可缺少的建設，有精神及實質的功能，可說是受朱熹《家禮》的影響。

元、明、清的家禮、家訓對於子孫的個人修身、家庭成員相處之道，大致不出宋代家禮、家訓的範疇，以儒家思想為本位，最終目的在求同族義居及家族的和諧，此種思想普及於社會各層面，其影響所及，自然造成一種溫柔敦厚、樸實勤儉的民間風俗，同時也構成中國內部一種超穩定的力量，使社會更趨和諧，雖然政局的動盪一時，也不足以使龐大的社會組織立即分崩瓦解，家禮、家訓在中國社會發揮潛移默化的功能，實不可忽略。

第五章　結　論

　　家禮、家訓形式的發展，宋代定其型，上承《顏氏家訓》，下開元、明、清三代家訓蓬勃發展，家訓即士大夫族解決社會問題的假想境界，亦可抒發抑鬱的心志，而不必有所顧忌，宋朝家訓發達的原因，理學發達居其要，由書院的私人講學風氣觸其發，對於外侮頻頻，風俗日壞，同族義居的推行，義莊族規的出現，皆是帶動家訓發達的原因。

　　家訓的內容以儒家思想為本位，注重個人修身，推而至家庭倫理的實踐，以父子有親、夫婦有別、長幼有序為最高境界，實踐父慈子孝、兄友弟恭的和諧家庭，故家訓針對人性的弱點提出紛爭所在，鼓吹提高個人修養來去除私欲，杜絕紛爭發生、鼓吹同族義居，並指出佛道盛行下的陋習為何，以革新習俗為要。

　　其次，由家禮、家訓的內容可看出，宋代婦女地位，逐漸低落，上古父系社會中，妻居次要地位，但有一定的自由，所謂「男尊女卑」在宋代被極力鼓吹，婦女受禮教緊緊地束縛著。男為天，女為地，應是天地平行，各有其性，各有所司，二者相輔相成，如「初，向季使過冀，見冀缺耨，其妻饁之，敬相待如賓……」(《家範》，卷七)「東漢時，處士梁鴻之妻孟光，每送飯，食必舉案齊眉，梁鴻亦答拜」。(《後漢書》列傳七十三) 夫妻行為態度皆有恭敬之心，則家庭自然和諧。婦女乃男性的附屬品，應遵三從四德，在宋代理學家的鼓吹下，更是如火如荼地力行不輟。程頤認為「唐之有天下數百年，自是無綱紀」(《河南程氏外書》)朱熹認為「唐源流于夷狄」(《朱子語類》)，因唐高祖李淵從祖上三代以來，一直是西魏、周、隋的大貴族，地處關中、隴西，受禮法的束縛比其他門閥士族更為鬆弛，宋代理學家講究禮教，亦可

說是對唐代禮教鬆弛的革新，故家訓中常反映革新之道，宋代理學家倡導的婦女禮教，一般家訓中仍未徹底實行，因民間長期形成的習俗不易立即改變，程朱的說教在當時的影響仍有限，有些理學家反對婦女改適，但在實際生活中，並未實踐自己的說教，宋理宗以後，由於統治者確立了理學的思想統治，理學在社會上影響迅速擴大，一女不事二夫的教條，被士大夫們反覆鼓吹發揮出束縛婦女的極大效能，社會上對婦女的貞節觀念逐步加深，到元、明、清以後，人們對于婦女貞操的要求更加苛刻，夫死守節成爲天經地義的事情，而家訓中也正式明文鼓吹夫死守節是崇高無上的表現，女權幾乎完全被剝奪。可知元、明、清的家禮、家訓承襲宋代的觀念，而加以明確性的條規，作爲子孫的規範。

宋代工商繁榮，生活富庶，若無穩定的社會基礎，是無法成就其和諧，宋代家禮、家訓皆以維持家庭秩序及個人修身爲主，可見秩序的維護，家禮、家訓居主要的引導地位，今日社會已無具體行文的家禮、家訓，並非失去了它的價值，而是大多成爲固有文化傳統，深植人心，自小耳濡目染者，即父慈子孝、兄友弟恭，故重視個人修身者必出身於健康和諧家庭，至於全盤西化，不加篩選者，或不注重家庭教育，任其自由發展者，必迷失民族性，現今道德泯沒，秩序脫節，即家庭教育出問題，至於婦女走出家庭，拋棄傳統的包袱、青少年迷失了自我，沈淪於追求物質享受的深淵中，這些都是牽一髮而動全身的問題，實不容忽視之，宋代家禮、家訓的部分內容已不適合現今社會的生活步驟，然而其賦予時代意義的儒家本位思想，則仍是維持社會秩序的圭臬，如袁采主張的孝道、兄弟相處之道，是維持家庭和諧的治本方法，婚姻自主下，婦女在走出家庭成爲職業婦女後，應如何不失其溫柔敦厚的母教，與丈夫共同教養子女，才是解決社會問題根本之道。這些觀念仍是受宋代家禮、家訓的影響。

參考書目

1. 王弼注、孔穎達正義：《周易》（十三經註疏本），藝文印書館。
2. 孔穎達正義：《詩經》（十三經註疏本），藝文印書館。
3. 鄭玄注、賈公彥疏：《儀禮》（十三經註疏本），藝文印書館。
4. 鄭玄注、孔穎達疏：《禮記》（十三經註疏本），藝文印書館。
5. 杜預注、孔穎達正義：《左傳》（十三經註疏本），藝文印書館。
6. 唐・元宗注、邢昺疏：《孝經》（十三經註疏本），藝文印書館。
7. 何晏集解、邢昺疏：《論語》（十三經註疏本），藝文印書館。
8. 趙岐注、孫奭疏：《孟子》（十三經註疏本），藝文印書館。
9. 王師靜芝著：《詩經通釋》，輔仁大學文學院。
10. 孫希旦著：《禮記集解》，文史哲出版。
11. 漢・董仲舒著：《春秋繁露》，商務印書館。
12. 宋・朱熹著：《四書集註》，中華書局。
13. 宋・朱熹著：《中庸輯略》（四庫全書本），商務印書館。
14. 清・皮錫瑞著：《經學歷史》，漢京文化事業。
15. 王師靜芝著：《經學通論》，國立編譯館。
16. 馬宗霍著：《中國經學史》，商務印書館。
17. 漢・司馬遷著：《史記》，漢京文化事業。
18. 漢・班固著：《漢書》，中華書局。
19. 南朝宋・范曄著：《後漢書》，中華書局。
20. 唐太宗御撰：《晉書》，中華書局。
21. 宋・歐陽修、宋祁著：《新唐書》，中華書局。
22. 元・脫克脫等著：《宋史》，鼎文書局。

23. 元‧脫克脫等著：《遼史》（四庫全書本），商務印書館。

24. 宋‧司馬光著：《資治通鑑》（四部叢刊本），商務印書館。

25. 宋‧李燾著：《續資治通鑑長編》（四庫全書本），商務印書館。

26. 清‧楊述曾、趙翼等著：《御批通鑑輯覽》（四庫全書本），商務印書館。

27. 吳‧韋昭注：《國語》，中華書局。

28. 宋‧吳自牧著：《夢梁錄》（四庫全書本），商務印書館。

29. 宋‧宋綬著：《宋大詔令集》，鼎文書局。

30. 清‧黃宗羲著：《宋元學案》，華世出版。

31. 清‧王梓材、馮雲濠著：《宋元學案補遺》，世界書局。

32. 清‧吳任臣著：《十國春秋》，商務印書館。

33. 清‧高宗敕撰：《續通典》（四庫全書本），商務印書館。

34. 元‧馬端臨著：《文獻通考》，新興書局。

35. 劉承幹編訂：《宋會要》，商務印書館。

36. 不著撰人：《天下書院總志》，廣文書局。

37. 梁啟超著：《中國近三百年學術史》，中華書局。

38. 蕭公權著：《中國政治思想史》，中華文化出版。

39. 劉伯驥著：《宋代政教史》，中華書局。

40. 黃公偉著：《宋明清理學體系論史》，幼獅文化事業。

41. 蔣維喬著：《中國佛教史》，國史研究室。

42. 野上俊靜等著、鄭欽仁譯：《中國佛教通史》，牧童文史叢書。

43. 黃懺華著：《中國佛教簡史》，東方佛教學院。

44. 傅勤家著：《中國道教史》，商務印書館。

45. 三浦藤作著、張宗元等譯：《中國倫理學史》，商務印書館。

46. 陳東原著：《中國婦女生活史》，河洛出版。

47. 陳顧遠著：《中國古代婚姻史》，商務印書館。

48. 高達觀著：《中國家族社會之演變》，九思出版社。

49. 李耳著、王弼注：《老子》，中華書局。

50. 北齊‧顏之推著：《顏氏家訓》，中華書局。

51. 宋‧周敦頤、張載著：《周張全書》，中文出版社。

52. 宋‧程顥、程頤著：《二程集》，里仁書局。

53. 宋‧程顥、程頤著：《二程語錄》，商務印書館。

54. 宋‧張載著：《張子全書》，商務印書館。

55. 宋・黎靖德編：《朱子語類》，正中書局。

56. 宋・陸九淵著：《象山全集》（四部叢刊本），商務印書館。

57. 宋・羅大經著：《鶴林玉露》，正中書局。

58. 宋・王應麟著：《玉海》（四庫全書本），商務印書館。

59. 宋・司馬光著：《涑水家儀》（四庫全書本），商務印書館。

60. 宋・司馬光著：《家範》（四庫全書本），商務印書館。

61. 宋・葉夢得著：《石林家訓》（說郛本），商務印書館。

62. 宋・朱熹著：《家禮》（四庫全書本），商務印書館。

63. 宋・劉清之著：《戒子通錄》（四庫全書本），商務印書館。

64. 宋・陸游著：《放翁家訓》（叢書集成新編本），新文豐出版。

65. 宋・袁采著：《袁氏世範》（叢書集成新編本），新文豐出版。

66. 宋・趙鼎著：《家訓筆錄》（叢書集成新編本），新文豐出版。

67. 宋・李薦著：《師友談記》（四庫全書本），商務印書館。

68. 元・鄭太和著：《鄭氏規範》（叢書集成新編本），新文豐出版。

69. 明・陶宗儀編：《說郛》，商務印書館。

70. 明・袁衷等錄：《庭幃雜錄》（叢書集成新編本），新文豐出版。

71. 明・許相卿著：《許雲邨貽謀》（叢書集成新編本），新文豐出版。

72. 明・楊繼盛著：《楊忠愍公遺筆》（叢書集成新編本），新文豐出版。

73. 明・吳麟徵著：《家誡要言》（叢書集成新編本），新文豐出版。

74. 明・袁黃著：《訓子言》（叢書集成新編本），新文豐出版。

75. 明・龐尚著：《龐氏家訓》（叢書集成新編本），新文豐出版。

76. 明・姚舜牧著：《藥言》（叢書集成新編本），新文豐出版。

77. 明・溫以介著：《溫氏母訓》（叢書集成新編本），新文豐出版。

78. 清・孫奇逢著：《孝友堂家規》（叢書集成新編本），新文豐出版。

79. 清・孫奇逢著：《孝友堂家訓》（叢書集成新編本），新文豐出版。

80. 清・蔣伊著：《蔣氏家訓》（叢書集成新編本），新文豐出版。

81. 清・張英著：《恆產瑣言》（叢書集成新編本），新文豐出版。

82. 清・張英著：《聰訓齊語》（叢書集成新編本），新文豐出版。

83. 清・許汝霖著：《德星堂家訂》（叢書集成新編本），新文豐出版。

84. 清・陳宏謀編：《五種遺規》，中華書局。

85. 清・蔣廷錫編：《古今圖書集成》，文星書局。

86. 梁・劉勰著：《文心雕龍》，學海出版。

87. 宋・范仲淹著：《范文正公集》，商務印書館。

88. 宋・石介著：《石徂徠集》（四庫全書本），商務印書館。

89. 宋・朱熹著：《朱子大全集》，商務印書館。

90. 宋・呂祖謙著：《呂東萊文集》（叢書集成新編本），商務印書館。

91. 宋・蘇洵：《嘉祐集》（四部叢刊本），商務印書館。

92. 宋・歐陽修：《居士外集》（四部叢刊本），商務印書館。

93. 宋・葉適：《水心別集》（四庫全書本），商務印書館。

94. 宋・劉克莊：《後村文集》（四部叢刊本），商務印書館。

95. 宋・周密：《齊東野語》（說郛本），商務印書館。

96. 宋・魏泰：《東軒筆錄》（說郛本），商務印書館。

97. 宋・眞德秀：《眞西山讀書記》（四庫全書本），商務印書館。

98. 宋・宋祁：《景文集》（四庫全書本），商務印書館。

99. 清・李清馥：《閩中理學淵源考》（四庫全書珍本），商務印書館。

100. 清・張伯行：《續近思錄》（叢書集成簡編本），商務印書館。

101. 清・張伯行：《濂洛關閩書》，商務印書館。

102. 朱熹等撰：《名公書判清明集》（四部叢刊本），商務印書館。

103. 楊慧傑：《朱熹倫理學》，牧童文史叢書。

104. 朱瑞熙：《宋代社會研究》，弘文館出版。

105. 金中樞：《宋代學術思想研究》，幼獅文化事業。

106. 汪惠敏：《宋代經學之研究》，師大書苑發行。

107. 尼微遜等著、孫隆基譯：《儒家思想的實踐》，商務印書館。

108. 何冠彪：《明末清初學術思想研究》，商務印書館。

109. 南懷瑾：《中國道教發展史略述》，古老文化事業。

110. 宇野精一主編、邱榮鐊譯：《中國思想之研究（二）──道家與道教思想》，幼獅文化事業。

111. 孫克寬：《宋元道教之發展》，東海大學研究叢書。

112. 高師仲華：《禮學新探》，香港中文大學聯合書院。

113. 陳鐘凡：《兩宋思想評述》，華世出版社。

114. 張定宇：《中國道德思想精義》，正中書局。

115. 盛朗西：《中國書院制度》，華世出版社。

116. 楊績蓀：《中國婦女活動記》，正中書局。

117. 林聰舜：《明清之際儒家思想的變遷與發展》，學生書局。

118. 傅佩榮：《儒道天論發微論文集刊》，學生書局。

119. 劉眞：〈宋代的學規和鄉約〉，《中國學術史論集》。

120. 劉季洪：〈范仲淹對於宋代學術之影響〉，《政治大學三十週年論文集》。

121. 劉子健：〈略論宋代地方官學和私學的消長〉，《中研院史語所集刊》三十六本。

122. 趙鐵寒：〈宋代的學校教育〉，《學術季刊》，二卷，一期。

123. 王德毅：〈宋代的養老與慈幼〉，《中央圖書館館刊》，（特刊）57 年 11 月。

124. 葉鴻灑：〈論宋代書院制度之產生及其影響〉，《國立編譯館館刊》，二卷，三期。

王安石研究

林敬文　著

作者簡介

林敬文，台灣師範大學國文研究所碩士。曾任省立泰山高中教師、中華工專講師、德霖技術學院通識教育中心主任。現任德霖技術學院專任副教授。著有：《王安石研究》、《陸宣公生平及其思想之研究》等書；單篇論文：〈近思錄中的教育思想〉、〈魏徵及其政治思想〉、〈王陽明道德教育思想之探微〉、〈陶淵明爲人及其詩文裡蘊藏的哲理之探索〉、〈陶淵明美學思想之探索〉、〈桓溫徙洛之議與清談風氣的關係〉、〈由詩歌看鮑照的人生觀和文藝觀——以擬行路難十八首爲例〉、〈淮南子齊俗訓與老莊關係之探索〉、〈論淮南子的教育思想〉等。

提　　要

　　生當北宋中葉，天下似若晏然無事，而王荊公汲汲乃若不可終日，其用心果安在？蓋目睹當時政風因循苟且，以為禍災可以無及於身，殊不知危機已潛伏多時矣。先是，仁宗慶歷年間，范仲淹已針對時弊提出改革意見，惜未獲重視，致無疾而終。至是積弊愈深，若不思振衰起弊，則後果將不堪設想矣。

　　荊公於仁宗嘉祐三年，入為度支判官，乃獻萬言書，亟言當世之務，以為當時天下之財力日以困窮，風俗日以衰壞，其患在不知法度，不法先王之政故也。而解決之道，為因天下之力，以生天下之財，取天下之財，以供天下之費耳。斯則荊公執政後改易更革之張本。

　　神宗即位後，嘗召荊公問改革之策，荊公奏曰講學為先。由此可見學術之重要。今觀荊公主張道以致用，經以濟世，除能究天人之際，言性命之道外，復能通古今之變，理天下之財，此蓋平日學問之累積也。

　　荊公之辨王霸，以心異之故，斯發揚孟子「尊王賤霸」而有以得之也。其論人君之修養，偏重聞道、講學、行義，此亦荊公平生所奉行者也。而人才之培育，以經世致用為目的；人才既足，則可以談變法。其理財之基本觀念，則源於社會生產者之立場；而整軍之最終目的，在於保甲法之實現。至於提倡學校教育，所以替代科舉而取士者也。

目

次

序　言

　　夫惟先識之士，爲能見治亂於未兆；勇於任事者，不畏沮撓之來。故生當北宋中葉，天下方晏然無事，而荊公汲汲乃若不可終日，其用心果安在？蓋「享國日久，內外無患，因循苟且，……趨過目前而不爲久遠之計，自以禍災可以無及於身，往往身遇災禍而悔無所及。」（荊公上時政疏）公處庶政積弊之後，慨然以天下爲己任，而思有所施爲，乃竟以此負謗於世，巇及其私德，吾每讀宋史，未嘗不廢書而歎也！

　　方荊公未執政前，屢辭朝庭之命，士大夫恨不一識其面，固以大賢目之。何新政既行，紛紛求去，謂「不與並立於朝」以自鳴其高，此則不可不深究者也。原夫荊公致謗之由，實肇因於當時士大夫黨同伐異之結果。彼私黨者，其流品不必爲小人也，而君子亦多有焉；其相與不必爲利祿也，而以政論爲主。然終不免貽害社會、危及國家者，以意氣之爭愈於是非故也。後世責荊公者，輒不明此理，遽以小人目之，凡所施行之新法，不問是非，皆誣爲聚歛，斥爲擾民，其失諸武斷，不待辨明矣。

　　今觀其新法之擬定、頒行、績效，雖限於史料之無法全部搜羅，然其精神具在各條文之中，爰爲剔抉，庶可得其眞髓矣。因述荊公新法之精神焉。而新法之施行，以理財、整軍、人才之培育與任用爲主，故於此三大端，詳論其形成經過，並及時代之因素。又以王霸之辨，明其政論之總原則，而荊公之政治思想具矣。且一偉大之政治家，必有精湛之學術修養，否則難免爲短視之政客矣。荊公學術思想之要旨，在「道以致用」，「經」以濟世，故援之以論其哲學思想焉。

　　然則，時代之於個人，其影響可謂鉅矣。方荊公爲小吏時，目睹政治、

經濟、社會、軍事、教育各方面,積弊日深,勢不能無戚戚焉,思有以振興之道,故述時代背景與荊公志行云爾。至於荊公生平是非,論者多矣,今就其中重要三項,加以析論,期還其本來面目也。至若後人之評價,因涉及價值判斷,問題繁賾,僅錄其原文以備參考而已。緣荊公以非常之人,著不世之功,而被謗毀如此其甚,則知人論世之不易可知矣。

　　斯篇之作,蒙　胡師自逢時加裁正,始底於成。然以才學淺陋,難窺堂奧,且倉卒成篇,罣誤不免。博雅君子,幸垂教焉。

　　　　中華民國六十八年五月林教文謹識於國立臺灣師範大學國文研究所

第一章　王安石之生平

第一節　荊公傳略與年譜

一、傳　略

　　王安石，字介甫，初字介卿，〔註1〕小字獾郎。〔註2〕宋撫州臨川人（今江西省臨川縣），眞宗天禧五年辛酉（1021）十一月十二日生於臨江軍（今江西省淸江縣），哲宗元祐元年丙寅（1086）四月六日薨於金陵（今南京市），享年六十六。父益，字損之，仕至尙書都官員外郎，〔註3〕母吳氏。安石少好讀書，嘗自云：「某自百家諸子之書，至於難經素問本草諸小說，無所不讀。」〔註4〕博聞強記，爲文下筆如飛，初若不經意，既成，見者皆服其精妙。仁宗景祐四年，年十七，父益通判江寧，安石隨之任。斯時安石少壯自負，意氣奔放，其〈憶昨詩〉云：「此時少壯自負恃，意氣與日爭光輝；乘閒弄筆戲春色，脫落不省旁人譏。坐欲持此博軒冕，肯言孔孟猶寒飢。」〔註5〕安石學宗孔孟，志在經略天下，此可證諸〈憶昨詩〉「端居感慨忽白虜，青天閃爍無停

〔註1〕《宋人軼事彙編》，頁 436 引《攤飯續談》云：「王荊公初字介卿，見曾子固〈懷友詩〉。」

〔註2〕見李燕新《王荊公詩探究》，頁 10 引《邵氏聞見後錄》云：「《傳獻簡》云：王荊公之生也，有獾入其室，俄失所在，故小字獾郎。」

〔註3〕《宋史》卷二六三，頁 3866〈職官志〉三，刑部屬官有都官郎中、員外郎，掌徒流配隸。

〔註4〕見《王安石文集》卷二九，頁 17〈答曾子固書〉。

〔註5〕見《王安石詩集》卷一四，頁 82。

暉；男兒少壯不樹立，挾此窮志將安歸？吟哦圖書謝慶弔，坐室寂寞相伊威。材疎命賤不自揣，欲與稷契遐相希。」天性孝友純篤，盎然溢於楮墨間，〈憶昨詩〉云：「昊天一朝畀以禍，先子泯沒予誰依？精神流離肝肺絕，眥血被面無時晞。母兄呱呱泣相守，三載厭食鍾山薇。」父益卒於寶元二年二月二十三日，葬江寧牛首山。〔註6〕

仁宗慶曆二年三月登楊寘榜第四名，旋以秘書郎簽淮南判官。〔註7〕五年，秩滿，解官，嘗歸臨川。次年，至京師。舊制，秩滿，許獻文，求館職，安石獨否，尋授明州鄞縣宰。安石因地形，起堤堰，決陂塘，為水陸之利，〔註8〕貸穀與民，立息以償，俾新陳相易；又興學校，嚴保伍，邑人便之。皇祐二年，鄞縣秩滿，解官歸臨川，復至京候差遣。三年，通判舒州，時文彥博拜同中書門下平章事集賢殿大學士薦張瓌、韓維、王安石等恬退守道，乞褒勸以厲風俗，〔註9〕尋召試館職，以祖母老，家貧不赴。〔註10〕至和元年，除集賢院校理，安石以私計辭，凡四上疏。〔註11〕或謂歐陽脩嘗薦為諫官，〔註12〕以祖母年高辭，修以其須祿養言於朝，用為群牧判官。〔註13〕是年，安石上書執政，乞東南一部，遂於嘉祐三年改太常博士，知常州，〔註14〕明年二月，移提點江東刑獄。同年十月，入為度支判官，〔註15〕乃獻萬言書，亟言當世之務。〔註16〕以

〔註6〕 同註4，卷四五，頁 159〈先大夫述〉。又見《曾鞏文集》卷三六〈尚書都官員外郎王公墓誌銘〉。

〔註7〕 同註3，卷一六七，頁 3975〈職官志〉七，列郡幕職官有簽書判官、推官、判官，掌禪贊郡政，總理諸案文移，斟酌可否，以白於其長而罷行之。⋯⋯凡諸州減罷通判處，則升判官為簽書判官以兼之，號曰簽判。

〔註8〕 同註4，卷三一，頁 32〈上杜學士言開河書〉，言之甚詳。

〔註9〕 同註3，卷三一三，頁 10257〈文彥博傳〉。

〔註10〕 同註4卷二，頁 15〈乞免就試狀〉。

〔註11〕 同註10，〈辭集賢校理狀四〉。

〔註12〕 《歐陽文忠公文集》卷一一○，頁 849，薦王安石呂公著箚子云：「⋯⋯殿中丞王安石德行文學，為眾所推，守道安貧，剛而不屈，⋯⋯久更吏事，兼有時才，⋯⋯今諫官尚有虛位，伏乞用此兩人，⋯⋯必能規正朝廷之得失。」

〔註13〕 見《續通鑑長編》卷一七七，仁宗至和元年九月辛酉條。

〔註14〕 同註4，卷五四，頁 62，〈廣西轉運使屯田員外郎蘇君墓誌銘〉，該末款云：「嘉祐二年十月庚午，其子葬君揚州之江都東興寧鄉馬坊村，而太常博士知常州軍州事臨川王某為銘。」

〔註15〕 同註3，卷一六二，頁 3809〈職官志〉二，宋沿五代之制，置三司使以掌國計，⋯⋯朝廷不預，號曰計省。其度支掌天下財賦之數，每歲均其有無，制其出入，以計邦國之用。分為八案，⋯⋯度支判官三人，分掌逐案之事。

〔註16〕 同註4，卷一，頁一〈上仁宗皇帝言事書〉。

為當時天下之財力日以困窮，風俗日以衰壞，患在不知法度，不法先王之政故也。法先王之政者，法其意而已，法其意，則吾所改易更革，不至乎傾駭天下之耳目，囂天下之口，而固已合先王之政矣！因天下之力，以生天下之財，取天下之財，以供天下之費，自古治世未嘗以財不足為公患也，患在治財無其道爾！在位之人才既不足，而閭巷草野之間亦少可用之才，社稷之託，封疆之守，陛下其能以天幸為常而無一旦之憂乎？願監苟且因循之弊，明詔大臣，為之以漸，期合於當世之變，臣所稱，流俗之所不講，而議者以為迂闊而熟爛者也。安石此書洋洋灑灑，議論高奇，果於自用，慨然有矯世變俗之志。其執政後之措施，大抵皆祖此書，然不為仁宗所用也。嘉祐四年五月直集賢院，四上辭狀，乃拜命。先是，館閣之命屢下，安石屢辭，士大夫謂其無意於世，恨不識其面，朝廷每欲畀以美官，惟患其不就也。明年，同修起居注，辭之累日，閤門吏齎敕就，付之，拒不受，吏隨而拜之，則避於廁，吏置敕於案而去，又追還之，上章至八九，乃受。嘉祐六年六月，除知制誥，糾察在京刑獄。是時，有少年得鬥鵪，其儕求之，不與；恃與之昵，輒持去，少年追殺之，開封當此人死，安石駁曰：「按律，公取竊取皆為盜。此不與而彼攜以去，是盜也；追而殺之，是捕盜也；雖死當勿論。」遂劾府司失入。府官不伏；事下審刑大理，皆以府斷為是，詔放安石罪，當詣閤門謝，安石言我無罪，不肯謝；御史舉奏之，置不問。〔註17〕此可見安石個性之一斑也。安石嘗為舍人職權，語侵執政，〔註18〕其目的在抨擊立法之失，大臣之弱者不敢為皇帝守法，而彊者則挾上旨以造令，諫官、御史亦將失其職矣？是年，又有上時政疏，具言明法度，建賢才之旨，與前萬言書無大異。又以仁宗享國日久，當惻怛憂天下，而以晉武帝、梁武帝、唐玄宗三帝為戒。其忠於仁廟，溢於言表也。〔註19〕

　　嘉祐八年三月，仁宗崩，英宗即位。安石以母憂解官，並奉母樞歸葬江寧之蔣山。終英宗世，屢召不赴。〔註20〕治平四年正月，英宗崩，神宗即位，閏三月癸卯，詔安石知江寧府。〔註21〕先是，上以安石屢引疾不赴闕，語輔

〔註17〕同註3，卷三二七〈王安石本傳〉。
〔註18〕詳《續通鑑》卷五九，仁宗嘉祐六年六月戊寅條。
〔註19〕同註4，卷一，頁13〈上時政疏〉。
〔註20〕《續通鑑長編》卷二○六，治平二年十月甲午，復以王安石為工部郎中知制誥，母喪除故也。燾注曰：「安石丁憂乃嘉祐八年八月。」又《臨川集》有〈辭赴闕狀〉三，安石自注上第一狀在治平二年七月二十七日，則初詔起復當在此前。
〔註21〕同註20，卷二○九，英宗治平四年閏三月條。

臣曰：「安石歷先帝朝，召不起，或以爲不恭，今召又不起，果病耶？有要耶？」曾公亮對曰：「安石文學器業，時之全德，宜膺大用，累召不起，必以疾病，不敢欺罔。」〔註22〕安石受知遇於神宗，自是不復徇于流俗之是非也。〔註23〕九月，召爲翰林學士，未即赴，仍居江寧。

神宗熙寧元年四月，詔安石越次入對。上問爲治何所先？對曰：「擇術爲先。」上問法唐太宗如何？曰：「陛下當法堯舜，何以太宗爲哉！堯舜之道，至簡而不煩，至要而不迂，至易而不難，但末世學者不能通知，以爲高不可及爾！」上曰：「卿可謂責難於君，朕曰惟眇躬，恐無以副卿此意，可悉意輔朕，庶同濟此道。」〔註24〕楊希閔評此次君臣初見之答問，曰：「漢唐下實不多見，而神宗殷殷求治之心，眞令主也。」〔註25〕誠哉斯言也。上又以祖宗守天下，能百年無大變，驟致太平，其道何也？安石退而上「本朝百年無事箚子」，略謂前諸帝守太祖之法，謙仁自守，且無逸德，故享國百年，天下無事。然累世因循，流弊漸滋，故小人廁於朝，邪說時生。科舉、官吏、農賦、軍事等皆頹壞，幸無外患，水旱之變，仍享太平無事之日。然天助不可常，此當大有爲之時也。明日，上謂安石曰：「昨閱卿所奏書，至數遍，可謂精盡，計治道無出此，所條眾失，卿必已一一經畫，誠爲朕詳，設施之方。」對曰：「遽數之不可盡，願陛下以講學爲事，講學既明，則設施之方，不言而自喻。」上曰：「雖然，試爲朕言之。」於是爲上略陳設施之方。上大喜曰：「此皆朕所未嘗聞，他人所學，固不及此。能與朕一一條奏否？」對曰：「臣已嘗論奏陛下以講學爲事，則諸如此類，皆不言而自喻，若陛下擇術未明，實未敢條奏。」上曰：「卿所言已多，朕恐有遺忘，試錄今日所對以進。」安石唯而退，訖不復錄所對以進。〔註26〕楊希閔以荊公初見君，最以擇術講學爲要，不遽言變法，亦條理詳愼之至矣。觀此君臣對話，可知楊氏之語不差矣。同年十月壬寅，講罷尙書，上留安石坐，曰：「有欲與卿從容議論者。」因言唐太官必得魏徵，劉備必得諸葛亮，然後可以有爲，二子誠不世出之人也。安石曰：「陛下誠能爲堯舜，則必有皐、夔、稷、卨；誠能爲高宗，則必有傅說。彼二子皆有道者所羞，何足道哉！以天下之大，人民之眾，百年承平，學者不爲不多，然常患無人可以助治者，以陛下擇術未明，推誠未

〔註22〕見《熙豐知遇錄》（《王荊公年譜考略》，頁 423）。
〔註23〕其是非詳《熙豐知遇錄》，及楊氏案語（《王荊公年譜考略》，頁 423～424）。
〔註24〕同註3，卷三二七《王安石傳》。
〔註25〕同註22，頁 425。
〔註26〕同註22，頁 427。

至，雖有皋、夔、稷、卨、傅說之賢，亦將爲小人所蔽，卷懷而去爾！」帝曰：「何世無小人？雖堯舜之時，不能無四凶。」安石曰：「惟能辨四凶而誅之，此其所以爲堯舜也，若使四凶得肆於讒慝，則皋、夔、稷、卨亦安肯苟食其祿以終身乎！」〔註27〕方是時，有登州婦人惡其夫寢陋，夜以刀斷之，傷而不死，獄上，朝議皆當之死，安石獨以律辨證之爲合從謀殺傷，減二等論，帝從安石說，遂著爲令。〔註28〕

　　熙寧二年，安石四十九歲，除諫議大夫，拜參知政事，先是，上欲用安石，曾公亮力薦之，唐介言安石好學而泥古，故議論迂闊，若使爲致，必多所更變云云。侍讀孫固更以安石狷狹少容，不堪大任對。〔註29〕帝不以爲然，竟以安石爲參知政事。謂之曰：「人皆不能知卿，以爲卿但知經術，不曉事務。」安石對曰：「經術正所以經事務，但後世所謂儒者大抵皆庸人，故世俗皆以爲經術不可施於世務爾！」上問然則卿所施設以何先？安石曰：「變風俗，立法度，正方今所急也。」上以爲然。於是設制置三司條例司，掌經畫邦計，議變舊法以通天下之利。以知樞密院陳升之，參知政事王安石爲之長，而蘇轍、程頤等亦皆爲屬官。〔註30〕而農田水利、清苗、均輸、保甲、免役、市易、保馬、方田諸役相繼並興，號爲新法。〔註31〕

　　新法既行，右諫議大夫御史中丞呂誨，論安石過失十事，帝爲出誨。安石薦呂公著代之。熙寧三年二月，前宰相韓琦上疏諫青苗法之不便，〔註32〕神宗疑之，安石稱病不出。〔註33〕時翰林學士司馬光曾爲批答，〔註34〕詔中

〔註27〕　同註24。
〔註28〕　見林瑞翰《宋史王安石傳註》，引《邵氏聞見後錄》云：登州有婦人阿云者，謀殺夫而自承，知州許遵謂法因犯殺傷而首者，得首所因之罪，仍科故殺傷法，因敕有因疑被執招承減等之制，即以案問欲舉聞。意以謀爲殺之因，所因得首，合從原減。事下百官議，……以謀爲殺，則謀非因，所不可減。司馬文公議之云云。自廷尉以下皆嫉許遵之妄，附文正之議。王荊公獨主許遵之議，廷尉以下爭之不可得，卒從原減。
〔註29〕　詳《宋史紀事本末》卷三七，頁260〈王安石變法〉。
〔註30〕　同註3，卷一六一，頁3792〈職官志〉一。
〔註31〕　新法內容及精神詳第三章二、三、四節。
〔註32〕　詳《續通鑑長編拾補》卷七。
〔註33〕　同註32，（神宗）親袖出琦奏示執政曰：「琦眞忠臣，雖在外，不忘王室，朕始謂可以利民，不意乃害民如此，出令不可不審。且坊郭安得青苗而使者亦強與之乎？」王安石勃然進曰：「苟從其所欲，雖坊郭何害？……臣論此事已及十數萬言，然陛下尚不能無疑如此，倘爲異論所惑，則天下何事可爲？」……翌日，參知政事王安石既稱疾家居。

有「士夫沸騰，黎民騷動」之語，安石怒，抗章自辨，神宗封還其章，手箚諭之曰：「詔中二語，乃爲文督迫之過，而朕失於詳閱，今覽之甚愧。」韓絳又勸帝留之，安石入謝，因爲上言中外大臣，從官、臺諫、朝士朋比之情，且曰：「陛下欲以先王之正道勝天下流俗，故與天下流俗相爲重輕，流俗權重則天下之人歸流俗，陛下權重則天下之人歸陛下；權者，與物相爲重輕，雖千鈞之物，所加損不過銖兩而移。今姦人欲敗先王之正道，以沮陛下之所爲，於是陛下與流俗之權適爭輕重之時，加銖兩之力，則用力至微而天下之權已歸於流俗矣，此所以紛紛也。」上以爲然。安石乃視事，琦說不得行。方是時，神宗欲用司馬光爲樞密副使，光辭未拜，而安石出，命遂寢。呂公著以請罷新法出穎州，御史劉述、劉琦、錢顗、孫昌齡、王子韶、程顥、張戩、陳薦、陳薦、謝景溫、楊繪、劉摯，諫官范純仁、李常、孫覺、胡宗愈皆不得其言，相繼去。知制誥宋敏求、李大臨、蘇頌封還詞頭，御史林旦、薛昌朝、范育論定不孝，皆罷逐。翰林學士范鎭三疏言青苗，奪職致仕。惠卿遭喪去，安石未知所託，得曾布，信任之，亞於惠卿。

　　熙寧三年十二月，安石自右諫議大夫參知政事，加禮部侍郎同平章事兼修國史，與韓絳並相。〔註35〕明年春，京東、河北有烈風之異，百姓驚恐不安，帝批付中書，令省事安靜，以應天變，放遣兩路募夫，責有司郡守不以上聞者，安石執不下。〔註36〕開封民避保甲，有截指斷腕者，知府韓維言之。帝問安石，安石曰：「此固未可知，就令有之，亦不足怪。今士大夫睹新政，尚或紛然驚異，況於三十萬戶百姓，固有蠢愚爲人所惑動者，豈應爲此，遂不敢一有所爲邪！」帝曰：「民言合而聽之則勝，亦不可不畏也。」〔註37〕熙寧五年正月，司天監靈臺郎亢瑛言天久陰，星失度，宜罷王安石。上以瑛狀付中書，安石遂謁告，馮京等進呈送英州編管，上批令刺配英州本城，安石翼日乃出。〔註38〕是年十月，文彥博言市易與下爭利，致華嶽山崩，安石曰：「華山之變殆天意，爲小人發，市易之起，自爲細民久困，以抑兼并爾，於官何利焉？」乃闋其奏。熙寧六年三月，置經義局，上命呂惠卿、王雱修撰，安石提舉。十月，王韶復熙州及洮、岷、疊、宕等州，幅員二千餘里，

〔註34〕同註32。
〔註35〕同註3，卷二一一，頁5486〈宰輔表〉二。
〔註36〕詳《續通鑑長編》卷二二一，熙寧四年三月丙申條。
〔註37〕同註36，卷二二一，熙寧四年三月丙午條。
〔註38〕同註36，卷二二九，熙寧五年正月辛丑條。

斬獲不順蕃部萬九千餘人，招撫大小蕃族三十餘萬帳，各以降附。安石率群臣上表稱賀，神宗解所服玉帶賜之，以旌其功。〔註39〕

熙寧七年春，天下久旱，饑民流離，帝憂形於色，對朝嗟嘆，欲盡罷法度之不善者，安石曰：「水旱常數，堯湯所不能免，此不足招聖慮，但當修人事以應之。」帝曰：「此豈細事？朕所以恐懼者，正爲人事之未修爾！」時仁宗慈聖光獻皇后，英宗宣仁聖烈高皇后，嘗乘閒語神宗曰：「吾聞民間甚苦青苗、助役，宜罷之。安石誠有才學，然怨之者眾，帝欲愛惜保全之，不若暫出之於外。」〔註40〕又有監安上門鄭俠上疏，繪所見流民扶老攜幼困苦之狀，爲圖以獻，曰：「旱由安石所致，去安石，天必雨。」〔註41〕慈聖、宣仁亦流涕言安石亂天下。帝疑之。安石復求去，遂罷爲觀文殿大學士，知江寧府。是時，呂惠卿服闋，安石朝夕汲引之，遂除參知政事。又乞召韓絳代己爲相。

熙寧八年二月，召復前官同平章事昭文館大學士。安石兩上辭表，〔註42〕乃受命。既相，一日，上謂安石曰：「小人漸定，卿等且可以有爲。」又曰：「自卿去後，小人極紛耘，獨賴呂惠卿主張而已。」安石曰：「臣父子蒙陛下知遇，所以向時每事消息盈虛，以待陛下深察，誠欲助成陛下盛德大業而已。小人紛耘，不敢安職。今降下復召用臣，所以不敢固辭者，誠欲黽有所效，以報降下知遇。……」上曰：「固所望於卿，君臣之間，切勿存形跡，最害事。」〔註43〕於是荊公復出，感神宗知遇，急思報效。同年六月，《三經新義》成，詔頒於學官，加安石尚書左僕射兼門下侍郎，數辭乃受。熙寧九年六月，王雱病革，特詔給安石假，在家撫視。七月，雱卒，年僅三十三，贈諫議大夫。安石再相未久，屢以病求退，及雱死，益悲傷不堪，力請解機務。十月，遂罷爲鎮南軍節度使同平章事，判江寧府。〔註44〕

熙寧十年，安石求免使相判江寧府，並累上表乞宮觀，六月以使相爲集禧觀使，又乞免使相，上從其請。元豐元年，以集禧觀使居鍾山，正月特授安石開府儀同三司尚書左僕射，封舒國公。三年，復拜左僕射觀文殿大學士，

〔註39〕同註36，卷二四七，熙寧六年十月辛巳條。

〔註40〕同註3，卷二四二，頁 8621～8622，〈慈聖先獻曹皇后傳〉。

〔註41〕同註3，卷三二一，頁 10435〈鄭俠傳〉。

〔註42〕同註4，卷九，頁 77 有〈辭免除平章事昭文館大學士表〉二道。

〔註43〕見《熙豐知遇錄》（《王荊公年譜考略》，頁 448）。

〔註44〕見《王荊公年譜考略》，頁二九五，及《熙豐知遇錄》（《考略》，頁 454～455），可知《宋史本傳》訛爲「上益厭之」之謬也。蓋神宗恩遇安石，安石知遇圖報之情，始終不表故也。

改封荊國公。是年三月，安石奏乞改《三經新義》誤字。五年進《字說》。元豐七年，公以病聞，神宗遣國醫診視，既愈，乃請以宅爲寺，因賜額爲報寧禪寺。〔註45〕安石既罷相，得觀使，築第於白下門外，去城七里，去蔣山亦七里，平日乘一驢，從數童游諸寺，欲入城，則乘小舫泛湖溝以行，蓋未嘗乘馬與肩輿。所居之地，四無人家，其宅僅蔽風雨，又不設垣牆，望之若逆旅之舍，有勸築垣，輒不答。〔註46〕時安石好釋氏之學，多與蔣山禪僧往來酬贈，於金陵附近山水之吟詠亦夥，其生活閒適恬淡，詩作趨于精麗深婉之境矣。元豐八年三月，神宗崩，哲宗繼位，詔授安石司空，依前觀文殿大學士集禧觀使。十月，葬神宗于永裕陵，安石有挽辭二首。〔註47〕元祐元年四月，安石薨於金陵，年六十六。上爲之輟朝，贈太傅。紹聖中，諡曰文，配享神宗廟廷。崇寧三年，又配食文宣王廟，列于顏、孟之次。政和三年，追封舒王。

方安石之罷相，終神宗之世，其新法固未嘗廢罷。迄元豐八年，神宗崩，哲宗嗣立，宣仁太后高氏臨朝，司馬光入相，遂舉新法之重要者罷之，如次：

元豐八年七月罷保甲法，十一月罷方田法，十二月罷市易法及保馬法，元祐元年閏二月罷青苗法，三月罷免役法。〔註48〕

司馬光所罷新法凡六，其後復以詩賦試進士，又禁用王氏《三經新義》及《字說》，其存而未罷，或存其名而無實者，僅爲農田水利、軍器監、置將、太學三舍諸法而已。

二、年　譜

皇帝年號 紀元干支	西元	年齡	紀　　事	諸家異同	備　　註
宋眞宗 天禧五年 辛　酉	1021	1	十一月十二日辰時生於臨江軍。 父益爲臨江判官，母氏吳。	顧譜謂生于天禧三年乙未。《夏譜》從之。	顧夏二譜以安石享年六十八。若以二譜爲準，則年齡欄均應加二歲。
乾興元年 壬　戌	1022	2	二月，眞宗崩，仁宗即位，明年，改元天聖。		

〔註45〕見李注本卷四，頁19〈題半山寺壁二首〉下。
〔註46〕同註45，〈題半山寺壁二首〉下引《續建康志》語。
〔註47〕同註45，卷四九，頁182～183。
〔註48〕引自金毓黻《宋遼金史》，頁53～54。

仁　宗 天聖元年 癸　亥	1023	3	九月，王欽若同中書門下平章事。		
二　年 甲　子	1024	4			
三　年 乙　丑	1025	5	十月，晏殊爲樞密副使。		
四　年 丙　寅	1026	6	公少好讀書，一過目，終生不忘。		
五　年 丁　卯	1027	7	春，晏殊罷，知宣州，以夏竦爲樞密副使。		
六　年 戊　辰	1028	8	弟安國生。叔祖王貫之卒。		
七　年 己　巳	1029	9	二月，呂夷簡同中書門下平章事。		
八　年 庚　午	1030	10	父益以殿中丞知韶州。 歐陽脩試禮部第一。		
九　年 辛　未	1031	11			
明道元年 壬　申	1032	12	八月，晏殊參知政事。	顧譜：公與祖擇之書云：「某生十二年而學。」	以顧譜爲準，此當繫於天聖八年庚午。
二　年 癸　酉	1033	13	祖父王用之卒。父益丁憂解官歸臨川。	顧、夏二譜以王用之卒於景祐元年。	
景祐元年 甲　戌	1034	14	弟安禮生。		
二　年 乙　亥	1036	16	從都官公居臨川。		
三　年 丙　子	1036	16	隨父益至汴京。 始與曾子固定交。		安石〈憶昨詩〉云：「丙子從親走京師。」
四　年 丁　丑	1037	17	四月，父益判江寧府，公隨之。		安石〈憶昨詩〉云：「明年親作建昌吏，四月挽船江上磯。」
寶元元年 戊　寅	1038	18	父益卒於官，葬於江寧牛首山。	麥表：王安石父卒於官，遂家金陵。(見《王荊公年譜考略》)。案：《年譜考略》卷二以此事繫於寶元二年，乃據曾鞏志荊公父卒	

					於該年而定。然考《元豐類稿》四十四，舜良之卒實在寶元元年，而非二年。故此事今當移置是年為宜。）《夏譜》亦云：「二月二十三日，公丁父憂，顧譜誤作寶元二年，據曾鞏所作墓銘正。」
二　年己　卯	1039	19	蘇轍生。		
康定元年庚　辰	1040	20	寄居金陵。		公作〈李通叔哀辭〉云：「予既孤，寄居金陵家焉；從二兄入學，……遇通叔於諸生間。」
康定二年慶曆元年辛　巳	1041	21	過胥山謁伍子胥廟。赴京就禮部試。九月，外祖母黃夫人卒。		是年十一月改元，安石〈憶昨詩〉云：「屢聞下詔收群彥，遂自下國趨王畿。」
二　年壬　午	1042	22	三月登楊寘榜進士第四名，旋簽書淮南判官。		
三　年癸　未	1043	23	仍官淮南。在揚州有憶昨示諸外弟等詩。	〈憶昨詩〉詹譜載作于是年。東譜謂作于慶曆四年甲申。	
四　年甲　申	1044	24	自揚州還臨川。子雱生。		
五　年乙　丑	1045	25	秩滿解淮南官。黃庭堅生。歐陽脩知滁州。	漢文大系以慶曆六年秩滿。	
六　年丙　戌	1046	26	公在京師。歐陽修使河北。曾鞏再上書於修，稱道安石之賢。		
七　年丁　亥	1047	27	知鄞縣。	詹譜以公慶曆六年趨京師，尋授明州鄞縣宰。	安石集有〈鄞縣經游記〉。
八　年戊　子	1048	28	仍知鄞縣。蘇舜欽卒。		公有〈先大夫述〉，〈答韶州張殿丞書〉，〈上杜學士言開河書〉諸作。

皇祐元年 己　　丑	1049	29	仍知鄞縣。	東譜以安石兄安仁於是年登進士第。而柯表載於皇祐二年。	
二　年 庚　　寅	1050	30	解官歸臨川，旋如錢塘。		據李注撫州金峰有公題字云：「皇祐庚寅，自臨川如錢塘，過宿此。」
三　年 辛　　卯	1051	31	通判舒州。	顧、柯二譜云安仁卒於是年。	
四　年 壬　　辰	1052	32	官舒州，范仲淹卒。公作〈亡兄常甫墓誌銘〉。		安石祭范仲淹文有「辱公知尤」語。
五　年 癸　　巳	1053	33	官舒州。晁補之、陳師道、楊時生。安石祖母謝氏卒。		
至和元年 甲　　午	1054	34	除集賢院校理，辭不就，歸臨川。		安石有〈辭集賢校理狀〉。
二　年 乙　　未	1055	35			
嘉祐元年 丙　　申	1056	36	為群牧判官，蘇軾舉進士。	顧、東、夏三譜以安石為群牧判官在至和二年，詹譜謂在至和元年。	〈奉酬永叔見贈詩〉作于是年。
二　年 丁　　酉	1057	37	知常州。移提點江東刑獄。	柯、東譜、麥表以公提點江東刑獄在嘉祐三年。顧譜謂在嘉祐四年。	公有〈上曾參政書〉。
三　年 戊　　戌	1058	38	李注：介甫是年二月，自常州移提點江東刑獄。		是年有〈上仁宗皇帝言事書〉。
四　年 己　　亥	1059	39	提點江東刑獄。是年二月罷榷茶。李覯卒。		
五　年 庚　　丁	1060	40	五月，召入為三司度支判官。	顧、夏二譜謂在嘉祐四年，詹譜謂在嘉祐六年。	公集有〈度支副史廳壁題名記〉。
六　年 辛　　丑	1061	41	六月，知制誥。司馬光知諫院。閏八月以歐陽脩參知政事。		有〈上時政疏〉。
七　年 壬　　寅	1062	42	知制誥。		

八　年癸　卯	1063	43	知制誥。八月丁母憂解官歸江寧。 三月，仁宗崩，英宗即位。		曾子固志其墓云：「夫人好學強記，至老不倦。……其子爲知制誥，例得加封郡太君，夫人不許言，故不及封。」
英宗治平元年甲癸	1064	44	公在江寧居喪。		
二　年乙　巳	1065	45	在江寧居喪。七月，服除，有旨召赴闕，安石以疾辭，自乞分司。	夏譜謂在治平三年。	安石集有〈辭赴闕狀〉。
三　年丙　午	1066	46	在江寧，蘇明允卒。		公有〈辭知江寧狀〉。
四　年丁　未	1067	47	在江寧。閏三月，出知江寧府，子雱登進士，時年二十四。歐陽脩知亳州。九月，召安石爲翰林學士。	詹譜以安石除翰林學士在熙寧元年。	公集有〈知江寧府謝表〉，〈除翰林學士謝表〉，〈賀韓魏公啓〉。
神宗熙寧元年戊甲	1068	48	四月，詔翰林學士王安石越次入對。弟安國賜進士及第。		安石上〈本朝百年無事箚子〉。
二　年己　酉	1069	49	二月，參知政事，旋與陳升之同領制置三司條例司。 四月，遣使察農田水利賦役於天下。 七月，行均輸法。 九月，行青苗法。 十一月，頒農田水利約束置諸路提舉官。		
三　年庚　戌	1070	50	參知政事。十二月與韓絳並同中書門下事。 二月，韓琦上疏請罷青苗法，付條例司疏駁頒告天下，琦再疏申辯。 三月，始以策試進士，置刑法科。 五月，罷條例司，歸中書。十二月改諸路更戍法，立保甲法，行募役法。		

四　年 辛　亥	1071	51	同中書門下平章事。正月請鬻天下廣惠倉田爲常平本錢。二月更定貢舉法，以經義策論取士。三月浚漳河。八月命王韶主洮河安撫司。九月立太學三舍法。		八月安石子雱爲崇政殿說書。弟安國除館職。
五　年 壬　子	1072	52	同中書門下平章事。三月行市易法。五月行保馬法。六月求去位，不許。八月頒方田均稅法。十月置熙河路，以王韶爲經略安撫使。十一月章惇招降梅山峒蠻，置安化縣。		八月歐陽脩卒。
六　年 癸　丑	1073	53	同中書門下平章事。三月兼提舉經義局。二月王韶克河州。三月置經義局，置律學，六月置軍器監。九月初策武舉之士，復熙河洮泯疊宕等州，神宗解玉帶賜安石。十月開直河。章惇擊平南江蠻，置沅州。		三月安石子雱爲經義局修撰。
七　年 甲　寅	1074	54	同中書門下平章事，兼提舉經義局。四月乙解機務，凡箚子六上而後報可，出知江寧府，仍兼提舉經義局。四月權罷新法，旋復行。五月罷制科。七月呂惠卿立手實法。十月用章惇議置三司會計司，以韓絳提舉。		安石弟安國卒。
八　年 乙　卯	1075	55	二月復同中書門下平章事，六月進尙書左僕射兼門下侍郎。九月兼修國史。六月，《詩》、《書》、《周禮》《三經新義》成，詔頒於學官。十月罷手實法。		十月，呂惠卿免。

九　　年 丙　　辰	1076	56	領尚書左僕射兼門下侍郎，累疏乞退。十月以使臣罷，判江寧府。		七月安石子雱卒。
十　　年 丁　　巳	1077	57	還江寧辭判府事表凡三上。六月，爲集禧觀使。		二月王韶免。九月邵雍卒。十一月張載卒。
元豐元年 戊　　午	1078	58	公以集禧觀使居鍾山。正月進尚書左僕射封舒國公集禧觀使。		安石子旁勾當江寧府糧料院。
二　　年 己　　未	1079	59	居鍾山。作歌元豐五首。五月，蔡確參知政事。十月，蘇軾坐事下獄，貶爲黃州團練副使。		
三　　年 庚　　申	1080	60	居鍾山。二月章惇參知政事。九月以王安石特進改封荊國公。		安石集中有〈封荊國公謝表〉。
四　　年 辛　　酉	1081	61	居鍾山。七月，詔曾鞏充史館修撰，專典史事。		
五　　年 壬　　戌	1082	62	居鍾山。是年進《字說》。		安石弟安禮以翰林學士爲尚書右丞。
六　　年 癸　　亥	1083	63	居鍾山。 四月王珪爲尚書左僕射兼門下侍郎 蔡確爲尚書右僕射兼中書侍郎。曾鞏爲中書舍人。呂公著罷。		八月安禮轉尚書左丞。
七　　年 甲　　子	1084	64	居鍾山。 是年春安石有病，乞以所居園屋爲僧寺。		七月弟安禮罷。
八　　年 乙　　丑	1085	65	居鍾山。 三月，神宗崩，哲宗即位，詔授安石司空，高后臨朝，起用司馬光，新法悉罷。		公有〈神宗挽詞〉二首。
哲宗元祐 元　　年 丙　　寅	1086	66	居鍾山。 四月卒，哲宗輟朝，贈太傅，推遣表恩七人，詔所在給葬事。		九月司馬光卒。

按：（一）前列荊公年譜，係以清蔡上翔著《王荊公年譜考略》為主，參考宋
詹大和《王荊文公年譜》，清顧棟高《王荊國文公年譜》，吳榮光《歷
代名人年譜》，民國夏敬觀《王安石年譜》，柯昌頤《王安石年表》，
柯敦伯《王安石年譜》，麥仲貴《宋元理學家著述生卒年表》，日人
東一夫《王安石の信仰思想等年譜》，《唐宋八大家系圖並年譜》，
並據《臨川集》各有關篇章互校而成。

（二）《王荊公年譜考略》、《歷代名人年譜》、《宋元理學家著述生卒年表》
外，諸家年表（譜）之出處如次：
（1）詹譜：附《箋註王荊文公詩》前，廣文版。
（2）顧譜：附《王安石全集》前，河洛版。
（3）夏譜：附《王安石詩》前，商務人人文庫。
（4）柯譜：附《王安石》後，同前。
（5）柯表：附《王安石評傳》，商務版。
（6）東譜：附《王安石新法の研究》，日本風間書房。
（7）《唐宋八大家系圖並年譜》：附漢文大系，合資會社富山房。

第二節 時代背景與荊公志行

一、政治背景

　　有宋一代，雖號為一統，然積弱不振，究其原因，實肇於「強本弱末」
之國策也。五代之更迭，乃承唐代藩鎮跋扈之後，擴大為朝代之改換，軍士
擁立皇帝，與擁立節度使無異。若陳橋兵變者，〔註49〕實襲自周太祖郭威之
澶州兵變，〔註50〕而為唐季以來第四次之擁立也。〔註51〕太祖既以區區一殿
前都點檢，又無赫赫之功，而陳橋兵變，諸將擁立，黃袍加身，得為天子。
今觀其踐祚，實乃輕而易舉，曠古未有之事也。然太祖即位後，內心惴惴不
安，蓋諸將之欲富貴者，今日可以黃袍加諸我身，彼亦可以加諸他人也。《續
通鑑長編》卷一，太祖建隆元年十二月條云：

〔註49〕詳《續通鑑長編》卷一。
〔註50〕詳蔣復璁《宋史新探》，頁6～8〈宋代一個國策的檢討〉。
〔註51〕按三次為：唐明宗李嗣源，唐廢帝潞王從珂，周太祖郭威。詳同註50，頁
　　　　6。

上既即位，欲陰察群情向背，頗爲微行……既而微行愈數，曰：「有天命者任爲之，我不汝禁也。」（並見《涑水紀聞》卷一）

《續通鑑長編》卷二，太祖建隆二年七月條云：

上因晚朝，與故人石守信、王審琦等飲酒；酒酣，上屛左右，謂曰：「我非爾曹之力，不得至此，念爾之德，無有窮已，然爲天子亦大艱難，殊不若爲郡節度使之樂，吾今終夕未嘗敢安寢而臥也。」守信等皆曰：「何故？」上曰：「是故不難知，居此位者，誰不欲爲之？」守信等皆頓首曰：「陛下何爲出此言？今天命已定，誰敢復有異心？」上曰：「然汝曹無心，其知汝麾下之欲富貴者何？一旦以黃袍加汝之身，汝雖欲不爲，不可得也。」（並見《涑水紀聞》卷一，《宋史紀事本末》卷二）

方陳橋兵變時，太祖嘗謂諸將士曰：「汝曹自貪富貴，強立我爲天子，能從我命則可。不然，我不能爲若主也。」〔註52〕此則因當時藩鎮，皆統兵武臣，雄據一方，集軍民財刑諸大權於一身，且多兼典禁軍，內外相連，禍由是作。〔註53〕太祖懲前毖後，故謀長治久安有以自固之策，以防他人效尤，「強本弱末」於是成爲宋代之基本國策。其措施則如趙普所謂「稍奪藩權，制其錢穀，收其精兵」是也。〔註54〕

宋太祖「強本弱末」之國策，導致其登極後之措施：解除元勳宿將典禁軍權，出就外藩；更置易制者使主禁軍；撤銷五代殘餘藩鎮統制錢穀，以文臣知州事，禁止武臣干政；提高禁軍素質，萃精銳於京師；削弱宰輔權力。〔註55〕太祖此策，「弱末」原以「強本」，固有其時代因素。蓋宋承周世宗之餘蔭，禁軍漸知馴服，藩臣俯首聽命，能於此時，屬行軍民分途而治，財賦還諸中央之策，正爲對症之良藥也。且太祖太宗之世，各州長吏，未嘗不文武並用，征伐北漢、西蜀、南唐、契丹諸役，以曹彬、王全斌、潘美爲帥，仍爲禁旅節鎮之雄，未嘗以文臣制於其上，諸州通判之設，既以鈐制武臣，並爲文臣知州之準

〔註52〕並見《續通鑑長編》卷一，《宋史紀事本末》卷一，《涑水紀聞》卷一。
〔註53〕引自帥鴻勳《王安石新法研述》，頁3。
〔註54〕見《涑水紀聞》卷一。
〔註55〕詳《王安石新法研述》，頁3～14。其分析北宋相權低落之因有四：（一）設樞密院主兵，與中書並稱兩府，以分宰相預聞軍事之權。（二）設三司使主財，以分宰相預聞財賦之權。（三）設審官院與三班院等，掌審京朝及其幕職州縣官考課，以分宰相命官考課之權。（四）鼓勵臺諫糾舉宰相，使相權益以低落。

備，此蓋屬於初步之改革，因時制宜，除弊太急，難免不矯枉過正。〔註56〕如以不知兵之文臣統兵，不能盡兵之用，致外侮頻臨，不得不謂失策也。又如削弱宰輔權力，實行君主集權政治，其設官立制，旨在損下益上，使彼此牽制。故官制紊亂，〔註57〕任其事者未必居其官，居其官者未必任其事，既不專任，但憑差遣，因之官無限員，冗官特多，〔註58〕糜費公帑，且養成上下虛浮泄泄沓媮惰之風；又多方鼓勵臺諫糾舉宰相之結果，形成臺省之交訐，更進而演成朋黨之相互傾軋，致政治大壞，國勢衰弱而莫之能振。宋代推行「強本弱末」之國策，重內輕外，影響及於地方制度；如地方官吏概用京官，在宋初原以削弱藩鎮，地方既直屬中央，藩鎮無法中梗；其後京官左遷，即放外任，人人以內遷為榮，五日京兆，無心民事。錢穀集中，地方陷於空虛之勢，貽害至深。南宋朱熹曰：

> 本朝鑒五代藩鎮之弊，遂盡奪藩鎮之權，兵也收了，財也收了，一切收了，州縣遂日就困弱。靖康之禍，虜騎所過，莫不潰敗。（見《朱子語類》卷一二八）

朱子所論，實切中時弊矣。太祖解除元勳兵柄，不復以宿將典禁軍，又削奪藩鎮兵權，種種措施，固鑒於前代之失；而其影響所及，為重文輕武，進而猜忌將領。於是主兵必任文人，如對西夏用兵，由韓琦與范仲淹任主帥，雖宋人譽之甚至，其實無大功效。猜忌將領之結果，於是王德用因貌類藝祖，宅枕乾岡，孔道輔疏奏而貶，狄青因住宅夜有火光，遭水遷住相國寺，身穿黃襖而被貶，竟疑忌而死。〔註59〕萃精銳於京師，凡出戍征伐，皆分遣禁軍任之，則不啻天子自為戰守也。其失誠如蘇軾云：

〔註56〕引自金毓黻《宋遼金史》，頁17。

〔註57〕詳《宋史》卷一六一〈職官志〉一云：宋承唐制，抑又甚焉：三師、三公不常置，宰相不專任。……故三省、六曹、二十四司，類以他官主判，雖有正官，非別敕不治本司事，事之所寄，十七二三。……至於僕射、尚書、丞郎、員外，居其官不知其職者，十常八九。

〔註58〕錄自《王安石新法研述》，頁29，宋真仁英三朝，宗室吏員受祿者數目表：

時　代	宗室吏員受祿者數目	附　　記
真宗時	九、七八五員	
仁宗皇祐中	一五、四四三員	按此與包拯曾鞏等所言數字不符。
英宗治平中	視皇祐中增十之三，約計為二〇、五九〇餘員	若以包拯所言數字計之則為二三、三〇〇餘員。

〔註59〕見《宋史》新探，頁39。

> 夫兵無事而食,則不可使聚,聚則不可使無事而食,此二者相勝而
> 不可並行,其勢然也。……今天下之兵,不耕而聚於京畿三輔者,
> 以數十萬計,皆仰給於縣官,有漢唐之患,而無漢唐之利,擇其偏
> 而兼用之,是以兼受其弊,而莫之分也。天下之財,近自淮甸,而
> 遠至於吳蜀,凡舟車所至,人力所及,莫不盡取以歸於京師……而
> 賦歛之厚,至於不可復加。(《蘇東坡集‧應詔集》卷四)

且輪番更戍之結果,徒使將不知兵,兵不知將,緩急不可以恃。〔註60〕原夫
「更戍法」之立,於消弭悍將驕兵之跋扈,固有其利矣。〔註61〕然權衡得失,
究屬利小弊大,而北宋之兵,所以不能臨敵制勝,每戰輒北者,此其癥結所
在也。

北宋自真宗而後,國勢愈弱,前訂之法制,亦漸暴其短。《續通鑑長編》
卷一五○,載富弼於慶曆四年奏論邊事,云:

> 真宗嗣位之始,專用文德,……敵騎深入,直抵澶淵,於是講金
> 帛啗之之術,以結歡好,……當國大臣論和之後,武備皆廢,以
> 邊臣用心者,謂之引惹生事;以縉紳慮患者,謂之迂闊背時,大
> 率忌人談兵,……。二邊所以敢然者,國家向來輕敵,不為預備
> 之所致也。

號稱賢主之仁宗,於契丹、西夏,亦祇能餽幣輸帛,徒使國庫空虛,民生益
因而已。清王船山論曰:

> 仁宗在位四十一年,解散天下而休息之。休息之是也,解散以休息
> 之,則極乎弛之數,而承其後者難矣。歲輸五十萬於契丹,而頫首
> 自名曰「納」;以友邦之禮禮元昊父子,而輸繒帛以乞苟安;仁宗弗
> 念也。(《宋論》卷六)

當時有志之士,目睹積弊日深,即倡言改革,如范仲淹所陳十事疏;〔註62〕

〔註60〕《宋史》卷一八八〈兵志禁軍〉下云:太祖懲藩鎮之弊,分遣禁旅戍守邊城,
　　　　立更戍法,使往來道路,以習勤苦,均勞逸,故將不得專其兵,兵不至於驕
　　　　惰。淳化,至道以來,持循益謹,雖無復難制之患,而更戍交錯,旁午道路,
　　　　議者以為徒使兵不知將,將不知兵,緩急恐不可恃。

〔註61〕《文獻通考》卷一五二,頁1327〈兵考〉四云:太祖太宗平一海內,懲累朝
　　　　藩鎮跋扈,盡收天下勁兵,列營京畿,以備藩衛。其分營於外者,日就糧;
　　　　就糧者,本京師兵,而使廩食於外,故聽其家往。其邊防要郡,須兵屯守,
　　　　即遣自京師;諸鎮之兵,亦皆戍更。

〔註62〕詳《宋史》卷三一四〈范仲淹傳〉,所奏十事有:一曰明黜陟……二曰抑僥倖……

王安石更於嘉祐三年上書，力言改革，其旨爲：得人才之道；法先王之政；理財之術。〔註63〕荊公之萬言書，雖未發生效力，然當時施政之現況，不得不變可概見矣。迨神宗即位，安石陳〈本朝百年無事箚子〉，言宋累世因循泄沓媮惰之情，可謂深切著明，而荊公執政後，乃毅然決然變革即可知矣。

二、社會經濟背景

　　宋太祖承五代亂後，一掃藩鎮留州之法，盡去藩鎮壟斷地方稅收積弊，而天下粟帛錢幣咸聚王畿矣。《宋史紀事本末》卷二曰：

　　（乾德）三年三月，初置諸路轉運使。……凡一路之財，置轉運使掌之，雖節度、防禦、團練、觀察諸使及刺史，皆不預簽書金穀之籍，於是財利盡歸上矣。

太宗踐位，國家承平，人口繁盛，是時任官未甚冗，養兵又未甚蕃，外無金繒之遺，百姓各遂其生，故生產稅收亦逐年增加，府庫盈溢。降及眞仁之世，國家歲入歲出，漸由羨溢而平衡，而出超，至國用拮据，日盛一日。茲表列眞仁英宗三朝，歲出入金帛數與其盈虧情形如下：〔註64〕

年　　代	歲入金帛數	歲出金帛數	盈虧	附　　記
眞宗天禧五年	150,850,100 緡	162,775,200 緡	虧	
仁宗寶元元年	19,500,000 緡	21,850,000 緡	虧	所列僅爲京師歲出入金帛數。是歲郊祠，故出數較常數多。
慶曆二年	29,290,000 緡	26,920,000 緡	盈	所列僅爲京師歲出入金帛數。
皇祐元年	126,251,964 緡	126,251,964 緡	平	
英宗治平二年	116,138,450 緡	131,864,452 緡	虧	歲出包括非常出者11,521,278緡在內。

　　眞宗澶淵盟後，宋室每年予遼歲幣，仁宗時西夏爲患，兵費浩繁，加以冗官、郊祠靡費公帑，財政支出激增。茲列一表以明其況：〔註65〕

三曰精貢舉……四曰擇長官……五曰均公田……六曰厚農桑……七曰修武備……八曰推恩信……九曰重命令……十曰減徭役。

〔註63〕詳第三章二、三節。
〔註64〕引自帥鴻勳《王安石新法研述》，頁34。
〔註65〕引自方豪《宋史》第二冊，頁69～70。

項　目	真宗（景德）	仁宗（皇祐）	英宗（治平）
戶口數	七百三十萬戶	一千零九十萬戶	一千二百九十萬戶
墾田數	一百九十萬頃	三百二十五萬頃	四百三十萬頃
官吏數	一萬餘員	二萬餘員	二萬四千員
兵員數	九十一萬二千員	一百二十五萬九千員	一百十六萬二千員
郊費數	六百零一萬緡	一千二百萬餘緡	一千零三十萬緡

由眞宗至仁宗，官吏增一倍，兵員增三分之一，而賦入之增加甚少，故國家財政漸枯竭，民生日益窮困。北宋國用之最害政者，據蘇轍奏疏云有三：「一曰冗吏，二曰冗兵，三曰冗費。」〔註 66〕此外尙有償付契丹與西夏二虜之歲幣。冗吏之產生，應溯自太祖得天下後。行「杯酒釋兵權」一事中所透露之消息。《續通鑑長編》卷二，太祖建隆二年七月條云：

> 上曰：「人生如白駒之過隙，所爲好富貴者，不過欲多積金錢，厚自娛樂，使子孫無貧乏耳。爾曹何不釋去兵權，出守大藩，擇便好田宅市之，爲子孫立永遠不可動之業，多置歌兒舞女，日飲酒相懽，以終其天年。……」

太祖行「強本弱末」國策之時，更以爵祿牢籠勳舊宿將「好富貴」之心，以革五季禍亂之源。故北宋之世，官吏特多，形成大批之冗官，前已詳述矣。〔註 67〕冗兵源於契丹、西夏之寇邊。英宗之世，禁、廂軍總兵額達一百十六萬二千，每年養兵費約五千八百一十萬緡，如包括鄉、蕃兵計之，其費用當超過國家每年總收入三分之二，國用安得不日竭耶？冗費可分爲郊費與雜賜二項。郊祀即祭天地、封泰山，祀汾陰等類之祀典。其開支如太宗至道時計緡錢五百餘萬；眞宗景德時郊祀七百餘萬，東封八百餘萬；仁宗皇祐時饗明堂增至一千二百萬緡。〔註 68〕而郊祀時尙有賞賜，謂之郊賚，如眞宗景德中，祀南郊內外賞賚金帛緡錢，總數達六百一萬。〔註 69〕雜賜者，爲逢年過節，或遇國家大慶典時，朝廷對文武官吏，例有雜賜，此亦一鉅大支出也。至於對契丹歲輸銀十萬兩，絹二十萬匹，〔註 70〕歲賜西夏（元昊）銀、綺、絹、茶二十五萬五千，〔註 71〕

〔註 66〕詳《續通鑑長編拾補》卷四神宗熙寧二年三月癸未條。
〔註 67〕詳註 57、58。
〔註 68〕見《宋史》卷一七九〈食貨志〉下一會計。
〔註 69〕同註 68。
〔註 70〕詳《遼史》卷一四，頁 160〈聖宗紀〉，鼎文版。

更爲中央財政之一大負擔。

國家歲出增多，而稅收反減少，究其因約有四端：（一）賦稅煩苛，民多棄農，任田荒蕪，生產降低。（二）田制不立，稅籍不完，賦不均適，農戶受侵。（三）豪梁兼并與重利盤剝，農戶益苦。（四）差役煩重。〔註72〕據《宋史食貨志》載，北宋人民賦稅有「常賦」〔註73〕與「雜稅」二類。雜稅之征，名無常式，取無定額，茲舉其較著之雜稅項目如下：（一）頭子錢，就田賦中，外假加耗之名，而取盈焉。（二）牙契錢，人戶有典賣，必向官購契紙，卷既立，官爲加印，每貫輸錢四十，後且增至百錢矣。（三）商稅，有過稅、住稅、抽稅各名目。（四）力勝稅，即船舶稅，民船載貨有算，而人戶掌船濟渡，亦皆有算。如此苛雜之徵，官豪寺觀，皆得免除，惟鄉里貧農迫於輸賦，遂步上舉債、棄農爲兵，或逃亡之途，任田荒蕪而不耕，生產安得不降低，稅收安得不減少？《宋史》卷一七三〈食貨志〉上一農田云：

> 端拱初，親耕籍田，以勸農事。然畿甸民苦稅重，兄弟既壯，乃析居，其田歉聚稅於一家；即棄去。縣歲按所棄地，除其租。已而匿他舍，冒名佃作。帝聞而思革其弊。會知封兵縣實玭言之，乃詔……按察京畿諸縣田租。玭專諸苛刻，以求課最，民實逃亡者，亦搜索於隣里親戚之家，益造新籍，甚爲勞擾。

至於田制不立，稅籍不完，更產生諸多弊端，如蘇軾《應詔策》別十五〈較賦役〉云：

> 今夫一戶之賦，官知其賦之多少，而不知其爲地之幾何也。如此，則增損出入，惟其意之所爲。官吏雖明，法禁雖嚴，而其勢無由以上絕。……夫鬻田者，必窮迫之人，而所從鬻者，必富貴有餘之家。富者恃其有餘而邀之，貧者迫於饑寒而欲其速售，是故多取其地而少入其賦。……故富者地日以益，而賦不加多；貧者地日以削，而賦不加少。……是以數十年來，天下之賦，大抵淆亂。有兼并之族而賦甚輕；有貧弱之家而不免於重役，以至於破財流移，而不知其所往；其賦存而其人亡者，天下皆是也。（《蘇東坡集·應詔集》卷三）

〔註71〕詳《宋史》卷四八五，頁 13999〈夏國傳〉上。

〔註72〕詳《王安石新法研述》，頁 35～48。

〔註73〕詳《宋史》卷一七四〈食貨志〉，頁 4202，常賦亦稱歲賦，其類有四：田賦、城郭之賦、丁口之賦、雜變之賦（牛革蠶鹽之類，隨其所出，變而輸之是也。）

宋承五代之弊，差役煩重，然役法之受害者，大都爲鄉里之小民，至於官戶、工商、寺觀、單丁、女戶可免服役。又《宋史‧食貨志》上「以衙前爲主官」，掌運官物，若有短缺，須負賠償之責。〈食貨志〉上曰：

> 自里正鄉戶爲衙前，主典府庫或輦運官物，往往破產。

歐陽脩任河北轉運使時，於衙前之苦痛亦嘗言及：

> 竊緣河北一路，沿邊州軍，每年所用……並只出在瀛、滄、德、博四州。每遇邊上州軍少闕，即本司於四州支撥，無有虛日，若一一並令此四州衙前盡應副沿邊諸州軍，即衙前人數有限，官物搬運長無虛日。其四州本處亦各自有重艱差遣要人差使。若如此實行，不待久遠，……立見四州衙前破家蕩盡，及逃亡避役，有誤緩急。〔註74〕

而人民爲逃避差役，將田劃歸官戶名下，自己作爲佃戶以避役：

> 命官形勢，占田無限，皆得復役（無役）……而應役之戶，困於繁數，僞爲券售田於形勢之家，假佃戶之名，以避徭役。〔註75〕

或取之途：

> 民避役者，或竄名浮圖籍號爲出家，趙州至千餘人。詔出家者須落髮爲僧，乃聽免役。〔註76〕

或寧非命求死，親族分居，孀母改嫁，亦不願赴役。知并州韓琦上疏：

> 州縣生民之苦，無重於里正衙前，有孀母改嫁，親族分居，或棄田與人以免上等，或非命求死以就單丁，規圖百端，苟免溝壑之患。
>
> 〔註77〕

三司使韓絳言：

> 聞京東民有父子二丁，將爲衙前役者。其父告其子曰：「吾當求死，使汝曹免於凍餒。」遂自縊而死。又聞江南有嫁其祖母及其母，析居以避役者。〔註78〕

徭役煩重，使農民棄田不耕；豪梁兼并與重利盤剝，益使農戶苦不堪言矣。《宋史》卷一七三〈食貨志〉上一農田云：

〔註74〕見《歐陽文忠公集》卷一一七，頁925〈再乞不放兩地供輸人色役〉，《四部叢刊》本。
〔註75〕見《宋史》卷一七七〈食貨志〉役法上。
〔註76〕同註75。
〔註77〕同註75。
〔註78〕同註75。

　　比年（太宗雍熙端拱間）多稼不登，富者操奇贏之資，貧者取倍稱

　　之息；一或小稔，富家責償愈急，稅調未畢，資儲罄然。

《續通鑑長編》卷一一五，仁宗景祐元年秋七月乙巳條曰：

　　歲有豐凶，穀有貴賤，官以法平之，則農有餘利矣。今豪商大賈，

　　乘時賤收，水旱則稽伏而不出，冀其翔踊，以圖厚利，而困苦民也。

宋代政制，既將財利盡輸之於中央，不使地方有留財，社會有藏富，而中央
尚以厚積鬧窮，故郡縣空虛，而本末俱弱矣。

　　王安石生當斯世，目睹社會經濟之凋弊，歸咎於理財無道，故曰：「其於
理財，大抵無法，故雖儉約而民不富；雖憂勤而國不強。」〔註79〕遂倡「因
天下之力，以生天下之財；取天下之財，以供天下之費。」〔註80〕此其經濟
政策之端倪也。至若時代因素之激盪，使積極有為如安石者，力陳變風俗、
立法度之迫切可以振衰起弊，扶宋室之將傾，登斯民於衽席之上，其新法體
大思精，固非俗儒所能及也。是以作荊公之志行於後云。

三、荊公志行

　　荊公於慶曆二年成進士，簽淮南判官，翌乞假歸省，有〈憶昨詩示諸外
弟〉七言古詩一首，〔註81〕凡四百二十字，為其早年自述之辭，詩中有云：
「此時少壯自負恃，意氣與日爭光輝。乘閒弄筆戲春色，脫落不省旁人譏。
坐欲持此博軒冕，肯言孔孟猶寒飢？……男兒少壯不樹立，挾此窮老將安
歸？吟哦圖書謝慶弔，坐室寂寞生伊滅。材疏命賤不自揣，欲與稷契遐相
希！」此不但顯示荊公青年時之遠大抱負，且微露其對詞章筆墨之鄙薄。〔註
82〕公嘗有〈杜甫畫像〉一詩，〔註83〕于工部可謂推崇備至，其所至重者，
乃工部憂時憂民之仁心也。詩中云：「吟哦當此時，不廢朝廷憂，常願天子
聖，大臣各伊周。寧令吾廬獨破受凍死，不忍四海寒颼颼。」李壁注曰：「公
不喜李白詩，而推敬少陵如此，特以某一飯不忘君，而志常在民也。」〔註
84〕胡仔亦云：「李杜畫像，古今詩人題詠多矣，若杜子美，其詩高妙，固不

〔註79〕見《王安石文集》卷三，頁34〈本朝百年無事箚子〉。
〔註80〕同註79，卷一，頁7〈上仁宗皇帝言事書〉。
〔註81〕見《王安石詩集》卷一三，頁82。
〔註82〕參吳龑〈王荊公的青年時代〉，人生329期。
〔註83〕同註81，卷九，頁51。
〔註84〕見李注本卷一三，頁186。

待言，要當知其平生用心處，則半山老人之詩得之矣。」〔註85〕荊公詩受杜甫影響，除形式而外，當以社會意識尤深矣。今觀其上人書，云：「所謂文者，務為有補於世而已矣。所謂辭者，猶器之有刻鏤繪畫也。誠使巧且華，不必適用，誠使適用，亦不必巧且華，要之以適用為本，以刻鏤繪畫為之容而已。不適用，非所以為器也；不為之容，其亦若是乎否也。然若亦未可已也，勿先之，其可也。」〔註86〕則荊公於文辭之觀念，與工部反映社會民生之詩作，如〈兵車行〉，〈麗人行〉，〈三吏〉，〈三別〉……等，初無二致，亦即白居易「文章合為時而著，歌詩合為事而作」（見白居易〈與元九書〉）之意。故處於有宋中央財政匱乏，郡縣空虛，強鄰環伺，民生日困之際，荊公自然中心有所感，然其表現積極果敢，不僅慨歎係之而已。

方荊公身為小吏時，對國家之財政、軍政、立法、用人，即有一整體之構想、設計，與實施之計劃。其〈與馬運判書〉中有云：

> 方今之所以窮空，不獨費出之無節，又失所以生財之道故也。富其家者資之國；富其國者資之天下；欲富天下則資之天地。蓋為家者，不為其子生財，有父之嚴而子富焉，則何求而不得？今闔門而與其子市，而門之外莫入焉，雖盡得子之財，猶不富也。蓋近世之言利雖善矣，皆有國者資天下之術耳，直相市於門之內而已。此其所以困與！〔註87〕

理財為荊公執政後之一大改革，斯時已奠定其理論基礎矣。蓋「闔門而與其子市」，乃「近世之言利」者之通病，非「所以生財之道」也。關於理財，容第三章第三節再詳論之。次言荊公反映民間疾苦之社會意識；公于皇祐中通判舒州，作〈感事〉詩一首，言昔日在野所見民間狀況：

> 賤子昔在野，心哀此黔首，豐年不飽食，水旱尚何有？雖無剽盜起，
> 萬一且不久。特愁吏之為，十室焚八九。原田敗粟麥，欲訴嗟無賕！
> 間關幸見省，笞扑隨其後。況是交冬春，老弱就僵仆，州家閉倉庾，
> 縣吏鞭租負。鄉鄰銖兩徵，坐逮空南畝，取貲官一毫，姦柔已云當。
> 彼昏方怡然，自謂民父母！竭來佐荒郡，懍懍常漸疚，昔之心所哀，
> 今也執其咎。乘田聖所勉，況乃余之陋，內訟敢不勤，同憂在僚友。

〔註85〕見《苕溪漁隱叢話》前集卷一一，頁69。
〔註86〕同註79，卷三三，頁48。
〔註87〕同註79，卷三一，頁33。

〔註88〕

此詩反映北宋民間之一般苦況，若賦稅之煩重，官吏之腐敗貪侵，豐年百姓尚且不飽，況值水旱之災乎？李注云：「民訴旱必以錢，言吏之無狀也。」〔註89〕足見當時吏政之敗壞，一至於此也。又有〈發廩〉詩：

　　三年佐荒州，市有棄餓嬰，駕言發富藏，云以救鰥惸。崎嶇山谷間，

　　百室無一盈，鄉豪已云然，罷弱安可生？〔註90〕

其痛心之情，躍然紙上。蔡元鳳曰：「李注云，公於皇祐三年倅舒州；至和元年除館閣。則詩所謂三年者，蓋自三年至五年，所見閭閻之疾苦，官吏之追呼，無不託於詩篇。」〔註91〕先是，公于慶曆中知鄞縣時，早已重視民間之疾苦，其〈河北民〉足以顯示北宋因軍事不修，致以歲幣奉二虜，而民生益困苦。詩云：

　　河北民，生近二邊長苦辛。家家養子學耕識，輸與官家事夷狄。今

　　年大旱千里赤，州縣仍催給河役。老小相攜來就南，南人豐年自無

　　食。悲愁白日天地昏，路旁過者無顏色。汝生不及貞觀中，斗粟數

　　錢無兵戎。〔註92〕

李壁于「今年大旱千里赤，州縣仍催給河役」句下，注云：「河役，言官役不以旱而弛也。」北邊之民，原受二夷之擾，兼之賦稅苛重，荒旱更不聊生矣。而河役不少弛，故唯相攜南逃耳。然「南人豐年自無食」，何有餘食以供北民？此亦前〈感事〉詩所云「豐年不飽食」之意，悲愁之氛，令人不忍卒覩也。

　　荊公于詩文中，亟反映民生疾苦，與關切之情，已略見乎上矣。然公胸襟與懷抱，固非僅反映秕政而已，其中心實寓有改革政治，濟國淑民之宏願。謝扶雍云：「政治思想之飈起，即由於人類社會之政治現象令人不滿，致人憂憤，而不得不謀解決之方也。」〔註93〕荊公有見民間之苦況，常于詩篇中寓其改革之理想。如〈兼并〉詩云：

　　三代子百姓，公私無異財；人主擅操柄，如天持斗魁。賦予皆自我，

　　兼并乃姦回；姦回法有誅，勢亦無自來，後世始倒持，黔首遂難裁；

〔註88〕同註81，卷一二，頁71。

〔註89〕見李注本卷一七，頁54〈感事〉：「原田敗粟麥，欲訴嗟無賕。」句下注。

〔註90〕同註81，卷一二，頁71。

〔註91〕見《王荊公年譜考略》卷四，頁75。

〔註92〕同註84，卷二一，頁122～123。

〔註93〕見《中國政治思想史綱》第一章，頁2。

秦王不知此，更築懷清臺。禮義日已偷，聖經久堙埃；法尚有存者，
欲言時所哈。俗吏不知方，掊克乃爲材；俗儒不知變，兼并可無摧。
利孔至百出，小人私闔開；有司與之爭，民愈可憐哉！〔註94〕

夫北宋之經濟頹壞，其因固多，然豪梁兼并亦難辭其咎。荊公于豪梁之兼并，
最爲痛恨，嘗云：「節義之民少，兼并之家多，富者財產滿布州域，貧者因窮
不免於溝壑。」〔註95〕故主摧抑兼并，均濟貧乏，而收利權于國家也。李注
云：「此公異日引國服爲息之證，以行青苗之張本也。」〔註96〕荊公對兵政之
意見，有〈省兵〉詩一首，云：

有客語省兵，兵省非所先，方今將不擇，獨以兵乘邊。前身已破散，
後距方完堅，以眾亢彼寡，雖危猶幸全。將既非其才，議人不得專，
兵少敗輒繼，胡來飲秦川。萬一雖不爾，省兵當何緣？驕惰習已久，
去歸豈能田？不田亦不桑，衣食猶兵然，省兵豈無時？施置有後
前。……百官勤儉慈，勞者已息肩，游民慕草野，歲熟不在天，擇
將付以職，省兵果有年。〔註97〕

北宋養兵之制，敝國病民，雖有百萬之眾，而不堪一戰，當時士大夫如范鎮，
歐陽修，蘇軾皆屢有建議，然而卒莫之能革者，一則以仁宗優柔，二則無勇于
任事之人以行之。此必待神宗與公之遇合，方能奮起以改革之也。實則仁宗皇
祐元年文彥博爲相，龐籍爲樞密使時，已有省兵之議，〔註98〕時荊公方知鄞縣，
聞此而有〈省兵〉詩之作，然所持之意見，殆有極深入之見解者也。此詩前半
言今將雖不足賴，猶恃多兵可以禦敵，若遽省兵，則兩者俱無，胡馬將飲于秦
川矣！蓋深以爲兵不可以遽省也。其主張爲有條件之省兵，即善擇將領，且專
其權，此蓋欲革太祖所立以文人領軍，及更戍法之弊也。荊公以爲北宋吏政腐
壞，多由人材不足之故，則雖有良法，無以行之。故嘗曰：「朝廷每一令下，其
意雖善，在位者猶不能推行，使膏澤加於民，而吏輒緣之爲姦，以擾百姓。」
〔註99〕然人才不足，乃科舉以詩賦取士故也，公于此深致不滿。云：

始就詩賦科，雕鎪久才成。一朝復棄之，刀筆事刑名。中材蔽末學，

〔註94〕同註81，卷四，頁25。
〔註95〕同註79，卷四四，頁155「風俗」。
〔註96〕同註84，卷六，頁71。
〔註97〕同註81，卷一二，頁71。
〔註98〕詳《涑水紀聞》卷五及《宋史》卷三一三〈文彥博〉傳。
〔註99〕同註79，卷一，頁2〈上仁宗皇帝言事書〉。

斯道苦難名。忽貴不自期，何施就升平。〔註100〕

士子爲取功名，專務辭章，不曉經術，一旦操治民之責，則已手足無措，至若身躋公卿之位，則天下升平何望？李璧注曰：「言士之學既陋，一日爲公卿，探其中無有也，何術而能致升乎哉？以其本非在上之物故也。」〔註101〕其言極是。荊公固一有理想之儒象，言富國強兵之際，亦兼及風俗，未嘗廢也。公有〈我欲往滄海〉一詩，云：

> 我欲往滄海，客來自河源，手探囊中膠，救此千載渾；我語「客徒爾，當還治崑崙」，歎息謝「不能」，相看涕龢盆；客止我且住，濯髮扶桑根，春風吹我舟，萬里空自存。〔註102〕

李注云：「此正本清源之意，謂不當徒治其末。」〔註103〕言治黃河之渾，當由崑崙治起。夏敬觀注云：「詩意以滄海扶桑喻末流，以崑崙喻本源，以黃河千載之渾，喻三代後之政治，言欲正本清源，而客謝不能，無可奈何，直相浮沈末流，而後能見容於世也。」〔註104〕斯得公之本意矣。

　　前引諸詩，大多荊公執政前之作，其宅心仁厚，理想深遠，固受時代因素激盪而有以發；其不尚空談，言之有物，議論盪滌時弊，氣勢浩然，頗欲有爲於世，可見一斑矣。

第三節　荊公學術思想概述

宋楊仲良《資治通鑑長編紀事本末》云：

> 先是安石見上論天下事，上曰：「此非卿不能爲朕推行，朕須以政事煩卿，料卿學問如此，亦欲設施，必不固辭也。」安石對曰：「臣所以來事陛下，固願助陛下有所爲。然天下風俗法度，一切頹壞，在廷少善人君子，庸人則安常習故而無所知，奸人則惡直醜正，而有所忌。有所忌者唱之於前，而無所知者和之於後，雖有昭然獨見，恐未及效功，而爲異論所勝。陛下誠欲用臣，恐不宜遽，謂宜先講學，使於臣本末不疑，然後用之，庶幾能粗有所成。」上曰：「朕知

〔註100〕同註84，卷一五，頁6〈寓言十五首〉之八。

〔註101〕同註100。

〔註102〕同註81，卷八，頁47。

〔註103〕同註84，卷一一，頁164。

〔註104〕見夏敬觀《王安石詩》，頁36。

卿久，非適今日也，人皆不能知卿，以爲但知經術，不可以經庶務。」

安石對曰：「經術者，所以經世務也，果不足以經世務，則經術何賴焉。」〔註105〕

荊公畢生勤學，內求知命厲節，外在經世致用。故當熙寧二年二月，公除諫議大夫參知政事時，神宗欲行新政，患經術不可致用，荊公力陳經術與實務之關係，而歸結於講學之途。實則論荊公之學，汪洋千頃，雖以反對派之司馬君實，猶曰：「光昔從介甫游，於諸書無不觀，而特好孟子與老子之言。」〔註106〕公嘗自云：「世之不見全經久矣，讀經而已，則不足以知經；故某自百家諸子之書，至於難經素問本草諸小說，無所不讀，農夫女工，無所不問，然後於經爲能知其大體而無疑。」〔註107〕此乃荊公言治經之大端也。又〈書洪範傳後〉曰：

古之學者，雖問以口而其傳以心，雖聽以耳而其受以意；故爲師者不煩，而學者有得也。孔子曰：「不憤不啓，不悱不發；舉一隅，不以三隅反；則不復也。」夫孔子……謂其問之不切，在其聽之不專；其思之不深，則其取之不固。不專不固，而可以入者口耳而已矣；吾所以敎者，非將善其口耳也。孔子沒，道日以衰熄，浸淫至於漢，而傳注之家作。爲師則有講而無應，爲弟子則有讀而無問；非子欲問也，以經之意爲盡於此矣，吾可以無問而得也。豈特無問，又將無思；非不欲思也，以經之意爲盡於此矣，吾可以無思而得也。夫如此，使其傳注者皆已善矣，固足以善學者之口耳，不足善其心；況其有不善乎？宜其歷年以千數，而聖人之經，卒以不明，而學者莫能資其言以施於世也。〔註108〕

言治經之法，當「傳之以心，受之以意」，切問深思而得其精髓，資所學以施諸世，公之學盡於是矣。《宋稗類鈔》稱，荊公燕居默坐，研究經旨，用意良苦，嘗置石蓮百許枚几案上，咀嚼以運其思，遇盡未及覺，往往囓其指至流血不覺。此說雖未知信否，然其力學之堅苦，覃思之深窈，可見一斑矣。〔註109〕荊公執政時，嘗訓釋詩、書、周禮，頒諸學官，天下號曰〈新義〉。

〔註105〕見《資治通鑑長編紀事本末》卷五九，頁1894～1895，文海出版社。

〔註106〕見《司馬文正公傳家集》卷六〇〈與王介甫書〉。

〔註107〕見《王安石文集》卷二八，頁17〈答曾子固書〉。

〔註108〕同註107，卷四六，頁168〈書洪範傳後〉。

〔註109〕見梁啟超著《王荊公》第五編，頁185。

〔註110〕《三經新義》之撰，詩、書實出其子雱及門人之手，〔註111〕而周官則親出于荊公之筆。〔註112〕或謂王氏新義一出，先儒傳注遂盡廢，〔註113〕舉子莫不宗其說。《宋史紀事本末》卷三八頁二九八〈學校科舉之制〉曰：

> 科舉罷詞賦，專用安石經義，且雜以釋氏之說，凡士子自一語以上，非新義不得用，學者至不誦正經，唯竊安石之書以干進，精熟者輒上第，故科舉益弊。

新義既行，士人為獵取功名，自奉為教科書，此古今皆然，自無足怪也。然遂流為當時攻擊安石之一大口實。如司馬光言：

> 王安石不當以一家私學，欲蓋掩先儒，今天下學官講解，及科場程試，同己者取，異己者黜，使聖人坦白之言，轉而陷於奇僻，先王中正之道，流而入於異端。若己論果是，先儒果非，何患學者不棄彼而從此，何必以利害誘脅如此其急也？〔註114〕

司馬君實之言，實中時弊，而未足以為荊公之失也。緣荊公《三經新義》之作，實受命於神宗，〔註115〕人君欲天下學者歸一道德，而頒於學官。〔註116〕

〔註110〕詳《宋史》卷三二七本傳。

〔註111〕同註107，卷二五，頁148〈詩義序〉：「上既使臣雱訓其辭，又命臣某等訓其義。」〈書義序〉：「熙寧二年，臣某以尚書入侍，遂與政，而子雱實嗣講事。」又《宋元學案》卷九八，頁49〈荊公新學略〉，全謝山荊公《周禮新義》題詞曰：《三經新義》，盡出於荊公子元澤所述，而荊公門人輩皆分纂之。獨《周禮》則親出於荊公之筆。

〔註112〕詳《王荊公年譜考略》卷一九，頁258引蔡絛《鐵圍山叢談》：「至若《周禮新義》，實丞相親為之筆削者。……《周禮新義》筆跡猶斜風細雨，誠介甫親書。」

〔註113〕見林瑞翰《宋史王安石傳註》引王偁《東都事略》曰：安石提舉修撰經義，訓釋詩書周官，既成，頒之學官，天下號曰《新義》，晚歲為《字說》二十四卷，學者爭傳習人，日以經試於有司，必宗其說，少異輒不中程，先儒傳注既盡廢，士亦無復自得之學。

〔註114〕詳《司馬文正公傳家集》卷五四〈起請科場箚子〉。

〔註115〕按《資治通鑑長編紀事本末》卷七四，頁2349，「神宗諭執政曰：『今歲南省所取，多知名舉人，士皆趨義理之學，極為美事。』王安石曰：『民未知義，則未可用，況士大夫乎？』神宗曰：『舉人對策，多欲朝廷早修經義，使義理歸一。』」乃有是命。

〔註116〕《續通鑑》卷七一，神宗熙寧八年六月己酉，王安石進所撰《詩書周禮義》。帝謂安石曰：「今談經者，言人人殊，何以一道德？請所著經義，其以頒行，使學者歸一。」遂頒於學官，號曰《三經新義》。又見於《宋史紀事本末》卷三八，頁296。

安石之意，蓋有見於「道之不一久矣」，〔註117〕欲整齊天下意志，故由「守吏」
著眼，曰：

> 今之守吏，實古之諸侯，其異於古者，不在乎施設之不專，而在乎
> 所受於朝廷，未有先王之法度；不在乎無所於教，而在乎所以教未
> 有以成士大夫仁義之材。〔註118〕

然安石非不知惟至善之足以服天下，而人心之不可強也。〔註119〕故曰：

> 先王之道德出於性命之理，而性命之理出於人心，詩書能循而達之，
> 非能奪其所有，而予之以其所無也。經雖亡，出於人心者猶在，則
> 亦安能使人舍己之昭昭，而從我於聾昏哉？〔註120〕

梁任公於《三經新義》，嘗有公允之論斷，云：

> 考荊公當時，亦並非於新義之外，悉禁異說，不過大學以此為教
> 耳，……蓋使荊公而禁異說，則為戕賊思想之自由，然公固未嘗禁
> 之，不過提倡己之所主張而已。夫學者有其所主張之說，則必欲發
> 揮光大之以易天下，非徒於理不悖，抑責任亦應爾也，於公乎何尤？
> 若夫學者不求自立，而惟揣摩執政之所好尚，欲以干祿，此則學者
> 之罪，而非倡說者之罪也。〔註121〕

誠如梁任公所言，「荊公平日言論，多以一學術為正人心之本，……此實荊
公政術之最陋者也。」〔註122〕此亦荊公自信太過之弊矣。至若《周官新義》，
實為熙豐新法之淵源，公於此書用功最深，〔註123〕就今存輯本觀之，蓋亦
「以意逆志，籀經中之義而引申發明之」之作也。盡脫前人窠臼，自求經之
本意，其精要發現之處亦頗多，實為我國經學闢一新蹊徑（或謂安石此種不
泥於注疏，而專講義理之作風，實開南宋朱熹《四書集註》之先河），自漢
迄今，治經學者，於此尚未有能過之者也。〔註124〕全謝山嘗評安石訓釋經

〔註117〕見《王安石文集》卷二六，頁157〈虔州學記〉。

〔註118〕同註117。

〔註119〕參《王安石新法研述》，頁258。

〔註120〕同註117。

〔註121〕見梁啟超著《王荊公》，頁111。

〔註122〕同註121。

〔註123〕詳《宋元學案》卷九八，頁49〈荊公新學略〉；（全）謝山《周禮新義》題詞
曰……荊公生平用功此書（《周禮》）最深，所自負以為致君堯舜者，具出於
此，是固熙豐新法之淵源也，故鄭重而為之。

〔註124〕同註119，頁260。

書曰：

> 荊公解經，最最有孔、鄭諸公家法，言簡意該，惟其牽纏於字說
> 者，不無穿鑿，是固荊公一生學術之秘，不自知其爲累也。〔註 125〕

至於荊公詆春秋爲「斷爛朝報」之說，〔註 126〕實不可信。蓋荊公於〈答韓求
仁書〉明言：

> 至於春秋三傳，既不足信，故於諸經尤爲難知，辱問皆不果答，亦
> 冀有以亮之。〔註 127〕

則荊公謂三傳既不足信，故於諸經尤爲難知，是公特不信傳耳，非不信春秋
也。〔註 128〕荊公弟子陸佃嘗言及此，曰：

> 若夫荊公不爲春秋，蓋嘗聞之矣。公曰：三經所以造士，《春秋》非
> 造士之書也。學者求經，當自近者始；學得《詩》，然後學《書》；
> 學得《書》，然後學《禮》；三者備，《春秋》其通矣。故詩書執禮，
> 子所雅言，《春秋》罕言以此。由是觀之，承學之士，驟而語《春秋》，
> 不知其始也。〔註 129〕

全謝山宋元學案亦引答韓求仁書，明荊公未嘗廢春秋也。〔註 130〕安石之著作，
在宋時已多散佚，後人輯其遺書目錄，略可窺其學問之一斑。可得言者，有
《易解》二十卷，《王氏洪範傳》一卷、《新經詩義》三十卷、《新經周禮義》
二十二卷、《左氏解》一卷、《論語解》十卷、《孝經解》一卷、《字說》二十
四卷、《熙寧奏對》七十八卷、《王氏日錄》八十卷、《南郊式》一百十卷、《三
司令式》若干卷、《熙寧詳定編敕》等二十五卷、《新編續降並敘法條貫》一
卷、《王氏雜說》十卷、《英宗實錄》三十卷、《老子注》二卷、《楞嚴經疏解》
若干卷、《臨川集》一百卷、《建康酬唱詩》一卷、《王荊公詩李壁箋注》五十

〔註 125〕見《宋元學案》卷九八，頁 49。
〔註 126〕詳《續通鑑》卷六八，神宗熙寧四年八月庚申條。
〔註 127〕見《王安石文集》卷二八，頁 4〈答韓求仁書〉。
〔註 128〕詳《王荊公年譜考略》卷一一，頁 170～174〈荊公不信春秋辨〉。
〔註 129〕見楊希閔《年譜推論》引陸佃《陶山集》〈答崔子方秀才書〉(附《王荊公年
　　　　譜考略》，頁 385)。
〔註 130〕《宋元學案》卷九八，頁 48～49〈荊公新學略〉，林竹溪《虜齋學記》曰：
　　　　「(尹)和靖曰：介甫未嘗廢春秋，廢春秋以爲斷爛朝報，皆後來無忌憚者
　　　　記介甫之言也。韓玉汝之子宗文，字求仁，嘗上介甫書，請六經之旨，介
　　　　甫皆答之，獨於春秋曰：此經比他經尤難，蓋三傳皆不足信也。介甫亦有
　　　　易解，其辭甚簡，疑處甚缺，後來有印行者，名曰易義，非介甫之書。和
　　　　靖去荊公未遠，其言如此，甚公，今人皆以斷爛朝報爲荊公罪，冤矣。」

卷、《伴送北朝人使詩》一卷、《送朱壽昌詩》三卷、《先大夫集》若干卷、《老杜詩後集》若干卷、《唐百家詩選》二十卷、《四家詩選》十卷，又與子雱、門人許元成有《孟子解》共四十二卷，計二十有八種。〔註131〕

安石本「儒而有爲者」，〔註132〕陸象山謂安石：「掃俗學之凡陋，振弊法之因循，道術必爲孔孟，勳績乃爲伊周，公之志也。」〔註133〕陸氏誠荊公知音也。蓋荊公反對司馬光之「無爲論」，〔註134〕而主因時創造，權事制宜，不可徒拘守於古人之陳跡。〔註135〕故云：

> 聖人之心，不求有爲於天下，待天下之變至焉，然後，吾因其變而
> 制之法耳。〔註136〕

范仲淹嘗謂「先天下之憂而憂，後天下之樂而樂。」而安石則謂：「環顧其身無可憂，而憂者必在天下。」〔註137〕又曰：「夫所謂儒者，用之於君則憂君之憂，食於民則患民之患。」〔註138〕或以此斥王氏之學爲申商之異端，實未爲篤論，特詳於本章第四節。

荊公晚歲喜釋氏，宋釋惠洪云：

> 舒王嗜佛書，曾子固欲諷之，未有以發之也。居一日，會於南昌，
> 少頃潘延之亦至，延之喜談禪，王問其所得，子固熟視之。已而又
> 論人物曰：「某人可抃。」子固曰：「介甫老而逃佛，亦可一抃。」
> 舒王曰：「子固失言也，善學者，讀其書，唯理之求。有合吾心者，
> 則樵牧之言猶不廢：言而無理，周孔所不敢從。」子固笑曰：「前言
> 第戲之耳。」〔註139〕

又宋汪應辰亦云：

> 荊公贈太傅，其制云：「少學孔孟，晚師瞿聃。」世或以爲有所譏，
> 然公自謂「余幼習孔子，長聞佛老之風而悅之」，則制詞蓋公志也。

〔註131〕詳于師大成《王安石著述考》（《國立中央圖書館館刊》新一卷第3期）。
〔註132〕見明鄒元標《崇儒書記》（《王荊公年譜考略》卷首之二引，頁29）。
〔註133〕參《象山先生全集》卷一九〈荊國王文公祠堂記〉。
〔註134〕詳《司馬文正公傳家集》卷六〇〈與王介甫書〉。
〔註135〕引自楊幼炯《中國政治思想史》九章，頁242，商務版。
〔註136〕見《王安石文集》卷四二，頁130〈夫子賢於堯舜〉。
〔註137〕同註136，卷二七，頁168〈石門亭記〉。
〔註138〕同註136，卷三九，頁101〈子貢〉。
〔註139〕見《冷齋夜話》卷六，頁1663，《弘道詩話叢刊》。

公所喜彌勒偈，此特其一爾，可以見公于異學其篤好如此。〔註140〕
荊公之學，雖本於儒，然亦有得於佛。如概括《金剛經》之義云：「理窮於不
可得，性盡於無所住。」〔註141〕又云：「本來無物使人疑，卻爲參禪買得癡；
聞道無情能說法，面牆終日妄尋思。」〔註142〕又云：「身如泡沫亦如風，刀割
香塗共一空；宴坐世間觀此理，維摩雖病有神通。」〔註143〕安石嘗撰《楞嚴
經疏解》若干卷，此書今雖佚，然《楞嚴經指掌疏懸示》云：

> 王文公介甫解，亦名《定林疏解》。文公罷相，歸老鍾山之定林，著
> 有《楞嚴經疏解》。略諸師之詳，而詳諸師之略。洪覺稱之，謂其非
> 智者莫窺也。〔註144〕

觀此，可知公於佛學造詣之深，非喜愛之甚、用心之勤，無以致之，荊公於
友朋往來書札中，亦嘗言及佛理；如〈答蔡天啓〉曰：

> 得書說同生基，以色立誠如是也。所謂猶如野馬，熠熠清擾者，日
> 光入隙，所見是也。眾生以識精冰，合此而成身，眾生爲想所陰，
> 不依日光，則不能見；想陰既盡，心光發宣，則不假日光，了了如
> 此，此即所謂見同生基也。〔註145〕

又如〈答蔣潁書〉，〔註146〕〈答陳柜書〉〔註147〕等。又以佛理、禪理入詩者，
公集中亦有若干首：如〈題半山寺壁〉詩云：

> 寒時暖處坐，熱時涼處行，眾生不是佛，佛即是眾生。〔註148〕

佛家云眾生平等，以其皆具佛性，佛心即眾生之心，故《華嚴經》云：「心佛
與眾生，是三無差別。」〔註149〕善持修行，人人皆可成佛，初無差等之別也。
他如〈擬寒山拾得二十首〉，〔註150〕多言佛理。公常與僧人往來，多酬贈之作，
所謂「適其居友其人」者也。故由其詩中所見，若寶覺禪師，覺海禪師，瑞

〔註140〕見《文定集》卷一一，頁6〈跋王荊公所書佛偈〉。
〔註141〕同註136，卷四六，頁169〈書《金剛經》義贈吳珪〉。
〔註142〕見《王安石詩集》卷三四，頁228〈寓言二首〉之二。
〔註143〕同註142，卷三四，頁229〈讀維摩經有感〉。
〔註144〕見柯昌頤《王安石評傳》，頁289引。
〔註145〕同註136，卷二九，頁16。
〔註146〕同註136，卷三四，頁64。
〔註147〕同註136，卷三三，頁54～55。
〔註148〕同註142，卷三，頁13〈題半山寺壁二首〉之二。
〔註149〕見李注本卷四〈題半山寺壁二首〉之二引。
〔註150〕同註142，卷三，頁14～17。

新禪師，道原禪師，道光禪師，白雲禪師，行詳上人等，皆一時名僧。唱酬之作極多，亦可見其莫年之交遊矣。〔註151〕

　　以上所述，不過荊公學術思想之大端；公之學術，本「儒而有爲」者，力矯俗儒但誦經籍詞章，而不曉經術正所以經世之弊。故畢生勤學，發而爲政，且著作等身。公晚歲居金陵，頗有得於佛，心境亦較豁達，其見於詩作者，益屬難能而可貴者也。

第四節　荊公生平是非述論

一、荊公豈眞剛愎執拗、盡用小人哉？

　　世之論熙寧新法之敗，輒歸罪於安石剛愎自用，執拗不變，以致不得人和。細考其實，如安石有不得不然者也。蓋宋世至神宗，國勢危如纍卵，除變法圖強外，別無他途可循。安石不畏煩難，振衰起敝，故倡「變風俗」、「立法度」爲新法之實施原則，〔註152〕而當時反對人士，目之爲異端，或一味作人身攻擊，劾安石曰：「大姦似忠，大佞似信，安石外示樸野，中藏巧詐，陛下悅其才辯而委任之。安石初無遠略，唯務改作立異，罔上欺下，文言飾非，誤天下蒼生，必斯人也。」〔註153〕肆口漫罵，有失大臣風度，固無足采也。司馬光爲安石至友，嘗云：「介甫固大賢，其失在于用心太過，自信太厚而已。」〔註154〕又曰：「安石誠賢，但性不曉事而愎，此其短也。」〔註155〕南宋朱熹論安石曰：

> 其爲人，質雖清介，而器本偏狹，志雖高遠，而學實凡近。其所論說，蓋特見聞臆度之近似耳，顧乃挾以爲高，足己自聖，不復知以格物致知，克己復禮爲事，而勉求其所未至，以增益其所不能，是以其于天下之事，每以躁率任意而失之于前，又以狠愎徇私而敗之于後，此其所以爲受病之源。〔註156〕

二人之論，乍見似屬公允，揆諸史實，又不盡然。近人帥鴻勳《王安石新法

〔註151〕引自李燕《新王荊公詩探究》，頁193。
〔註152〕《王安石新法研述》第二章，頁77。
〔註153〕見《宋史》卷三二一〈呂誨傳〉。（鼎文版，頁10429）。
〔註154〕見《司馬文正公傳家集》六〇〈與王介甫書〉。
〔註155〕見楊希閔《熙豐知遇錄》（附《王荊公年譜考略》節要附存卷二，頁435）。
〔註156〕見《朱文公文集》卷七十〈讀兩陳諫議遺墨〉（《四部叢刊》本，頁1283）。

研述》，於此辨之甚詳。茲錄其結語，曰：

> 安石立法之始，即請「以條目遣官分行天下，博盡眾議。」又乞「令
> 轉運使、提點刑獄、州縣體問百姓，然後立法。」迨法既具，又揭
> 示一月，民無一人有異議，始著爲令。似此「廣徵民意，拾補不逮」
> 之作風，即令民主政制下之爲政者亦不過若此，而議者猶謂其剛愎
> 自用，執拗不變，誠不知從何云然？〔註157〕

《宋史・安石本傳》云：「安石性強忮，遇事無可否，自信所見，執意不回。」
〈曾鞏傳〉載：「神宗嘗問鞏安石何如人？對曰：「安石文學行義不減揚雄，以
吝故不及。」帝曰：「安石輕富貴，何吝也？」曰：「臣所謂吝者，謂其勇於有
爲，吝於改過耳！」鞏與安石善，嘗上書歐陽脩力薦安石，曾王二人詩作往返
甚勤，〔註158〕訂交亦早，鞏之論安石較他人客觀，謂其「勇於有爲」是也，曰
「吝於改過」則未必矣。《通鑑長編紀事本末》卷六十九引呂本中《雜說》云：

> 正叔嘗說新法之行，正緣吾黨攻之太力，遂至各成黨與，牢不可破；
> 且如青苗一事，放過何害？伯淳作諫官，論新法，上令至中書議。
> 伯淳見介甫，與之剖析道理，其色甚和，且曰：「天下自有順人心應
> 道理，參政何必須如此做？」介甫連聲謝伯淳曰：「此則極感賢誠
> 意！」此時介甫亦無固執之意矣。

又《續通鑑・宋紀》卷六十七熙寧二年九月戊辰條云：

> 初，王安石既與呂惠卿議定，出示蘇轍曰：「此青苗法也，有不便，
> 以告。」轍曰：「以錢貸民，使出息二分，本以救民，非爲利也。然
> 出納之際，吏緣爲姦，法不能禁。錢入民手，雖良民不免妄用，及
> 其納錢，雖富民不免踰限，恐鞭箠必用，州縣之事不勝煩矣。唐劉
> 晏掌國計，未嘗有所假貸，有尤之者，晏曰：「使民僥倖得錢，非國
> 之福；使吏倚法督責，非民之便。吾雖未嘗假貸，而四方豐凶貴賤，
> 知之未嘗踰時。有賤必糴，有貴必糶，以此四方無甚貴甚賤之病，
> 安用貸爲！」晏之所言，漢常平法耳。今此法具在，而患不修；公
> 誠有意于民，舉而行之，晏之功可立俟也。」安石曰：「君言誠有理，

〔註157〕見《王安石新法研述》第三章，頁277。
〔註158〕如《曾南豐詩集》卷一：〈寄王介甫〉，〈之南豐道上寄介甫〉，〈江上懷介甫〉
　　　　等。《王安石詩集》卷五：〈寄曾子固二首〉；卷十二：〈寄曾子固〉；卷十三：
　　　　〈答曾子固南豐道中所寄〉，〈得曾子固書因寄〉；卷二十四：〈寄曾子固〉。

當徐思之。」由是踰月不言青苗。

觀此，可知安石初未必盡剛愎自用，拒「有理」之言於千里之外也。安石亦曾坦承新法有小疵，云：

> 大抵修立法度，以便民於大利中，不能無小害；若欲人人皆悦，但有利無害，雖聖人不能如此。〔註159〕

世之法，必無百全無弊者，惟取利大害小，斯即不失其為良法也。彼反對安石新法者，目安石為異端，殊不知祖宗之法，亦因時推移而已矣。朱熹平日反對安石甚烈，然其論新法云：

> 祖宗之所以為法，蓋亦因事制宜，以趨一時之便，而其仰循前代，俯徇流俗者，尚多有之，未必皆其竭心思，法聖旨，以遺子孫而欲其萬世守之者也。是以行之既久而不能無弊，則變而通之，是乃後人之責。故慶曆之初，杜范韓富諸公變之不遂，而論者至今以為恨。況其後此又數十年，其弊固當益甚於前，而當時議者亦多以為當變，如呂正獻公父子家傳，及河南程氏、眉山蘇氏之書，蓋皆可考。〔註160〕

又云：

> 安石之變法，固不可謂非其時，而其設心，亦未為失其正也。……而一時元臣故老賢士大夫，群起而力爭之者，乃或未能究其利病之實，至其所以為説，又多出于安石規模之下。〔註161〕

反對者之言既多不足以服安石，則宜其自云：「某之所論，無一字不合於法，而世之曉曉者，不足言也。」〔註162〕世之以「剛愎自用，執拗不變」目公者，實乃公識見卓越，忠於理想，勇於任事，擇善固執，而不為浮議稍動搖其志也。蘇軾評公曰：「智足以達其道，辯足以行其言。」〔註163〕斯言可為篤論。

　　此外，歷來批評安石者，謂其好引用小人，所用者皆為小人，要其所指責，亦新舊黨事之結果，而無足以為公病也。荊公嘗對神宗言曰：

> 陛下自即位以來，以在事之人或乏材能，故所拔用者，多士之有小材而無行義者。此等人得志，知風俗壞，風俗壞，則朝夕左右者，皆懷利以事陛下，而不足以質朝廷之是非；使於四方者，皆懷利以

〔註159〕見《續通鑑長編》卷二二四熙寧四年六月己巳條。
〔註160〕同註156。
〔註161〕同註156。
〔註162〕見《王安石文集》卷二九，頁13〈答曾公立書〉。
〔註163〕見《蘇東坡全集》外制集卷上〈王安石贈太傅〉。

事陛下，而不可以知天下之利害；其弊已效見於前矣，恐不宜不察

也。欲救此弊，亦在親近忠良而已。〔註164〕

又曰：

今欲理財，則須使能；天下但見朝廷以使能爲先，而不以任賢爲急，

但見朝廷以理財爲務，而於禮義教化之際有所未及，恐風俗壞，不

勝其弊。陛下當先國體，有先後緩急。〔註165〕

觀此，荊公之諄諄於進賢退不肖者，至深且切矣。且安石嘗云：「國以任賢使

能而興，棄賢專己而衰。」〔註166〕則世之詆其好用小人，以敗壞天下事者何

云哉？然荊公既銳意必欲行新法，則當時所謂君子不願奉行者，雖欲終用之

而不可得，此亦理有必至者也。北來因變法而引起之黨爭，其主要分野，厥

爲學術政策是也。柳詒徵曰：

宋之政治，士大夫之政治也。政治之純出於士大夫之手者，惟宋爲

然，故惟宋無女主外戚宗王強藩之禍，宦寺雖爲禍而亦不多，而政

黨政治之風亦開於宋。〔註167〕

歐陽脩亦云「惟君子有朋」。〔註168〕蓋政論相同或相近者，結爲一政治團體，共

行其政策，此近世之政黨政治也。而宋世之政治，則凡遇重大事件，士大夫皆

挺身而出，以獻其策，結果意見相近甚或相同者，必成一無形之團體。如慶曆

間呂夷簡與范仲淹之爭，即屬此性質者也。然逕謂吾國政黨政治起於宋，亦不

必然，蓋斯時僅具政策之雛形，而未有嚴格之宗旨與組織也。方荊公之倡行新

法，當時所稱爲君子者，群力沮擾，且謂「不與並立於朝」以自鳴其高，安石

身處此境，乃不得不以一身任天下之怨誹，選用新進，以蘄大業之克終。〔註169〕

《續通鑑長編拾補》卷六熙寧二年十一月後附注引《續宋編年資治通鑑》曰：

程顥謂王安石曰：「介甫行新法，人方疑以爲不便，今乃引用一副當

小人，或爲險要，或爲監司，何也？」介甫曰：「方新法之行，舊時

〔註164〕見《王安石文集》卷三，頁32〈論館職箚子二〉。

〔註165〕見《續通鑑長編拾補》卷四。

〔註166〕詳見《王安石文集》卷四四，頁153〈興賢〉。

〔註167〕見柳詒徵《中國文化史》第一九章，頁223。

〔註168〕詳陳邦瞻《宋史紀事本末》卷二九，頁190慶曆三年三月條：修乃爲朋黨論

以進，曰：「臣聞朋黨之說，自古有之，惟幸人君辨其君子小人而已。大凡君

子與君子以同道爲朋，小人與小人以同利爲朋，此自然之理也。然臣謂小人

無朋，惟君子則有之。」

〔註169〕參《王安石新法研述》第三章，頁287。

人不肯而前，因一切有才力，候法行已成，遂逐之，卻用老成者守之，所謂知者行之，仁者守之。」顥曰：「以斯人而行新法，介甫誤矣，君子難進易退，小人反是，若小人得路，豈可去也？若欲去，必成讎敵，他日將悔之。」

安石之不得不選用新進，為推行新法之幹部，於此昭然若揭矣。程顥曰：

新政之改，亦是吾黨爭之有太過，成就今日之事，塗炭天下，亦須兩分其罪可也。〔註170〕

斯論極能道出事實真相，允為篤論也。荊公不得當時君子之助，而行其新法，其衷心苦況，非親處其境者所能想見也。安石晚年，隱居金陵，有詩抒其胸臆曰：

自古功名亦苦辛，行藏終欲付何人；當時黯闇猶承誤，末俗紛耘更亂真。糟粕所傳非粹美，丹青難寫是精神；區區豈盡高賢意，獨守千秋紙上塵。〔註171〕

至於安石所用之人，梁啓超曾考論之四十人，統括曰：「其賢才泰半，不肖者僅十之二三；其所謂不肖者，其罪狀蓋猶未論定也。」〔註172〕則謂其所用盡小人，豈非誣言？且近人劉子健曾分析王安石以下之新黨領導人物——呂惠卿、曾布、章惇、蔡確，言曾屬幹才型，呂雖為幹才，然已接近弄權，章、蔡乃兼乎兩型矣。王安石善用幹才型，方新法創行，目標在推行改制之理想，幹才猶是幹才；新法已行，政治理想之因素減低，幹才或趨於弄權，此舊黨攻擊安石引用小人之由來也。〔註173〕劉氏之論，為歷來言北宋新舊黨爭者另闢一途徑，允屬創見矣。

二、荊公詆毀歐陽文忠始末

明張溥曰：

王安石之名，起於歐陽脩、文彥博，盛於韓維、呂公著，一時名賢，如周敦頤、司馬光、范鎮，皆與友善，而韓琦、富弼，又交引為侍從，意其人亦仲尼之徒邪！驟秉國均，中外老成，芟除殆盡，向所

〔註170〕見《河南程氏遺書》第二上，頁28。
〔註171〕見《王安石詩集》卷二五，頁161〈讀史〉。
〔註172〕見梁啓超《王荊公》第一八章，頁175。
〔註173〕參劉子健〈王安石曾布與北宋晚期官僚的類型〉（載於《清華學報》二卷1期）。

師事者，目爲共鯀，大言無忌，非病狂易，何失心若是。〔註174〕

此詬病安石爲人之最甚者，亦即集《宋史》後至明季官私史書詆毀安石之大成也。今以歐陽脩爲例，觀其與安石之交誼，而世之欲厚誣安石之論，可不攻自破矣。《宋史本傳》載，「安石少好讀書，一過目，終身不忘。其屬文動筆如飛，初若不經意，既成，見者皆服其精妙。友生曾鞏攜以示歐陽脩，脩爲之延譽，躍進士第。」《宋史・歐陽脩傳》曰：「脩獎引後進，如恐不及，賞識之下，率爲聞人，曾鞏、王安石、蘇洵、洵子軾、轍，布衣屏處，未爲人知，脩既游走其聲譽，謂必顯於世。」後人執此，遂以安石由歐陽文忠延譽及第。然安石之獲識於歐陽公，誠如《宋史》稱係曾鞏薦引，而歐陽公與安石相見，在至和初，〔註175〕清蔡元鳳所撰《王荊公年譜考略》言之甚詳，曰：

> 曾鞏上歐陽學士第一書，在慶曆元年，至二年，再上歐陽第二書，及歐公送曾鞏秀才序，皆無一語及安石，而子固遂歸臨川矣。今曰介甫由歐公延譽擢第，是置子固稱道介甫於歐公，與歐公傾服介甫之書，皆未之入目，而於二公相見之歲月，全未之考也。〔註176〕

林瑞翰作〈宋史王安石傳註〉，更推論曾鞏首薦安石於歐陽脩，當在慶曆四年八、九月之間。〔註177〕而安石進士及第在慶曆二年三月，〔註178〕則《宋史》以安石由歐陽脩延譽擢第之說，顯係元人修史，雜采毀者之言所致。

《宋史本傳》又云：「脩薦（安石）爲諫官，以祖母年高辭。脩以其須祿養言於朝，用爲群牧判官。」然蔡元鳳曰：

> 史稱歐陽脩薦爲諫官，以祖母年高辭。按祖母謝氏卒於皇祐五年，明年四月改元至和，是時歐王尚未相識。至至和三年，歐公再論水災狀，以包拯、張瓖、呂公著、王安石並薦，則謝氏卒已四年矣，狀亦無薦爲諫官語。其爲采掫雜書，謬妄可知。集中文有薦王安石、呂公著劄子，兩人堪補諫官，小注祇載至和中而不曰某年；又注云乞留中遂不出，其言恍惚無據，其爲後人攙補，亦不無可疑。〔註179〕

〔註174〕見陳邦瞻《宋史紀事本末》卷三七，頁290〈王安石變法〉。

〔註175〕見宋葉夢得《避暑錄話》：王荊公初未識歐陽文忠公，曾子固力薦之公，願得游其門。而荊公終不肯自通，至和初，爲群牧判官，文忠還朝始見知。（商務人人文庫宋代小說筆記選第一冊，頁121）

〔註176〕見《王荊公年譜考略》卷二，頁43～44。

〔註177〕詳《大陸雜誌》第二七卷第1期，頁23〈宋史王安石傳註（一）〉。

〔註178〕見《王荊公年譜考略》卷二，頁43。

〔註179〕見《王荊公年譜考略》卷四，頁77。

觀此，則歐陽公薦安石爲諫官之說亦不可信。然則此說之起，極可能誤解李燾之意所致。其言曰：

> 殿中丞王安石爲群牧判官，安石力辭召試，有詔與在京差遣，及除群牧判官，安石猶力辭，歐陽脩諭之，乃就職。〔註180〕

則安石就群牧判官，乃「歐陽脩諭之」之結果。至此，有關王安石出仕，非經歐陽脩延譽，可知矣。

歐陽脩嘗有詩一首贈安石，云：

> 翰林風月三千首，吏部文章二百年；老去自憐心尚在，後來誰與子爭先。朱門歌舞爭新態，綠綺塵埃試拂絃；常恨聞名不相識，相逢罇酒盍留連。〔註181〕

安石酬之，曰：

> 欲傳道義心猶壯，強學文章力已窮；他日若能窺孟子，終身何敢望韓公？摳衣最出諸生後，倒屣嘗傾廣座中，祇恐虛名因此得，嘉篇爲眖豈宜蒙。〔註182〕

二公之詩，各道其學宗：歐陽公詩好李白，文宗韓昌黎，故云老去自憐心尚在；安石年二十二，即云以孟韓之心爲心，〔註183〕其後刻意經學，壯心猶在道義，至於文章雖力窮之後，雖終身望韓公不能。合觀二詩，「他日若能窺孟子，終身何敢望韓公？」正答「後來誰與子爭先」之意，二公交相傾服，何其至也。而葉夢得誣介甫「自期以孟子，處公以爲韓愈。」〔註184〕此徒爲後來誣荊公詆毀歐陽文忠張本，蔡元鳳已辯之甚詳，〔註185〕略而不論矣！

至於史載荊公詆毀歐陽公，見《續通鑑‧宋紀》卷六十八神宗熙寧四年六月甲子條，云：

> 知青州歐陽脩以太子少師觀文殿學士致仕。脩以風節自持，既連被汙衊，年六十，即乞謝事。及守青州，上疏請止散青苗錢，王安石惡之，脩求歸益切。馮京請留之，安石曰：「脩善附流俗，以韓琦爲社稷臣。如此人，在一郡則壞一郡，在朝廷則壞朝廷，留之何用！」

〔註180〕見《續通鑑長編》卷一七七仁宗至和七年九月辛酉條。
〔註181〕見《歐陽修全集》卷二〈居士外集〉一「贈王介甫」。
〔註182〕見《王安石詩集》卷二二，頁136〈奉酬永叔見贈〉。
〔註183〕參《王安石文集》卷二五，頁157〈送孫正之序〉。
〔註184〕詳葉夢得《避暑錄話》（同註175括弧）。
〔註185〕參《王荊公年譜考略》卷五，頁83～85。

〔註186〕

蔡元鳳辨之曰：

> 歐公自治平三年以來，因遭濮議蔣之奇飛語，力求去者數矣，至是
> 以老疾致仕。續綱目乃以歸罪於荊公，此皆誣罔之尤，而於歐公履
> 歷，其書具在，全未之考也。在一郡則壞一郡，楊中立《日錄》辨
> 有之，是《綱目》實本於《日錄》矣。〔註187〕

及歐陽脩死後，安石有〈祭歐文忠公文〉，〔註188〕推其「果敢之氣，剛正之節，
至晚而不衰。」若是，謂安石詆毀歐陽公，不知何云然？蔡元鳳《考略》曰：

> 自宋天聖、明道以來，歐陽公以文章風節負天下重望。慶曆四年，
> 曾子固上歐公書曰：王安石雖已得科名，彼誠自重，不願知於人。
> 以爲非歐公無足以知我。是時安石年二十四也。至和二年，歐公始
> 見安石。自是書牘往來與見之章奏者，愛歎稱譽，無有倫比，歐公
> 全書可考而知也。熙寧三年，公論青苗法非便，而又擅止青苗錢不
> 散，要亦祇論國家大事，期有益於公私而止，曷嘗斥爲奸邪，狠若
> 仇讎，如呂誨諸人已甚之辭哉！而世乃傳安石既相，嘗詆歐陽在一
> 國則亂一國，在天下則亂天下。考公擅止青苗錢，在熙寧三年夏，
> 至十二月，安石同平章事，明年春，公有賀王相公拜相啓，其言曰
> 高步儒林，著三朝甚重之望，晚登文陛，受萬乘非常之知，又曰竊
> 顧病衰，恪居官守，莫陪班謁，徒用馳誠。夫以亢直如歐公，使果
> 有大不說於參政之時，而復獻諛於爲相之日，是豈歐公之所爲哉？

又云：

> 踰年歐公薨，而安石爲文祭之，於是歐公之其人其文，其立朝大節，
> 其坎坷困頓，與夫平生知己之感，死後臨風想望之情，無不具見於
> 其中。夫以安石之得君如彼其專，行新法如彼其決，曾何所忌於歐
> 公，而必欲擠而去之，乃生則詆其人爲天下大惡，而死則譽其爲天
> 下不可幾及之人，是又豈安石之所爲哉？〔註189〕

梁啓超更以史實證歐陽脩之去，不緣荊公之故。曰：

〔註186〕同見於《續通鑑長編》卷二二四，《續通鑑綱目》（見《王荊公年譜考略》卷
　　　　十七，頁231引）。
〔註187〕見《王荊公年譜考略》卷一七，頁231～232。
〔註188〕見《王安石文集》卷四八，頁7～8。
〔註189〕以上見《王荊公年譜考略》卷一七，頁234～235。

考歐公於治平三年，以濮議見攻於呂誨、彭思永，四年，以飛語見毀於彭思永、蔣之奇，自是力請外郡，出而知亳州，知青州，知蔡州以至於薨，則凡熙寧四年間，公未嘗一日立於朝，而累年告病，尤在安石未執政之前，於安石何與哉？在一國則亂一國諸語，出於楊中立之神宗日錄辨，其為誣顯而易見，後人執此以為安石罪，而於兩公全集皆不一寓目何也？〔註190〕

梁氏又曰：

今按蔡氏之文，辨證確鑿，無待更贅，歐公之去，不緣荊公，而敍之於此者，凡以辨荊公排斥忠良之誣也。歐公如此，則凡雜史述荊公詆他人之言，又豈可盡信耶？〔註191〕

則荊公詆毀歐陽公之誣，可獲昭雪矣！至於雜史所述荊公排斥時賢之說，亦足見一斑矣！

三、荊公是儒家？是法家？

荊公之學術，或以為法家者，如宋陳次升所謂「秦學」是也。〔註192〕南宋高宗亦曰：「安石之學，雜以霸道，欲放商鞅富國強兵。」〔註193〕朱晦菴〈讀兩陳諫議遺墨〉〔註194〕曰：「若夫道德性命之與刑名度數，則其精粗本末，雖若有閒，然其相為表裏，如影相形，則又不可得而分也。今謂安石之學，獨有得于刑名度數，而道德性命，則有所不足。……」明王洙謂：「王安石蓋襲商鞅之遺謀，以病宋者也。」〔註195〕王船山則謂王安石用法家之實而諱其名，〔註196〕又云：「神宗有營利之心，安石挾申、商之術，發乎微己成乎著，正其恩怨死生獨仕而不可委者。」〔註197〕歸納以上諸家論點，蓋指安石以富國強兵為施政目標，以刑名法術為施政手段。故斥其學為申、商之異端。

其實，富國強兵並非法家獨有之主張。子貢問政，子曰：「足食，足兵，

〔註190〕見梁啓超《王荊公》第十六章，頁149〈考異十五〉。
〔註191〕同註190。
〔註192〕詳《宋史》卷三四六〈陳次升傳〉。（鼎文版，頁10969）。
〔註193〕見《宋史》卷三八一〈王居正傳〉。（鼎文版，頁11736）。
〔註194〕見《朱文公文集》卷七，頁1283（四部叢刊本）。
〔註195〕見《宋史質》卷八一，頁402。
〔註196〕詳王夫之《讀通鑑論》卷一秦二世下。
〔註197〕見王夫之《宋論》卷六，頁130。

民信之矣。」〔註198〕又孔子固然曾謂：「道之以政，齊之以刑，民免而無恥。道之以德，齊之以禮，有恥且格。」，俗儒因「民免而無恥」，而反對政與刑；又因「有恥且格」，而贊成德與禮。故以爲君子爲政，尙德不尙刑。然《禮記》云：「禮樂刑政，其極一也。」〔註199〕孔穎達疏：「政，法律也。」〔註200〕是則「道之以政，齊之以刑」，是爲法治。「道之以德，齊之以禮」，是爲禮治。法治與體治，「其極一也」。〔註201〕孟子不言利，然嘗謂齊宣王曰：「王如好貨，與百姓同之，於王何有？」〔註202〕孟子反戰，曰：「善戰者服上刑」，〔註203〕然對周公誅紂伐奄，滅國五十，卻大加稱頌。〔註204〕荀子講禮，實近於法，其言曰：「禮者，法之大分。」〔註205〕又曰：「非禮是無法也。」〔註206〕又曰：「國無禮則不正。禮之所以正國也。譬之猶衡之於輕重也。猶繩墨之於曲直也，猶規矩之於方圓也。既錯之，而人莫之能誣也。」〔註207〕故言治國富強之道者，非必盡爲法家明矣。

　　安石嘗有一詩詠商鞅曰：「自古驅民在信誠，一言爲重百金輕，今人未可非商鞅，商鞅能令政必行。」〔註208〕司馬遷記商君變法前之舉措，云：

　　　　令既具未布，恐民之不信己，乃立三丈之木於國都市南門，募民有
　　　　能徙置北門者，予十金。民怪之，莫敢徙。復曰能徙者予五十金。
　　　　有一人徙之，輒予五十金，以明不欺。〔註209〕

安石所詠贊者，乃商鞅重視誠信，而非「滑水盡赤」之重刑也。方新法之行，安石固曾主張運用刑賞，如：

　　　　上（神宗）……言或以爲役錢事，必致建中之亂，（唐德宗建中四年
　　　　朱泚之亂）安石曰：「人言所以致此，由陛下憂畏太過，故姦人窺見
　　　　聖心，敢爲誑脅也。……陛下誠能熟計利害，而深見情僞，明示好

〔註198〕見《論語・顏淵第十二》（十三經注疏新文豐版，頁107）。
〔註199〕見《論語・爲政第二》（十三經注疏新文豐版，頁16）。
〔註200〕見《禮記・樂記第十九》（十三經注疏新文豐版，頁663）。
〔註201〕參薩孟武《中國法治思想》第一節，頁11。
〔註202〕見《孟子・梁惠王下》（十三經注疏新文豐版，頁35）。
〔註203〕見《孟子・離婁上》（十三經注疏新文豐版，頁134）。
〔註204〕詳《孟子・滕文公下》（十三經注疏新文豐版，頁117）。
〔註205〕見王先謙《荀子集解》卷一，頁119〈勸學篇第一〉。
〔註206〕見王先謙《荀子集解》卷一，頁147〈修身篇第二〉。
〔註207〕見王先謙《荀子集解》卷七，頁390〈王霸篇第十一〉。
〔註208〕見《王安石詩集》卷三二，頁212〈商鞅〉。
〔註209〕見《史記》卷六八〈商君列傳〉第八，頁871。

惡賞罰，使人人知政刑足畏，則姦言浮說自不敢起，詭妄之計自不敢施，豪猾吏民自當帖息，如此，雖多取于兼并豪強，以寬濟貧弱，又何所傷也？」〔註210〕

然安石並非專任「刑名法制」，以驅使群吏百姓，如：

熙寧五年二月甲寅，上謂安石曰：「舉官多苟且，不用心，宜嚴立法制。……」安石曰：「……若陛下於忠邪情僞勤惰之際，每示優容，但令如臣者督察。緣臣道不可過君，過君則於理分有害。且刑名法制，非治之本，是爲吏事，非主道也。精神之運，心術之化，使人自然遷善遠罪者，主道也。今於群臣邪正情僞勤怠未能明示好惡，使知所勸懼，而每事仰法制，固有所不及也。當更論講帝王之道術而已，若不務此，而但欲多立法制，以駭群臣，恐不濟事。」〔註211〕

安石之政治論，主「人」與「法」同等重要，云：

蓋夫天下，至大器也。非大明法度，不足以維持；非眾建賢才，不足以保守。苟無至誠惻怛憂天下之心，則不能詢考賢才，講求法度；賢才不用，法度不修，偷假歲月，則幸或可以無他；曠日持久，則未嘗不終於大亂。〔註212〕

故其言教化，不在強制，而在使人不知不覺，受其感化也。原教曰：

善教者藏其用，民化上而不知所以教之之源；不善教者反此，民知所以教之之源，而不誠化上之意。……不善教者……暴爲之制，煩爲之防，劬劬於法令誥戒之間，……或曰：「法令誥戒；不足以爲教乎？」曰：「法令誥戒，文也；吾云爾者，本也。夫其本而求之文，吾不知其可也。」〔註213〕

然安石於政術之運用原則究爲何哉？蓋主張德、察、刑兼用之，云：

昔論者曰：「君任德，則下不忍欺；君任察，則下不能欺；君任刑，則下不敢欺；」而遂以德察刑爲次，蓋未之盡也。……然聖人之道，有出此三者乎？亦兼用之而已。……任德則有不可化者，任察則有不可周者，任刑則有不可服者。……蓋聖人之政，仁足以使民不忍

〔註210〕見《續通鑑長編》卷二二三熙寧四年五月庚子條。
〔註211〕見楊仲良《通鑑長編紀事本末》卷五九，頁 1908～1909〈王安石事迹上〉。
〔註212〕見《王安石文集》卷一，頁 13〈上時政疏〉。
〔註213〕見《王安石文集》卷四四，頁 149～150〈原教〉。

欺；智足以使民不能欺；政足以使民不敢欺；然後天下無或欺之者

矣。〔註214〕

由上觀上，安石之學術，既非法家，亦不屬於俗儒。梁任公曰：「荊公之學術，內之在知命厲節，外之在經世致用，凡其所以立身行己與夫施之於有政者，皆其學也。」〔註215〕內聖外王，爲儒家世傳家法，大學八目，即孟子所謂充善，自誠正修齊以迄治平，由內聖以達外王之道也。荊公極推尊孟子，嘗有詩云：「沉魄浮魂不可招，遺編一讀想風標！何妨舉世嫌迂闊，故有斯人慰寂寥。」〔註216〕其引孟子爲知音可知也。荊公於內聖外王之道，論議雖無系統，依蔣復璁先生整理，秩序井然，云：

例如：「命解」以道御剛，以禮節柔，此君子知命之道，俾弱不離道，賤不失禮；作「致一論」，以精其理，歸結於精義入神以致用，利用安身以崇德，入神道至，即爲大人，大人者，與天地合其德，爲其「三聖人」中之目的，即理想之聖人；撰「大人論」，將孟子之大聖神三階段，彙合爲一，即聖人是也。神非聖不顯，聖非大不形，大即事業，於是聖人僅有德業可見，由知命以迄大人，即荊公內聖外王之道也。

「大人論」爲荊公經世致用之目的，亦其理想之人格。〔註217〕

此由大而見聖與神，落實於人事，以求天命，正是儒家傳統之方法。惟其宗周官，故特重視財政，屢言「合天下之眾者財」：〔註218〕「聚天下之人，不可以無財」。〔註219〕或攻其言利，則曰：

孟子所言利者，爲利吾國（如曲防遏糴），利吾身耳。至狗彘食人食則檢之，野有餓莩則發之，是所謂政事。政事所以理財，理財乃所謂義也。一部周禮，理財居其半，周公豈爲利哉？〔註220〕

荊公奉周官爲變法之經典，曰：「制而用之存乎法，推而行之存乎人。其人足以任官，其官足以行法，莫盛乎成周之時。其法可施於後世，其文有見於載籍，莫具乎周官之書。」〔註221〕由此觀之，荊公之改革，除注重「變風俗，

〔註214〕見《王安石文集》卷四二，頁131～132〈三不欺〉。
〔註215〕見梁啓超《王荊公》第二〇章，頁180。
〔註216〕見《王安石詩集》卷三二，頁212〈孟子〉。
〔註217〕見蔣復璁《宋史新探》「六、王安石評傳」，頁172～173。
〔註218〕見《王安石文集》卷二六，頁158〈度支副使廳壁題名記〉。
〔註219〕見《王安石文集》卷七，頁66〈乞制置三司條例〉。
〔註220〕見《王安石文集》卷二九，頁12〈答曾公立書〉。
〔註221〕見《王安石文集》卷二五，頁147〈周禮義序〉。

立法度」而外，〔註222〕更以選賢任能爲其改革手段。荊公於材論、進說、取
材、興賢、委任等論中，明揭其官治思想。〔註223〕新法之行，荊公固嘗主刑
賞，前已言及；然此種刑賞，與法家之刑賞有別，法家用刑賞，使民遵守法
令，荊公用刑賞，使吏急行法令。〔註224〕故斥荊公爲申、商之異端者，實不
確也明矣。

〔註222〕見《宋史》卷三二七〈王安石傳〉。
〔註223〕參陶希聖《中國政治思想史》第五篇第三章第二節，頁 56。
〔註224〕參薩孟武《中國社會政治史》第十一章，頁 43。

第二章　王安石之哲學思想

　　世或以為，安石之學獨有得于刑名度數，而道德性命，則有所不足。[註1]
故編撰中國哲學史，於安石漏而不列，蓋以王為政治家耳。荊公既有命世之才，
且能通古今之變；於諸經有著述，哲理有闡揚，故不可僅以政治家視之也。全
謝山〈陳用之論語解序〉曰：

> 荊公六藝之學，各有傳者，考之諸家著錄中，耿南仲、龔深父之《易》，
> 陸佃之《尚書》《爾雅》，蔡卞之《詩》，王昭禹、鄭宗顏之《周禮》，
> 馬希孟、方愨、陸佃之《禮記》，許元成之《孟子》，其淵源具在；
> 而陳祥道之《論語》，鮮有知之者，但見於昭德《晁氏叢書志》而已，
> 荊公嘗自解《論語》，其子雱又衍之，而成於祥道。[註2]

荊公之書，亡佚泰半，就今得見《臨川集》等觀之，其於人性論、道德觀，乃
至宇宙論，皆有獨特之見解，此與當時理學諸家之研究，幾無區別。所不同者，
一般理學家專談心性道德之修養，重視以人合天，希聖希賢之工夫，鄙視功名
利祿，以致日與實際政治疏遠。荊公則主張「道以致用」，「經」以濟世，除能
究天人之際，言性命之道外，復能通古今之變，理天下之財，此乃荊公之特色
也。[註3] 其所論議，雖無系統，加以紬繹，秩序井然，故析論之如次云。

第一節　宇宙論

　　陸象山〈荊國王文公祠堂記〉曰：

〔註 1〕《朱文公文集》卷七○〈讀兩陳諫議遺墨〉。
〔註 2〕見《宋元學案》卷九八，頁 56《荊公新學略》。
〔註 3〕參周世輔〈論王安石的哲學思想〉《革命思想月刊》第七卷第 1、2 期）。

唐虞三代之時，道行乎天下，夏商叔葉，去治未遠，公卿之間，猶有典刑，伊尹適夏，三仁在商，此道之所存也。周歷之季，跡熄澤竭，人私其身，士私其學，橫議蜂起。老氏以善成其私，長雄於百家；竊其遺意者，猶皆逞於天下，至漢而其術益行。……裕陵之得公，問唐太宗何如主？對曰：陛下每事當以堯舜為法。……自是君臣議論，未嘗不以堯舜相期。〔註4〕

又稱荊公「潔白之操，寒於冰霜」，「掃俗學之凡陋，振弊法之因循。道術必為孔孟，勳績必為伊周。」是知荊公之學，肇基於儒術，而以堯舜為其極致。伊周乃後世推崇之政治家，其道德文章兼駭，言行皆可為天下法，治平之業，則為其學問道德之自然趨勢。象山以此譽荊公，必有其故，蓋此乃荊公之志也。儒家向來重人事，罕言天道，縱或有之，亦以勉人為善為旨，如：「天行健，君子以自強不息。」〔註5〕然論語中出現之「天」、「天道」、「天命」，究作何解？茲先錄有關材料如下：

子貢曰：夫子之文章，可得而聞也。夫子之言性與天道，不可得而聞也。（《論語·公冶長篇》）

王孫賈問曰：與其媚於奧，寧媚於竈；何謂也？子曰：不然，獲罪於天，無所禱也。（仝書〈八佾篇〉）

子曰：君子有三畏，畏天命，畏大人，畏聖人之言。小人不知天命，而不畏也。狎大人，侮聖人之言。（仝書〈季氏篇〉）

子曰：予欲無言。子貢曰：子如不言，則小子何述焉。子曰：天何言哉！四時行焉，百物生焉，天何言哉！（仝書〈陽貨篇〉）

此處之天、天道、天命，顯然祇是「四時行焉，百物生焉」之現象，而為一種宇宙生命與法則，並未作形而上之推求，此可得言者。儒家因「專用力於人道之所宜，而不惑於鬼神之不可知」，〔註6〕故開創一套存誠而善世，進而德博而化之概念；〔註7〕前者乃修己治人之工夫，後者是儒家參贊天地化育之崇高理想。荊公嘗撰〈洪範傳〉，篇首曰：

〔註4〕詳《象山先生全集》卷一九〈荊國王文公祠堂記〉。
〔註5〕見《周易·乾卦》（十三經注疏新文豐版，頁11）。
〔註6〕見朱熹《四書集注·論語》卷三〈雍也〉第六，頁38孔子答樊遲問知下注釋。
〔註7〕見《周易文言傳釋乾》九二（十三經注疏新文豐版，頁13）：「閑邪存其誠，善世而不伐，德博而化。」

五行，天所以命萬物者也；故初一曰「五行」。五事，人所以繼天道
而成性者也；故次二曰「敬用五事」。五事，人君所以修其心，治其
身者也，修其心治其身而後可以爲政於天下；故次三曰「農用八政」。
〔註8〕

此與前述儒家之存誠而善世，德博而化之觀念若合符節，其得自儒家之精髓
有如此。

荊公雖以儒術爲本，然於道家亦有相當研究，並有《老子注》二卷。今
難亡佚，據嚴靈峯輯校一卷（收入《無求備齋老子集成初編》），《臨川集》卷
六十八〈論老子〉一文觀之，安石本「道以致用」之精神，將無爲歸之宇宙，
有爲以釋人生。其〈論老子〉云：

道有本有末，本者，萬物之所以生也；末者，萬物之所以成也；本
者，出之自然，故不假乎人之力，而萬物以生也；末者、涉乎形器，
故待人力而後萬物以成也。夫其不假人之力，而萬物以生，則是聖
人可以無言也，無爲也；至於有恃於人力，而萬物以成，則是聖人
之所以不能無言也，無爲也。

荊公之思想方法，乃遠紹於孔門即器以明道者也。道之末爲形器，即具體之
事物、技術；道之本爲義理，由義理推而至於天道。天道無爲，形器有爲。「道
之序」是由天道以至於形器，故聖人無爲而有爲。〔註9〕又曰：

故昔聖人之在上，而以萬物爲己任者，必制四術焉。四術者：禮樂
刑政是也，所以成萬物者也。故聖人唯務修其成萬物者，不言其生
萬物者。蓋生者尸之於自然，非人力之所得與矣。

禮樂刑政乃成萬物必備之形器，聖人於此應特講求；至於生萬物之自然，非
人力所得與，故天道無爲也。但：

老子者獨不然。以爲涉乎形器者，皆不足言也，不足爲也，故抵去
禮樂刑政，而唯道之稱焉；是不察於理，而務高之過矣。

以此評老子。又申其有爲思想，一云：

夫道之自然者，又何預乎？唯其涉乎形器，是以必待於人之言也，
人之爲也。

下又以轂輻之於車，禮樂刑政之於天下，明言其人爲主義。曰：

〔註8〕見《王安石文集》卷四〇，頁107。
〔註9〕參陶希聖《中國政治思想史》第五編第三章第一節，頁46。

其書曰:「三十輻,共一轂,當其無,有車之用。」夫轂輻之用,固在於車之無用,然工之琢削,未嘗及於無者,蓋出於自然之力,可以無與也。今之治車者,知治其轂輻,而未嘗及於無也,然而車以成者,蓋轂輻具則無必爲用矣,如其知無爲用,而不治轂輻,則爲車之術固已竦矣。今知無之爲車用,無之爲天下用,然不知所以爲用也。故無之所以爲用者,以有轂輻也;無之所以爲天下用者,以有禮樂刑政也。如其廢轂輻於車,廢禮樂刑政於天下,而坐求其無之爲用也,則亦近於愚矣。

荊公注老子「常無,欲以觀其妙;常有,欲以觀其徼。」云:

蓋有無者,若東西之相反,而不可以相無也。故非有,則無以見無;而非無,則無以出有。有無之變,更出迭入,而未離乎道,此則聖人之所謂神者矣。《易》曰:無思也,無爲也,寂然不動,感而遂通天下之故。此之謂也。蓋昔之聖人,常以其無思無爲,以觀其妙;常以感而遂通天下之故,以觀其徼。徼妙並得而無所偏取也。

寂然不動爲道之體,感而遂通天下之故爲道之用,此可證諸「道沖而用之」注:「道有體有用,體者、元氣之不動,用者、沖氣運行於天地之間。」至於有無,雖似相對,實相因依,其更出迭入,未離乎道,此則神矣。故「天下皆知章」注云:「有之與無,難之與易,長之與短,高之與下,音之與聲,前之與後,是皆不免有所對,唯能兼忘此六者,則可以入神;可以入神,則無對於天地之間矣。」

　　荊公以即器明道之方法,貫串老子學說。其言道之序,自天道以至於形器,又自人道以達天道,故兩相兼顧,原則上,不放棄老子道、無之高明境界,而人生態度上,則一反老莊放任自然,無爲而治之教。荊公曰:

語道之全,則無不在也;無不爲也;學者所不能據也,而不可以不心存焉。道之在我者爲德,德可據也;以德愛者爲仁,仁譬則左也,義譬則右也;德以仁爲主,故君子在仁義之間,所當依者仁而已。
〔註10〕

此言天道可志而不可據,惟德可據,德之其於人而爲仁義;仁爲德之主,故君子當「志於道,據於德,依於仁」而已。又曰:

古之聖人,其道未嘗不入於神,而其所稱止乎聖人者,以其道存乎

〔註10〕見《王安石文集》卷二八,頁3〈答韓求仁書〉。

虛無寂寞不可見之間，苟存乎人，則所謂德也。是以人之道雖神，
而不得以神自名，名乎其德而已。〔註11〕

又云：

《易》曰：「蓍之德，圓而神，卦之德，方以智。」……稱卦以智，
不稱以神者，以其存乎爻也；存乎爻，則道之用見於器，而剛柔有
所定之矣。（仝註11）

此處解卦存乎爻，申「道之用見於器」之論，可謂明矣。其「致一論」更闡
述聖人致用之道，曰：

《易》曰：「精義入神以致用，利用安身以崇德。」此道之序也。孔
子既語道之序矣，患乎學者之未明也，於是又取於爻以喻焉。……
以明夫致用之道也。〔註12〕

道之用見於器，器之外無道。道不能自見，待禮樂刑政而日章，蓋「聖人之在
上，而以萬物為己任者，必制四術焉。四術者：禮樂刑政是也，所以成萬物者
也。」〔註13〕〈九變而賞罰可言〉篇，由道以推之於形器，更詳盡矣。安石據
莊子所謂「先明天而道德次之；道德已明而仁義次之；仁義已明而分守次之；
分守已明而形名次之；形名已明而因任次之；因任已明而原省次之；原省已明
而是非次之；是非已明而賞罰次之。」〔註14〕其要旨謂，天乃萬物所待以生者，
由是而之焉，謂之道；道之在我者，謂之德；以德愛，謂之仁；愛而宜，謂之
義；仁有先後，義有上下，謂之分；先後上下不踰，謂之守；物分守者，謂之
形；命分守者，謂之名，分守既明而有貴賤親疏，因貴賤親疏而任職，謂之因
任；因任之後，原其情而省其功，謂之原省；原省而後有是非；有是非而後行
賞罰。由天以至於賞罰，凡九變，是為「道之序」。〔註15〕荊公所謂道、無，相
當於自然之性，是萬物之本。而禮樂刑政，乃人為工夫，以達此道、無之妙用
之具體設施。其注老子「王乃天」，曰：「王者，人道之極也；人道極，則至於
天道矣。」而天與道本合而為一也。〔註16〕荊公講實用主義，就人道之極以至

〔註11〕見《王安石文集》卷四一，頁126〈大人論〉。
〔註12〕見《王安石文集》卷四一，頁127〈致一論〉。
〔註13〕見《王安石文集》卷四三，頁142〈老子〉。
〔註14〕見《王安石文集》卷四二，頁130。〈九變而賞罰可言〉。
〔註15〕參同註9，頁49～47。
〔註16〕見嚴靈峰《輯校王安石老子注》「致虛極章第十六」「王乃道」句。（收入《無
求備齋老子集成初編》）。

於天道，爲一積極、有爲之哲學思想。其〈尙書・洪範傳〉有云：

> 洪範語道與命，故其序與語器與語時者異也。道者、萬物莫不由之
> 者也；命者、萬物莫不聽之者也；器者道之散；時者命之運；由於
> 道、聽於命而不知者，百姓也；由於道、聽於命而知之者，君子也。
> 道萬物而無所由，命萬物而無所聽，唯天下之至神，爲能與於此。
> 〔註17〕

道之散爲器，命之運爲時，君子能由於道、聽於命而知之，此人道有爲之證也。若夫「道萬物而無所由，命萬物而無所聽」，則唯天下之至神能如此。至此，荊公之「道以致用」論已完成矣。

荊公論老子，其中心在以無爲釋宇宙，以有爲釋人生，此固其有爲哲學之淵源，然與老子本義，未盡相符。明乎此，則荊公一生學問特點，當可瞭若指掌矣。緣老子思想，蓋起於觀「變」而思「常」。二十三章曰：「飄風不終朝，驟雨不終日；孰爲此者？天地。天地尙不能久，而況於人乎？」萬象流逝，難以久常，此所謂「變」，乃事物之變；老子舉「天地」以概括經驗世界之萬有，言萬有無不「變」；然不屬經驗世界之事象群者，則可久可常。此即老子之所謂「道」，故二十五章曰：「有物混成，先天地生，寂兮寥兮，獨立而不改，周行而不殆，可以爲天下母；吾不知其名，字之曰道。」「道」即指萬有之規律，而規律本身非萬有之一（即非經驗事象），故謂「先天地生」。〔註18〕然此萬有所循之規律，究何所指？四十章曰：「反者道之動。」「動」即「運行」，「反」則爲終則有始之義，如第二章云：「故有無相生，難易相成，長短相形。高下相傾，音聲相和，前後相隨。」老子既見「道」之爲「反」，則萬物紛紜，悉在變逝之中；每一事象皆無恒常，故凡於事象有所固執，皆爲不知「道」也。故老子主張「無爲」，「無爲」本與「無執」並舉，如六十四章云：「爲者敗之，執者失之，是以聖人無爲故無敗，無執故無失。」此「無爲」之觀念，即老子思想之中心。而荊公論老子，就「無爲」批評之，而主人道有爲，蓋有其時代、思想背景。如〈上時政疏〉，曰：「以古準今，則天下安危治亂，尙可以有爲；有爲之時，莫急於今日；過今日則臣恐亦有無所及之悔矣。」〔註19〕又〈答司馬諫議書〉，曰：「竊以爲與君實……議事每不合，所操之術多異故也。……今君實所以見教

〔註17〕見《王安石文集》卷四，頁108〈洪範傳〉。
〔註18〕參勞思光《中國哲學史》第四章，頁157。
〔註19〕見《王安石文集》卷一，頁13。

者，以爲侵官生事，征利拒諫，以致天下怨謗也。某則以謂受命於人主，議法度而修之於朝廷，以授之於有司，不爲侵官；舉先王之政，以興利除弊，不爲生事；爲天下理財，不爲征利；闢邪說，難壬人，不爲拒諫；至於怨誹之多，則固前知其如此也。」〔註20〕觀此，則知荊公一生行事，果於有爲，不爲怨謗所沮之精神，蓋有素養使然也。

第二節　人性論

孔子在《論語》中嘗言性，曰：「性相近也，習相遠也。」（〈陽貨第十七〉）朱元晦注云：

> 此所謂性，兼氣質而言者也，氣質之性，固有美惡之不同矣，然以其初而言，則皆不甚相遠也，但習於善則善，習於惡則惡，於是始相遠耳。程子曰：此言氣質之性，非言性之本也。若言其本，則性即是理，理無不善，孟子之言性善是也，何相近之有哉？〔註21〕

朱子以此處所謂「性」，兼氣質之性；氣質之性者，一切自然生命之特徵也。此即告子所謂「生之謂性」〔註22〕之義，就個體所以成其爲個體所具有之「自然之質」以言性也。自然之質固有美惡之不同，習於善則善，習於惡則惡，故言「習相遠也」。朱注又引程子之語，以肯定己說，其中透露程子對性之見解，云「性即是理，理無不善，孟子之言性善是也。」欲窺其堂奧，當先一覽孟子「性善」之論。《孟子・公孫丑上》：

> 人皆有不忍人之心。……所以謂人皆有不忍人之心者，今人乍見孺子將入於井，皆有怵惕惻隱之心，非所以內交於孺子之父母也，非所以要譽於鄉黨朋友也，非惡其聲而然也。由是觀之，無惻隱之心，非人也；無羞惡之心，非人也；無辭讓之心，非人也；無是非之心，非人也。惻隱之心，仁之端也；羞惡之心，義之端也；辭讓之心，禮之端也；是非之心，智之端也。

孟子由人之惻隱之心、羞惡之心、辭讓之心、是非之心，點出善端，以心攝性，成就其「性善」說。此性善論，採取形而上之探討，而出之以理想之態

〔註20〕見《王安石文集》卷二九，頁12。
〔註21〕見《論語・陽貨第十七》（《四書集注》世界書局版，頁119）。
〔註22〕見《孟子・告子篇上》（《四書集注》世界書局版，頁158）。

度，有異於「生之謂性」，無所謂善惡之論調，其善乃定然之趨向。此不止溯源於內在之自覺，亦可上通於天，故云：「盡其心者，知其性也；知其性，則知天矣。」〔註23〕由此發展爲中庸「天命之謂性」，樹立人類理性之生活，提高人類之精神生命。此義理之性，與氣質之性，至宋儒更嚴格劃分，不容混雜矣。

其間，有荀子主張性惡，揚雄主善惡混，王充之性三品，此言性者分派之大要也，今分述其說如下：

（一）荀子性惡說：孟子倡性善，荀子主性惡。其〈性惡篇〉云：

人之性惡，其善者僞也。今人之性，生而有好利焉，順是，故爭奪生而辭讓亡焉；生而有疾惡焉，順是，故殘賊生而忠信亡焉；生而有耳目之欲，有好聲色焉，順是，故淫亂生而禮義文理亡焉。然而從人之性，順人之情，必出於爭奪，合於犯分亂理，而歸於暴。……用此觀之，然則人之性惡明矣，其善者僞也。〔註24〕

荀子所言之「性」，即氣質之性。其〈正名篇〉有云：「生之所以然者謂之性」，此性屬自然之質，專就實然而言，並非孟子所言之「性」也。故荀子以爲，順動物性而發展，則必「犯分亂理而歸於暴」，主張由禮義師法以化人之動物性，故曰：「今人之性惡，必將待師法然後正，得禮義然後治。」（〈性惡第二十三〉）

（二）揚雄善惡混：揚雄折中孟、荀之說，以爲：「人之性也，善惡混。」〔註25〕故修其善則爲善人，修其惡則爲惡人。

（三）王充性三品；王充作本性篇，分人性爲三品，以駁孟、荀之說。其反對性善云：

孟子作性善之篇，以爲人性皆善；及其不善，物之亂也。謂人生於天地，皆稟善性；長大與物交接者，放縱悖亂，不善日以生矣。若孟子之言，人幼小之時，無有不善也。微子曰：「我舊云孩子，王子不出。」紂爲孩子之時，微子睹其不善之性，性惡不出眾庶，長大爲亂不變，故云也。羊舌食我初生之時，叔姬視之；及堂，聞其啼聲而還，曰：「其聲，豺狼之聲也。野心無親，非是莫滅羊舌氏！」

〔註23〕見《孟子・盡心上》（同前，頁187）。
〔註24〕見《荀子・性惡篇》第二十三（藝文版《荀子集解》，頁703）。
〔註25〕見汪榮寶《法言義疏》疏五〈修身〉卷第三（世界版，頁138）。

遂不肯見。及長，祁勝爲亂，食我與焉，國人殺食我，羊舌氏由是
滅矣。紂之惡在孩子之時，食我之亂見始生之聲；孩子始生，未與
物接，誰令悖者？……且孟子相人以眸子焉，心清而眸子瞭，心濁
而眸子眊。人生目輒眊瞭，眊瞭稟之天，不同氣也；非幼小之時瞭，
長大與人接，乃更眊也。性本自然，善惡有質。孟子之言情性，未
爲實也。〔註26〕

其反對性惡，云：

孫卿有反孟子，作〈性惡〉之篇，以爲「人性惡，其善者僞也，——
——性惡者，以爲人生皆得惡性也；僞者，長大之後勉使爲善也。——
——若孫卿之言，人幼小無善也。稷爲兒，以種樹爲戲；孔子能行，
以俎豆爲弄；石生而堅，蘭生而香。稟善氣長大就成，故種樹之戲，
爲唐司馬；俎豆之弄，爲周聖師，稟蘭石之性，故有堅香之驗，天
孫卿之言，未爲得實。〔註27〕

王充既以孟、荀言性均未得實，然其主張究爲何也？云：

人性有善有惡，猶人才有高有下也，高不可下，下不可高；謂性無
善惡，是謂人才無高下也，稟性受命，同一實也。命有貴賤，性有
善惡；謂性無善惡，是謂人命無貴賤也，……余固以孟軻言人性善
者，中人以上者也：，孫卿言人性惡，中人以下者也；揚雄言人性
善惡混者，中人也。若反經合道，則可以爲教；盡性之理，則未也。
〔註28〕

其以極善極惡之性，乃稟天然之姿，雖聖化賢教，不能復移易也。至若不善
不惡者，在所習焉，習善則爲善，習惡則爲惡，此所謂性之三品也。

　　牟宗三先生於《心體與性體》一書中，曾概括歷來言性而析爲三層面，
頗有見解。云：

　　一、生物本能、生理欲望、心理情緒這些屬于自然生命之自然特徵所構
　　　　成的性，此爲最低層，告子、荀子所說之性即屬于此層者。

　　二、氣質之清濁、厚薄、剛柔、偏正、純駁、智愚、賢不肖等所構之性，
　　　　此即後來所謂氣性才性之類是，此爲較高級者，然亦由自然生命而

〔註26〕見《論衡》卷三〈本性篇〉(《學人月刊》雜誌社印標點本，頁17～18)。
〔註27〕同註26，頁20。
〔註28〕同註26，頁22。

蒸發。

三、超越的義理當然之性，此爲最高級者，此不屬于自然生命，乃純屬
于道德生命精神生命者，此性是絕對的普遍，不是類名的普遍，是
同同一如的，此即後來《孟子》《中庸》《易傳》所講之性，宋儒所
謂天地之性、義理之性者是。〔註29〕

宋儒言性，較前人言性，確能超越生物本能、生理欲望、心理情緒，而
尋求屬于道德生命、精神生命之義理之性。其持說之所宗者，即《孟子》、《中
庸》、《易傳》等書也。王安石生平最服膺孟子，最反對荀子，極推崇揚雄，
以爲「揚雄亦用心於內，不求於外，不修廉隅，以徼名當世。」〔註30〕故云：
「揚雄者，自孟軻以來，未有及之者。」〔註31〕且引揚雄爲知音，曰：「揚雄
雖爲不好非聖人之書，然於墨晏鄒莊申韓，亦何所不讀，彼致其知而後讀，
以有所去取；故異學不能亂也。惟其不能亂，故能有所去取者，所以明吾道
而已。」〔註32〕賀麟撰〈王安石的性論〉一文，稱安石「承繼孔孟，調解孟
揚，反對荀子的性論。他以性情合一論爲出發點，以性善惡混之說爲過渡思
想，而締結到性善論。」〔註33〕其說頗是，惟稱安石以「性情合一論」爲出
發點，言情有善惡，而性無善惡；然又以安石受揚雄影響，欲調解孟揚，而
誤解孟子，認人皆有怨毒忿戾之心，持性有善惡之說，故前後矛盾。〔註34〕
此則未盡然，容下述安石之性情合一說中詳論之。

一、性情合一說

周世輔〈論王安石的哲學思想〉一文中，述性善情惡說之形成經過，曰：
「董仲舒謂『情是天之陰氣，有欲者也；性是天之陽氣，有善端者也』這裡
性陽情陰說，已有性善情惡之意。李翱謂『人之所以爲聖人者，性也，人之
所以惑其性者，情也。喜怒哀懼善惡欲七者，皆情之所爲也。情既昏，性斯
溺矣。』這裡的性聖情惑（或性明情昏）說，便有性善情惡之意，所以李翱
主張『復性忘情』。）這與後來理學家之存理去欲同義。邵康節謂『性公而明，

〔註29〕見牟宗三《心體與性體（一）》綜論部（正中書局版，頁198～199）。
〔註30〕見《王安石文集》卷二八，頁5〈答龔深父書〉。
〔註31〕同註30。
〔註32〕見《王安石文集》卷三〇，頁18〈答曾子固書〉。
〔註33〕見《思想與時代月刊》第43期。
〔註34〕詳同註33，賀麟《王安石的性論》。

情暗而偏。』『任我則情，情則蔽，蔽則昏矣；因物則性，性則神，神則明矣。』性善情惡之說，至此更顯得具體。」〔註35〕荊公主性情合一，云：

> 性、情，一也。世有論者曰：「性善情惡」，是徒識性情之名，而不知性情之實也。喜怒哀樂好惡欲，未發於外而存於心，性也；喜怒哀樂好惡欲，發於外而見於行，情也；性者情之本，情者性之用。故吾曰性情一也。〔註36〕

安石之宇宙論，以「道之用見於器，器之外無道」，前已述之詳矣。茲講人性，仍本體用內外合一之原則，言「性者情之本，情者性之用。」以說明性情之不可分，其作用在駁斥性善情惡說之不當，故云：

> 彼曰性善，無它，是嘗讀孟子之書，而未嘗求孟子之義耳。彼曰性惡，無它，是有見於天下之以此七者而入於惡，而不知七者之出於性耳。故此七者，人生而有之，接於物而後動焉；動而當於理，則聖也，賢也；不當於理，則小人也。彼徒有見於情之發於外者，為外物所累，而遂入於惡也，因曰情惡也。害性者，情也，是曾不察於情之發於外，而為外物之所感，而遂入於善者乎？〔註37〕

觀此，荊公合性情而言，可謂明矣。然性非情無以見，情非性無以用。故曰：「如其廢情，則性雖善，何以自明哉？……是以知性情之相須，猶弓矢之相待而用，若夫善惡，則猶中與不中也。」〔註38〕「中與不中」指後天用以判別善惡之標準，故曰：「君子養性之善，故情亦善；小人養性之惡，故情亦惡；故君子之所以為君子，莫非情也；小人之所以為小人，莫非情也。」〔註39〕荊公著〈性情〉篇，反對「性善情惡」說，建立「性無善惡，情有善惡」說。賀麟舉〈性情〉篇末「『然則性有惡乎？』曰：孟子曰：『養其大體為大人，養其小體為小人。』揚子曰：『人之性，善惡混。』是知性可以為惡也。」以此判定荊公「明顯地主張性善惡混，且認為孟子亦有類似善惡混的見解，思藉以調解孟揚的地方。然而這裡顯見得他牽強曲解孟子，蓋孟子所謂『養大體』，或可以釋作養性或養善性，而孟子所謂養小體，顯然指養私欲肉欲而言，而非所謂性，孟子絕不會認情欲為性，亦從沒有認受蒙蔽刺激而起的惡的情

〔註35〕見《革命思想月刊》第七卷第1、2期。
〔註36〕見《王安石文集》卷四二，頁134〈性情〉。
〔註37〕同註36。
〔註38〕同註36。
〔註39〕同註36。

欲爲性的說法。孟子只是認惡的情欲爲違反本性，爲起於外界之引誘刺激，本心之被蒙蔽，而非人之內在的本性。」〔註 40〕賀氏實誤解荊公本意，蓋所謂「養其大體爲大人」即同篇「君子養性之善，故情亦善」之義；「養其小體爲小人」即「小人養性之惡，故情亦惡」之義。而揚子曰：「人之性，善惡混。」其善惡實就習性而言，〔註 41〕亦無可疵議。至於〈性情〉篇尾「是知性可以爲惡也」一語，更不可就字面解釋，直謂性可以爲惡；蓋喜怒哀樂好惡欲，未發於外而存於心，謂之性；及其發於外而見於行，乃謂之情。性之接於物而後動，動而當於理，划爲聖賢；不當於理，則爲小人。發動之中節與否，即後天用以判別爲善惡也。而「性可以爲區」一語，既承孟、揚二說而來，此處孟、揚二說皆指性之發動後言，即指情也，情有善惡，故「性可以爲惡也」。則荊公何嘗牽強曲解孟子之有？

安石言性，即性爲太極，超乎善惡，故不可以善惡言而論。其〈原性〉篇云：「夫太極者，五行之所由生，而五行非太極也；性者，五常之太極也，而五常不可以謂之性。」〔註 42〕此處以太極與五行之關係，比性與五常之關係，以闢韓子性論。其說又見於下，曰：「夫太極生五行，然後利害生焉，而太極不可以利害言也；性生乎情，有情然後善惡形焉，而性不可以善惡言也。」〔註 43〕「性生乎情」，依上下文義，乃性生情，非性自情出。而性比太極，方五行未生，太極不可以利害言；性豈可以善惡云乎？曰不可。此以有善惡之已發言情，以超善惡之未發言性，其意甚精。

彼論「性善情惡」者，乃「以其求性於君子，求情於小人耳。自其所謂情者，莫非喜怒哀樂好惡欲也，舜之聖也，象喜亦喜，使舜當喜而不喜，則豈足以爲舜乎？文王之聖也，王赫斯怒，當怒而不怒，則豈足以爲文王乎？舉此二者而明之，則其餘可知矣。」〔註 44〕此舉例以證「性善情惡」之無稽者也。此荊公引喻之失也。蓋公以舜、文王爲聖人，其性固善，然喜怒之發，豈可謂之「情惡」而否認其爲聖乎？是不可也。以此駁「性善情惡」說，固爲得矣。然以舜、文王設喻，先肯定其性之善，「故君子養性之善，而情亦善；

〔註 40〕見《思想與時代月刊》第 43 期。
〔註 41〕按《王安石文集》卷四三，頁 145〈原性〉有云「揚子之言爲似矣，猶未出乎以習而言性也。」
〔註 42〕見《王安石文集》卷四三，頁 145。
〔註 43〕同註 42。
〔註 44〕見《王安石文集》卷四二，頁 137〈性情〉。

小人養性之惡，故情亦惡。故君子之所以為君子，莫非情也；小人之所以為小人，亦莫非情也。」〔註45〕而立「性無善惡，情有善惡」說；性既無善惡，而設詞以喻性善，其失一也。又舜之喜，不失其悌道也；文王之怒，不失其仁心也。則此處所謂「喜怒」，似乎與「性善情惡」派之「喜怒」之為情無涉，因「性善情惡」派以「求性於君子；求情於小人」，荊公以聖人之喜怒，言聖人亦不廢情耳，焉得有效攻擊「性善情惡」之論耶？其失喻二也。荊公言性情合一，理論固明白矣，而失之設喻，故極易受誤解矣！

二、對諸家人性論之批評

孔子主張「性近習遠」，荊公持此為說，且歸結於孟子之「性善」。茲觀荊公對於諸家人性論之批評，亦正顯示其人性論之精微處。其〈原性〉篇有云：

> 吾所安者，孔子之言而已矣。夫太極者，五行之所由生，而五行非太極也；性者，五常之太極也，而五常不可以謂之性：此吾所以異於韓子。且韓子以仁義禮智信五者謂之性，而曰天下之性惡焉而已矣。五者之謂性而惡焉者，豈五者之謂哉？〔註46〕

韓子既以仁義禮智信為性，〔註47〕又言及性惡，然則性惡豈仁義體智信之謂歟？此顯見其矛盾處。蓋韓子未能超乎善惡而言性故也。又曰：

> 孟子言人之性善，荀子言人之性惡。夫太極生五行，然後利害生焉，而太極不可以利害言也；性生乎情，有情然後善惡形焉，而情不可以善惡言也；此吾所以與於二子。孟子以惻隱之心，人皆有之，因以謂人之性無不仁，就所謂性者如其說，必也怨毒忿戾之心，人皆無之，然後可以言人之性無不善；而人果皆無之乎？孟子以惻隱之心為性者，以其在內也，夫惻隱之心，與怨毒忿戾之心，其有感於外而後出乎中者，有不同乎？荀子曰：「其為善者，偽也。」就所謂性者如其說，必也惻隱之心，人皆無之，然後可以言善者偽也；為人果皆無之乎？荀子曰：「陶人化土而為埴，埴豈土之性也哉？」夫陶人不以木為埴者，惟土有埴之性焉，烏在其為偽也？〔註48〕

〔註45〕同註44。
〔註46〕見《王安石文集》卷四三，頁145。
〔註47〕詳《韓昌黎文集校注》卷一，頁11〈原性〉。
〔註48〕同註46。

荊公於此，再度強調其「性無善惡，情有善惡」之主張，而自異於孟、荀二子也。蓋荊公以孟子「惻隱之心，人皆有之」，乃與怨毒忿戾之心相對而言，爲性之已發，即屬情之範圍，而非性之實也。又以荀子「其爲善者，僞也」，忽視性爲太極，超乎善惡，而一意以後天發而未中節言情之惡，否認惻隱之心，故闢性惡說者也。又云：

> 且諸子之所言，皆吾所謂情也，習也，非性也。揚子之言爲似矣，猶未出乎以習而言性也。古者有不謂喜怒愛惡慾情者乎？喜怒愛惡慾而善，然後從而命之曰仁也義也；喜怒愛惡慾而不善，然後從而命之曰不仁也不義也；故曰有情，然後善惡形焉。然則善惡者，情之成名而已矣。〔註49〕

荊公評四家之言性，皆未離「習」「情」立論，故其說未必盡合於理。反觀安石，以理，太極，未發之中言性，可免去偏執以情以習，以已發於外者而言性之弊，故有其超邁之見解。賀麟云：「性既是理，太極，或未發之中，雖不可以比較好壞的相對之善去言性，因性是超出相對性的善惡之上的，卻亦自有其本身內在之善。所以在某意義下，可謂性超善惡，在另一較高意義下，亦可謂性是善的。〔註50〕故荊公言性，趨向孟子性善，提出正性（性之發而中節者），與不正之性（性之發而未中節者），其文集中有〈揚孟〉篇，言之甚詳。曰：

> 孟子之言性曰「性善」。揚子之言性曰「善惡混」。……孟揚之道，未嘗不同，二子之說，非有異也。此孔子所謂言豈一端而已；各有所當者也。孟子之所謂性者，正性也；揚子之所謂性者，兼性之不正者言之也。夫人之生，莫不有羞惡之性，有人於此，羞善行之不修，惡善名之不立，盡力乎善，以充其羞惡之性，則其爲賢也孰禦哉？此得乎性之正者，而孟子之所謂性也。有人於此，羞利之不厚，惡利之不多，盡力乎利，以充羞惡之性，則其爲不肖也孰禦哉？此得乎性之不正，而揚子之兼所謂性者也。〔註51〕

或以爲荊公有意調和孟揚二家之論，蓋文中明言「孟揚之道，未嘗不同，二子之說，非有異也。」然又曰「此孔子所謂言豈一端而已，各有所當者也。」故非盡如此，蓋一道理，各人可就不同角度以立論，其終極或同歸一理，然

〔註49〕 同註46。
〔註50〕 同註34。
〔註51〕 見《王安石文集》卷三九，頁102～103。

因推論過程之異，其成就亦不盡相同。若荊公欲調和二家之論，為何又提出正性與不正之性（就情、習而言），徒增困擾乎？此蓋漸由不正之性，歸於正性也。亦即經荀揚韓諸家人性論之歷程，復歸於孟子性善論。其文集拾遺中，有〈性論〉一篇，其旨在發揚孟子正性、本善之說。云：

> 古之善言性者，莫如仲尼，仲尼，聖之粹者也；仲尼而下，莫如子思，子思學仲尼者也；其次莫如孟軻，孟軻學子思者也。〔註52〕

荊公言性，祖孔子「性相近，習相遠也。」為論，〔註53〕而子思學孔子，孟軻學子思，故頗發揮孟子之說。又云：

> 然而世之學者，見一聖二賢性善之說，終不能一而信之者，何也？豈非惑於語所謂「上智下愚」之說與？噫！以一聖二賢之心而求之，則性歸於善而已矣。其所謂愚智不移者，才也；非性也。性者，五常之謂也；才者，愚智昏明之品也。欲明其才品，則孔子所謂「上智與下愚不移」之說是也；欲明其性，則孔子所謂「性相近，習相遠；」《中庸》所謂「率性之謂道；」孟軻所謂「人無有不善」之說是也。〔註54〕

世之疑「性歸於善」者，蓋惑於《論語》「上智下愚」之說也；荊公於此指明愚智不移，由才定；非性之故，而以性為五常之謂；才乃愚智昏明之品也。才與性，即智慧與德性，其關係究如何？荊公於此亦頗有見地，容下略述之。

孔子曰：「唯上知與下愚不移」，〔註55〕又曰：「中人以上，可以語上也；中人以下，不可以語上也。」〔註56〕此處所謂上知，中人，下愚，固為天生之智慧，而與德性有別。王充混二者倡性三品，故曰：「夫中人之性，在所習焉，習善而為善，習惡而為惡也；至於極善極惡，非復在習。故孔子曰：『惟上智與下愚不移。』」〔註57〕然荊公於二者，則能釐清，其〈原性〉篇既批評四家人性論之後，又自設問題曰：「然則上智與下愚不移，有說乎？」曰：「此之謂智愚，吾所云者，性與善惡也。惡者之於善也，為之則是；愚者之於智

〔註52〕見《王安石文集》拾遺，頁148。
〔註53〕按《王安石文集》卷四三，頁145〈原性〉篇批評孟荀揚韓四家性論，末曰：「孔子曰：『性相近也，習相遠也。』吾之言如此。」故可知也。
〔註54〕同註52。
〔註55〕見《論語·陽貨第十七》（新文豐版十三經注疏，頁154）。
〔註56〕見《論語·雍也第六》（同註55，括弧，頁54）。
〔註57〕見標點本《論衡》卷三，頁19〈本性篇〉。

也，或不可強而有也。」〔註58〕〈性論〉篇又云：

> 「夫有性有才之分，何也？」曰：「性者，生之質也，五常是也。雖
> 上智與下愚，均有之矣；蓋上智得之之全，而下愚得之之微也。夫
> 人生之有五常也，猶水之趨乎下，而木之漸乎上也；謂上智者有之，
> 而下愚者無之，惑矣。」〔註59〕

觀此，可知荊公將德性之善惡，與智慧上之知愚，截然分爲二者；以德性之
善惡，惡者可改過遷善；然智慧之知愚，下愚無法改變爲上智。此說頗得孔
孟之旨。荊公又曰：

> 夫性猶水也，江河之與畎澮，小大雖異，而其趨于下同也；性猶木
> 也，梗楠之與樗櫟，長短雖異，而其漸於上同也；智而至於極上，
> 愚而至於極下，其昏明雖異，然其於惻隱羞惡是非辭遜之端則同矣。
> 故曰仲尼、子思、孟軻之言，有才性之異，而荀卿亂之；揚雄、韓
> 愈惑乎上智下愚之說，混才與性而言之。〔註60〕

至此，荊公已融會孔孟，而以仁義禮智信之五常言住，人性之善，如水之就
下，木之漸上，純粹發明孟子性善之說，揚棄荀卿，且排斥混才與性而言之
王充、揚雄、韓愈，其洞達性之本體無疑也。荊公言性，自有其獨特之見解，
然常因譬喻不當，致生誤會；或急於求結論，失之圓融。凡此不無瑕疵可說，
然誠如錢穆所云：

> 心性之學，隋唐以來，幾乎成爲釋宗的壇場。韓愈闢佛，而對心性
> 理論所涉實不深；本於儒學而來談心性的，最先是李翺復性書。……
> 這是一種性善情惡論。果生性善情惡，必成爲陽儒陰釋。歐陽脩偏
> 重於人事，故主探本人情。但人情果惡，則其勢必趨於厭世。脩乃
> 一史學家，不喜對此問題，作更深一層的探討。〔註61〕

又云：

> 安石則偏近於哲學家，故能對此問題，獨標新義。他說：「喜怒哀樂
> 未發於外而存於心……則猶中與不中也。」這裏他以未發存中爲性，
> 已發見行爲情，而善惡之辨只在中不中，他提《中庸》上未發已發

〔註58〕 同註42。
〔註59〕 同註52。
〔註60〕 同註52。
〔註61〕 詳錢穆《宋明理學概述》，頁16（中華出版事業委員會）。

一問題，遂為此後宋明六百年理學家集中討論學辨的一項大題耳。
〔註62〕

錢氏所述，即安石對性論之貢獻。至於後來程朱所言氣質之性、義理之性，則更精闢圓融矣，此蓋後出轉精故也。如二程遺書云：

> 生之謂性，性即氣，氣即性，生之謂也。人生氣稟，理有善惡，然不是性中元有此兩物相對而生也。有自幼而善，有自幼而惡，是氣稟自然也。善固性也，然惡亦不可不謂之性也。蓋生之謂性，「人生而靜」以上不容說，才說性時，便已不是性也。凡人說性，只是說「繼之者善也」，孟子言人性善，是也。〔註63〕

其意以為一具體之物，其生必依乎氣；既須依氣，則其所得於道者，在其生時，即已混入氣稟。「成之者卻只是性」，〔註64〕言必就已成具體之物，方可言性。故人之性，就其本體而言，固為至善；但人之生，既已依於氣，故言人性時，即已帶氣稟言之。故云「性即氣，氣即性。」〔註65〕朱子曰：

> 性即理也，當然之理，無有不善者，故孟子之言性，指性之本而言。然必有所依而立，故氣質之稟，不能無淺深厚薄之別，孔子曰：性相近也。兼氣質而言。〔註66〕

又曰：

> 孟子未嘗說氣質之性；程子論性，所以有功於名教者，以其發明氣質之性也。以氣質論，則凡言性不同者，皆冰釋矣。退之言性亦好，亦不知氣質之性耳。〔註67〕

伊川論性，分別氣質之性，與義理之性；安石以中不中，《中庸》之未發已發言性。正性即義理之性，性之不正即氣質之性；兩者實有異曲同工之妙也。

三、充、順、復、養性說

安石性論，既歸結於孟子性善，故以發揚孟子之說為己任，力貶荀卿，

〔註62〕同註61。
〔註63〕轉引馮友蘭《中國哲學史》，頁881引《二程遺書》卷一，頁10～11。
〔註64〕同註63，引《二程遺書》卷一二，頁1曰：「一陰一陽之謂道，自然之道也。繼之者善也。出道則有用，元者善之長也。成之者卻只是性，各正性命者也。」
〔註65〕參馮友蘭《中國哲學史》，頁882。
〔註66〕見張伯行《朱子語類》輯略卷一，頁25（商務版）。
〔註67〕同註60，頁26。

斥其性惡說足以禍仁義。〔註68〕而性善必須「善自充」，故云：「語曰：『塗之人皆可以爲禹。』蓋人人有善性，而未必善自充也。」〔註69〕孟子由惻隱之心等言性，乃以心攝性。而性善即是心善，心之善，其見端甚微（四端，幾希），且又易受環境之影響，易於放失；故消極乃主求放心，〈告子上〉曰：「學問之道無他，求其放心而已矣。」求放心，即是將「以小（耳目等）害大」之大（心），由小中解脫出來，以復其心之本位。更積極重視「養」，養心即將見端甚微之善，培養滋長。〔註70〕徐復觀引孟子有關養心資斜如下：〔註71〕

> 故苟得其養，無物不長；苟失其養，無物不消。孔子曰，操則存，舍則亡；出入無時，莫知其鄉，惟心之謂與。（〈告子上〉）

> 君子所以異於人者，以其存心也。君子以仁存心，以禮存心。……（〈離婁下〉）

> 拱把之桐梓，人苟欲生之，皆知所以養之者。至於身而不知所以養之者，豈愛身不若桐梓哉，弗思甚也。（〈告子上〉）

> 養其小者爲小人，養其大者爲大人。（同上）

> 存其心，養其性，所以事天也。（〈盡心上〉）

養心則心存，故「養」與「存」實有密切關連；而存心養心之法，厥惟「寡欲」，故〈盡心下〉曰：「養心莫善於寡欲。其爲人也寡欲，雖有不存焉者寡矣。其爲人也多欲，雖有存焉者寡矣。」心之善固爲「端」而已，然有無限之生命力，透過「養」「存」，便能作無限之伸長，孟子名之曰「擴充」，〈公孫丑上〉曰：「孟子曰……凡有四端於我者，知皆擴而充之矣，若火之始然，泉之始達。苟能充之，足以保四海；苟不充之，不足以事父母。」心善（性善）由存養而作不斷之擴充，擴充到底，孟子稱之爲「盡心」。盡心，則知人之所受以生之性，蓋性即在人心之中也。故〈盡心上〉云：「孟子曰，盡其心者，知其性也。知其性，則知天矣。存其心，養其性，所以事天也。」孟子由四端言性善，由四端之擴充言盡心、知性、知天；而擴充之力量，憑藉「仁」字，〈盡心上〉曰：「君子所性，仁義禮智根於心。」徐復觀曰：

> 孟子雖仁義並稱，或仁義禮智並列，但仁仍是居於統攝的地位；沒

〔註68〕詳《王安石文集》拾遺，頁153〈荀卿論上〉。
〔註69〕見《王安石文集》卷三二，頁39〈答孫長倩書〉。
〔註70〕參徐復觀《中國人性論史・先秦篇》第六章，頁178。
〔註71〕同註70，頁178〜179。

有仁作基底；沒有仁居於統攝的地位，實際便很難推擴出去。而當
仁體呈露時，它自然會居於統攝的地位。由仁體再向下落實，才是
仁義禮智。……所以孟子凡是說到「推」的意味時，無不以仁爲基
點。〔註72〕

仁德既體現矣，於是「萬物皆備於我矣」；（〈盡心上〉）故能「上下與天地同
流」。（同前）此即不以生理之自我爲中心，而與萬物共呼吸，亦即上下與天
地同流者也。

荊公〈答孫長倩書〉中，持充性之說，與孟子「擴充」之義通；〈禮樂論〉
言回復本心，即養性、順性；〈原過〉言復性之道；〈禮論〉言順性之欲，使
人得其本性。今分述如下，云：

非禮勿聽，非謂掩耳而避之，天下之物，不足以干吾之聰也；非
禮勿視，非謂掩目而避之，天下之物，不足以亂吾之明也；非禮
勿言，非謂止口而無言也，天下之物，不足以易吾之辭也；非禮
勿動，非謂止其躬而不動，天下之物，不足以干吾之氣也；天下
之物，豈特形骸自爲哉？其所由來蓋微矣。不聽之時，有先聰焉；
不視之時，有先明焉；不言之時，有先言焉；不動之時，有先動
焉。〔註73〕

非禮勿聽視言動，依安石之意，並非消極之逃避，而主積極征服改變外物；
即觀盡天下之物，不能亂吾心之明；極盡天下之聽，不能亂吾心之聰；凡出
自我口者，非外物所得推翻駁倒；堅定一己行爲，非外物所可動搖我心。故
非禮勿聽視言動，非束縛自己，而是依理以聽視言動，藉之實現自我。凡此
並非「形骸自爲」之結果，乃有其隱微之源，即先天之自我，或未發之性者
也。賀麟曰：「安石由建立自我而實現自我；由提挈本心而注重回復本心，自
致良知；此處我們又可見得他如何由主張性善說而注重盡性了。」〔註74〕荊
公又以改過遷善爲復性之道，其〈原過〉篇有云：

天有過乎？有之，陵歷鬥蝕是也；地有過乎？有之，崩弛竭塞是也。
天地舉有過，卒不累覆且載者何？善復常也。人介乎天地之間，則
固不能無過，卒而害聖且賢者何？亦善復常也。……天播五行於萬

〔註72〕同註70，頁182～183。
〔註73〕見《王安石文集》卷四一，頁122〈禮樂論〉。
〔註74〕同註33。

靈，人固備而有之。有而不思則失，思而不行則廢；一旦咎前之非，
沛然思而行之，是失而復得，廢而復舉也。〔註75〕

此舉天地有過，卒不累覆且載之功，乃善復常之故；為人亦然，當法天地之
善復其常也。「天播五行於萬靈，人備而有之」，故人性善。而「思」乃反省
己性之善，自覺己性之善；「行」則指力行以擴充實現己性之善。如此，能改
過遷善，則可回復本性之常也。亦即孟子「思則得之，不思則不得」〔註76〕
之義者也。〈禮樂論〉曰：

先王……體天下之性，而為之禮；和天下之性，而為之樂。禮者，
天下之中經；樂者，天下之中和；禮樂者，先王所以養人之神，正
人氣而歸正性也。……衣食所以養人之形氣，禮樂所以養人之性也。

〔註77〕

禮樂固有其體性，和性，養性，其功能在使人歸返其正性而已，故假定人性
本善，祇須順適長養其固有之善性，並非如荀子所謂化性起偽，以禮樂桎梏
人者也。荊公著〈禮論〉專駁荀子性惡，化性起偽之說。云：

嗚呼！荀卿之不知禮也。其言曰：「聖人化性而起偽」，吾是以知其不
知禮也。……禮始於天，而成於人，知天而不知人則野，知人而不知
天則偽；……今荀卿以謂聖人之化性起偽，則是不知天之過也。……
今人生而有嚴父愛母之心，聖人因其性之欲而為之制焉。故其制雖有
以強人，而乃以順其性之欲也。聖人苟不為之禮，則天下蓋將有慢其
父而疾其母者矣；此亦可謂失其性也。得性者以為偽，則失其性者乃
可以為真乎？此荀卿之所以為不思也。〔註78〕

荀子言禮，知人而不知天，亦即有「用」而無「體」；然荊公主體用內外合一，
「性者情之本，情者性之用」，故於此反對禮乃違逆人性之矯揉造作，而是順
性之欲，得其本性矣。

荊公既以荀子知人而不知天；又以老子知天而不知人，故原則上，不放
棄老子性，道，無之高明境界，前已言之。而在人生態度上，主禮樂刑政乃
盡性盡道之設施，故不可廢棄，此即荊公實用主義之明證矣。

〔註75〕見《王安石文集》卷四九，頁150。
〔註76〕詳《孟子告子上》（新文豐版十三經注疏，頁204）。
〔註77〕見《王安石文集》卷四一，頁123。
〔註78〕同註77，頁122。

第三節　人生觀與道德觀

一、論誠與性

　　孟子由四端之擴充言盡心、知性，而擴充之力量，實統攝於仁；行仁之初步而切實之工夫，謂之恕，故〈盡心上〉曰：「強恕而行，求仁莫近焉。」又曰：「萬物皆備於我矣，反身而誠，樂莫大焉。」〔註79〕由推己及人之恕道，以求仁德；由仁德之體現，達「萬物皆備於我」之境。萬物既皆備於我，則可「上下與天地同流」（〈盡心上〉）矣。《中庸》亦有相同之論，云：

> 唯天下至誠，爲能盡其性。能盡其性，則能盡人之性；能盡人之性，則能盡物之性；能盡物之性，則可以贊天地之化育；可以贊天地之化育，則可以與天地參矣。〔註80〕

《孟子》、《中庸》均言及誠，而誠乃自然之天性。《中庸》對誠之闡發，厥功至偉。上引《中庸》之語，孔穎達疏曰：「此明天性至誠，聖人之道也。唯天下至誠者，謂一天下之內至極誠信，爲聖人也。」〔註81〕其明言天性至誠，故祇須順性長養，則能贊助天地化育，功與天地相參矣。朱注曰：「天下至誠，謂聖人之德之實，天下莫能加也。盡其性者，德無不實，故無人欲之私，而天命之在我者，察之，由之，巨細精粗，無毫髮之不盡也。」〔註82〕此以聖人之德之實，釋天不至誠，與孔疏「聖人之道」實無異也。〈盡心上〉又曰：「孟子曰：『堯舜，性之也；湯武，身之也。』」朱注云：「堯舜，天性渾然，不假修習；湯武，修身體道，以復其性。」〔註83〕所謂修身體道，與「反身而誠」以立性，義可通也。

　　荊公有〈禮樂論〉一篇，言盡心盡誠，與前述《孟子》、《中庸》理論，若相貫通。云：

> 氣之所稟者，心也。視之能必見，聽之能必聞，行之能必至，思之能必得，是誠之所至也。不聽而聰，不視而明，不思而得，不行而至，是性之所固有，而神之所自生也，盡心盡誠者之所至也。故誠

〔註79〕見《孟子・盡心上》（新文豐版十三經注疏，頁229）。
〔註80〕見《禮記・中庸》（新文豐版十三經注疏，頁895）。
〔註81〕同註80。
〔註82〕見《四書集註・中庸》，頁20（世界版）。
〔註83〕見《四書集註・孟子》，頁198。

之所以能不測者，性也。賢者盡誠以立性者也；聖人盡性以至誠者
也。〔註84〕

盡誠以立性，爲賢人，亦即「湯武身之也」之義；盡性以至誠，爲聖人，亦
即「堯舜性之也」之義。此明言聖賢不同之境界，而勉人盡心盡性，以達至
誠。《中庸》曰：「至誠之道，可以前知；國家將興，必有禎祥；國家將亡，
必有妖孽。見乎蓍龜，動乎四體。……故至誠如神。」〔註85〕至誠可以察禍
福之幾，故曰「至誠如神」。

二、論大人與神聖

　　孟子曰：「充實而有光輝之謂大，大而化之之謂聖，聖而不可知之之謂神。」
〔註86〕歷來釋「大、聖、神」，大都分爲三境界，而以修養漸達聖神之階段矣。
荊公本「道以致用」之精神，於此說自不能滿意，故曰：

夫此三者，皆聖人之名，而所以稱之之不同者，所指異也。由其道
而言，謂之神；由其德而言，謂之聖；由其事業而言，謂之大人。
古之聖人，其道未嘗不入於神，而其所稱止乎聖人者，以其道存乎
虛無寂寞不可見之間，苟存乎人，則所謂德也。是以人之道雖神，
而不得以神自名，名乎其德而已。〔註87〕

此將大人，聖人，神人三種境界，合而爲一，以聖人貫之也。荊公非不知神
之境界，然其所重，在德業之故也。故云：

孔子曰：「顯諸仁，藏諸用，鼓萬物而不與聖人同憂，盛德大業，至
矣哉！」此言神之所爲也。神之所爲，雖至而無所見於天下，仁而
後著，用而後功。聖人以此洗心，退藏於密，及其仁濟萬物而不窮，
用過萬世而不倦也，則所謂聖矣。故神之所爲，當在於盛德大業，
德則所謂聖，業則所謂大也。〔註88〕

能仁濟萬物、用通萬世，亦即超越時空之限制者，則所謂聖矣。荊公既以聖
人貫串三者，則神人存而不論，而盡力乎德業之修爲，與孟子本意稍有出入，
此正可見荊公解釋古書，已融入自己思想之體系，而有所創見矣！故不以時

〔註84〕見《王安石文集》卷四一，頁122。
〔註85〕見《四書集註·中庸》，頁21。
〔註86〕見《四書集註·孟子·盡心下》，頁211。
〔註87〕見《王安石文集》卷四一，頁126〈大人論〉。
〔註88〕同註87。

人之卑德業，遂廢而不講，其有爲之精神，亦屬難能也。〈大人論〉曰：

> 世蓋有自爲之道，而未嘗知此者，以爲德業之卑，不足以爲道；道
> 之至，在於神耳，於是棄德業而不爲。夫爲君子者，皆棄德而不爲，
> 則萬物何以得生乎？〔註89〕

荊公一生，勇於任事，果於有爲，故怨誹之多，無足以沮其志，如〈答司馬諫
議書〉曰：「某則以謂受命於人主，議法度而修之於朝廷，以授之於有司，不爲
侵官；舉先王之政，以興利除弊，爲天下理財，不爲征利；闢邪說，難壬人，
不爲拒諫；至於怨誹之多，則固前知其如此也。」〔註90〕蓋有素養使然也。

三、論修道之序

　　荊公釋「大，聖，神」，雖主修德業，以聖人貫通之，於神人似有略而不
論之勢。然此下學而上達，由修養工夫以合天道，乃儒學之重要精神，公亦
未嘗忽視之。其〈太平州新學記〉有云：「繼道莫如善，守善莫如仁。仁之施
自父子始，積善而充之，以至於聖而不可知之謂神；推仁而上之，以至於聖
人之於天道；此學者之所當以爲事也。」〔註91〕此勉學者由仁至聖至神，由
人道至天道，明示其不廢以人合天之修養工夫也。

　　荊公文集中，又有一篇〈致一論〉，言神之境界，能致一以精天下之理，
於下學上達之闡發，不遺餘力。易云：「易，無思也，無爲也，寂然不動，感
而遂通天下之故，非天下之至神，其孰能與於此。」〔註92〕又云：「天下同歸
而殊塗，一致而百慮，……精義入神，以致用也；利用安身，以崇德也。過
此以往，未之或知也。窮神知化，德之盛也。」〔註93〕此均言及神人之境界
也。荊公釋之曰：

> 萬物莫不有至理焉，能精其理，則聖人也，精其理之道，在乎致其
> 一而已。致其一，則天下之物可以不思而得也。易曰：「一致而百慮」，
> 言百慮之歸乎一也。苟能致一以精天下之理，則可以入神矣；既入
> 於神，則道之至也。夫如是，則無思無爲，寂然不動之時也。〔註94〕

〔註89〕同註87。
〔註90〕見《王安石文集》卷二九，頁12。
〔註91〕見《王安石文集》卷二六，頁160。
〔註92〕見《易·繫辭上》（新文豐版十三經注疏，頁154）。
〔註93〕見《易·繫辭下》（同註92，括弧，頁169）。
〔註94〕見《王安石文集》卷四一，頁127〈致一論〉。

荊公於註釋易至神之境界，在能致一以精天下之理，故無思無爲，寂然不動，感而遂通天下之故也。然《易繫辭》下又以「窮神知化」爲「德之盛也」，故提出「精義入神以致用，利用安身以崇德」，仍涉「道以致用」之實，荊公有見於此。故云：「雖然，天下之事，固有可思可爲者，則豈可以不通其故哉？此聖人之所以又貴乎能致用者也。」〔註95〕而致用之道，必須透過修養工夫，故曰：「致用之效，始見乎安身。蓋天下之物，莫親乎吾之身；能利其用以安吾之身，則無所往而不濟也。無所往而不濟，則德其有不崇哉？故《易》曰：『精義入神以致用，利用安身以崇德。』此道之序也。」〔註96〕此顯示下學上達，爲修道之序。而安身崇德，其修持原則又如何？荊公有云：「苟欲安其身，崇其德；莫若藏器於身，待時而後動也。……蓋身之安不安，德之崇不崇；莫不由此兩端而已。身既安，德既崇，則可以致用於天下之時也。」〔註97〕然則「精義入神」，「安身崇德」，其關係究竟如何？〈致一論〉曰：

> 語道之序，則先精義而後崇德；及喻人以修之之道，則先崇德而後精義。蓋道之序，則自精而至粗，學之之道，則自粗而至精；此不易之理也。〔註98〕

精義入神，乃神人之最高境界；安身崇德，則爲聖人著手工夫，自粗而至於精，亦即由人道之修養，而契合於天道也。是故，以德業之修爲卑，不足以爲道者，蓋捨粗而言精，其終不可得必矣。

四、論仁與智

孔子曰：「知者樂水，仁者樂山；知者動，仁者靜；知者樂，仁者壽。」〔註99〕荊公文集中，有〈仁智〉一篇，曾就此三層說明仁與智之關係，及其區別。曰：

> 仁者，聖之次也；智者，仁之次也。未有仁而不智者也；未有智而不仁者也。〔註100〕

此說明仁智二者之關係，仁爲聖之次；智爲仁之次，然仁智並非絕不相干，

〔註95〕同註94。
〔註96〕同註94。
〔註97〕同註94。
〔註98〕同註94。
〔註99〕見《論語‧雍也篇》（新文豐版十三經注疏，頁54）。
〔註100〕見《王安石文集》卷四二，頁136。

故曰「未有仁而不智者也，未有智而不仁者也。」智者樂流動之水，仁者樂寂靜之山，何以知其然？曰：「譬今有二賈也，一則既富矣，一則知富之術，而未富也。既富者，雖焚舟折車，無事於賈可也；知富之術而未富者，則不得無事也；此仁智之所以異其動靜也。」〔註101〕以此喻仁智動靜之異，又云：「吾之仁足以上格乎天，下浹乎草木，旁溢乎四夷，而吾之用不匱也；然則吾何求哉？此仁者之所以能靜也。吾之知欲以上格乎天，下浹乎草木，旁溢乎四夷，而吾之用有時而匱也，然則吾可以無求乎？此智者之所以必動也。」〔註102〕至此，仁之為仁，智之為智，似可下一定義矣。故曰：

> 然則何智仁之別哉？以其所以得仁者異也。仁，吾所有也，臨行而不思，臨言而不擇，發之於事而無不當於仁也；此仁者之事也。仁，吾所未有也，吾能知其為仁也，臨行而思，臨言而擇，發之於事而無不當於仁也；此智者之事也。其所以得仁則異矣；及其為仁，則一也。〔註103〕

智者初知仁而未有仁，故慎於言行，期至於仁境；及其至也，與仁者無異，然其得仁之歷程，與仁者固有仁也，則異矣。〈仁智〉篇末，又以盡仁之道，則為聖人。曰：「能盡仁之道，則聖人矣。然不曰仁，而目之以聖者，言其化也。蓋能盡仁道，則能化矣；如不能化，吾未見其能盡仁道也。」既盡仁者之道，而不曰仁，必視之為聖者，言其化也。然則關鍵在一「化」字耳。按程明道〈識仁篇〉所云，「仁者渾然與物同體」，〔註104〕既與物同體矣，則無物我之分，此種單刀直入，全般提起之說法，可以當「化」字註腳也。荊公於此言仁智之境界與功效，甚為明白矣。

五、論惠與勇

荊公嘗著〈勇惠〉篇，其見解殊異流俗，亦足見其為人之一斑矣。云：

> 世之論者曰：「惠者輕與，勇者輕死。臨財而不訾，臨難而不避者，聖人之所取，而君子之行也。」吾曰不然。惠者重與，勇者重死，臨財而不訾，臨難而不避者，聖人之所疾，而小人之行也。故所謂

〔註101〕同註100。
〔註102〕同註100。
〔註103〕同註100。
〔註104〕見徐復觀《中國人性論史》第四章，頁94引。

> 君子之行者有二焉：其未發也，愼而已矣；其既發也，義而已矣；
>
> 愼則待義而後決，義則待宜而後動；蓋不苟而已也。〔註105〕

世以「輕與」「輕死」爲人之所難能，故以此斷惠勇，荊公頗不以爲然，曰：「是故尚難而賤易者，小人之行也；」〔註106〕然則如何斯可謂君子之行也？其愼於未發，發而當於義，如此而已矣。「愼則待義而後決，義則待宜而後動；」此不苟於行也。又曰：

> 易曰：「吉凶悔吝，生乎動。」言動者，賢不肖之所以分，不可以苟爾。是以君子之動，苟得已則斯靜矣。故於義有可以不與不死之道，而必與必死者，雖眾人之所謂難能，而君子未必善也；於義有可與可死之道，而不與不死者，雖眾人之所謂易出，而君子未必非也。
>
> 〔註107〕

以此推翻「難能」「易出」爲判斷之標準，而歸于義也。故曰：「無難無易，而惟義之是者，君子之行也。」〔註108〕其主張以義制行，以義斷惠勇，不以難易斷惠勇可知矣。荊公所以勇於變法，舉世非之而不沮者，蓋以此也。

〔註105〕見《王安石文集》卷四二，頁135「勇惠」。
〔註106〕同註105。
〔註107〕同註105。
〔註108〕同註105。

第三章　王安石之政治思想

　　宋代國力薄弱，強鄰為患，太祖已洞燭其先機，「開寶九年，太祖幸洛，欲留都之，群臣及晉王光義力諫。太祖曰遷河南未已，終當居長安耳。光義問故，曰吾欲西遷，據山河之險，以去冗兵，循周漢故事，以安天下也。光義等復力請還汴，帝不得已從之，嘆曰不出百年，天下民力殫矣。」〔註1〕是太祖已預見都無險可守，必養重兵，則民力必殫矣。且重文士之結果，冗吏漸滋；加以郊祠、賜錢，靡費公帑。百年之後，仁宗朝雖稱盛世，然有心之士，已迭進憂時之論，如范仲淹於慶曆三年，任樞密副使遷參知政事時，條陳興革事宜十項，前已言之詳矣。然范氏任參知政事不過年餘，即備受怨謗，自請外任，其改革方案幾不見實施。緣范氏興革之議，與其謂激烈之變法，毋寧謂為溫和之改革，其事前防患，多於事後之補救，其法果能實行，則日後之熙豐變法，及黨爭或均可避免。〔註2〕然仲淹之敗，足見革新圖強勢在必行，而革新之舉措，終不見容於守舊之士明矣。

　　荊公於仁宗嘉祐五年亦上書仁宗皇帝，亟言改革，所謂「萬言書」是也。此書雖不見採納，然荊公對時政之見解，及其改革之熱忱，已肇於斯矣。其要如下：〔註3〕

　　1. 今日之患，在不知法度。

　　2. 雖欲更改法度，使合先王之意而勢不能者，以人才不足故也。是方今

〔註1〕見《讀史方輿紀要》卷四七〈開封府〉。
〔註2〕參方豪《宋史》第一冊，頁109。
〔註3〕見黃碧端《王安石政治思想之研究》第二章第一節，頁21。

之急在於人才。

3. 陶冶人才之道，曰教（設學校），曰養（饒之以財，約之以禮，裁之以法。）曰取（於鄉黨庠序，推舉考察而後用。）曰任（依才德高下，嚴考績，明黜陟。）

4. 當因天下之力，以生天下之財，而供天下之費。

此時，荊公以陶冶人才為首要之務，次及理財，措辭溫和，既不獲上省，同年乃又有〈上時政疏〉，切言「方今朝廷之位，未可謂能得賢才，政事所施，未可謂能得法度，官亂於上，民貧於下，風俗且以薄，財力日以困窮，而陛下高居深拱，未嘗有詢考講求之意，此臣所以竊為陛下計，而不能無慨然者也。」〔註4〕宋之貧弱，與外患有不可分之關係，軍費、歲幣浩繁，國恥日盛一日。及神宗即位，以大有為之君，思力洗雪之，嘗與安石、文彥博論曰：「呼契丹為叔，歲賜與金帛數千萬，已六、七十年，六、七十年畏契丹，非但今日。」〔註5〕清趙翼厚責新法，歸咎於「神宗之有雄心」，曰：

> 帝自命大有為之才，嘗欲克復燕雲，恢張先烈，當其為潁王時；已與韓維論功名。（見維傳）及即位，富弼因奏對，即曰，願陛下二十年不談兵，蓋已窺見意旨矣。（見弼傳）帝又與王安禮論漢文帝，恨其才不能立法更制。（見安禮傳）……初藝祖嘗欲積縑帛二百萬，以取幽、薊，別儲於景福殿後；神宗題此庫云，五季失圖，獫狁孔熾，藝祖造邦，思有懲艾，爰設內府，基以募士，曾孫保之，敢忘厥志？……（見〈食貨志〉）。是帝久有取燕，雲之志。〔註6〕

神宗「立法更制」之意，在收復燕、雲，以雪國恥，趙氏責新法，及於神宗之有為，安石以是得君行其道也。由此足見變法肇因於攘外，亦可謂明矣。荊公本一有為之儒者，其能洞燭時弊核心，出之以至誠惻怛憂天下之懷，以「天變不足懼，人言不足卹，祖宗之法不足守」〔註7〕之勇毅精神，衝破羅網，欲予宋以一線之生機，故倡言變法，以富國強兵，其不同於俗儒，法家，前已析論矣。今試就文集中有關篇章，並佐以史實、他人言論，述其政治思想如次：

〔註4〕見《王安石文集》卷一，頁13。
〔註5〕見《續通鑑長編》卷二三八熙寧五年九月條。
〔註6〕見《廿二史箚記》卷二六，頁348〈王安石之得君〉。
〔註7〕見《續通鑑長編》拾補卷七，神宗熙寧三年三月己未條。

第一節　王霸論

一、王道霸道辨

近人蕭公權論宋代政治，以爲基於功利思想。曰：「宋代政治思想之重心，不在理學，而在與理學相反抗之功利思想。此派之特點在斥心性之空談，究富強之實務。其代表多出江西、浙江。……而安石主持新法開『維新』之創局，尤爲其中之巨擘。按經世致用，本爲儒學之傳統目的。然自先秦漢唐之儒多注重仁民愛物，休養生息之治術。一遇富強之言，即斥爲申商之霸術，不以聖人之徒相許。……至兩宋諸子乃公然大闡功利之說，以與仁義相抗衡，相表裏，一反孟子董生之教。」〔註8〕理學之興，固有其時代背景；蓋理學家所以奉誠正修齊爲矩矱者，以晚唐以降，人倫道喪，風俗凋弊，綱紀不振，氣節蕩然，彼輩一旦擠身廟堂，焉能上格君心之非，下化百姓於善？如是，天下其有不亂，國家其有不亡者乎？宋儒有見於此，力矯前朝之失，乃轉而重視內聖修齊功夫，以爲實現外王之準備，期藉學術潤澤朝政，收化民成俗之實效；北宋諸子之哲學思想，固多新穎分歧之點，然其政論要旨，不外《大學》、《中庸》之正心誠意，孟子之尊王黜霸，與夫一治一亂諸陳說而已。〔註9〕故純就政治哲學而論，實乏創見，不若功利思想，因時制宜，講求實用，推及於政治，即富國強兵之謂。

有宋之功利思想，雖以荊公爲中堅，然致用之風氣則歐陽脩倡之於先，李覯廣之於後。歐陽脩謂「性非學者之所急，而聖人之所罕言」，又謂「六經之所載，皆人事之切於世者，是以言之甚詳。至於性也，百不一二言之。或因言事而及焉，非爲性言也。」〔註10〕李覯深以歐陽脩之言爲然，蓋聖人之言性命，不離乎人事之實際，故謂「命者，天之所以使民爲善也。性者，人之所以明其善也。觀其善則見人之性，見其性則知天之命。」性命之理如此，「是以制民之法，足民之用，而命行矣。導民以學，節民以禮，而性成矣。」豈須探玄入眇，端坐屏息，如理學家之所爲乎？致用之說既明，復大闡功利以矯厲俗儒。〔註11〕故以孟子諱言利爲非，曰：「孟子謂何必曰利，激也。焉

〔註8〕見蕭公權《中國政治思想史》第一四章，頁449～450。
〔註9〕參汪大華《宋代思想之大勢》，《政治評論》第一九卷5期。
〔註10〕同註8，頁452。
〔註11〕同註8，頁453。

有仁義而不利者乎？其書數稱湯武，將以七十里百里而王天下，利豈小哉？」其不諱言利，但須繩之以禮，故以禮制爲治國之大本。又舉禮、樂、刑、政、仁、義、知、信諸德目，列諸禮下。在《周禮》致太平論、富國強兵安民諸策中，論及政治實施之方略，而以富國強兵爲其中心主張。〔註12〕故謂霸政爲可取。其寄上范參政曰：「嗟呼！當今天下，可試言之歟？儒生之論，但恨不及王道耳，而不知霸也，強國也，豈易可及哉？管仲之相齊桓公，是霸也，外攘戎狄，內尊京師，較之於今何如？商鞅之相秦孝公，是強國也，明法術耕戰，國以富而兵以強，較之於今何如？」〔註13〕李氏不僅謂霸政可取，又嘗探究昔人謬分王霸之失，而得其致誤之所在。一曰誤定王霸之區別。王霸之分，繫於君主之地位，而非由其政術有本質之差異。常語曰：「或問自漢迄唐，孰王孰霸。曰，天子也！安得霸哉？皇帝王霸者，其人之號，非其道之目也。自王以上，天子號也。」「霸，諸侯號也。霸之爲言也，伯也。所以長諸侯也。豈天子之所得爲哉？」則王霸之別，本由君主之地位，而非政術之異可知矣。其次，誤認王政純用仁義。常語曰：「世俗見古之王者粹，則諸侯而粹者亦曰行王道。見古之霸者駁，則天子而駁者亦曰行霸道，悖矣。」以此言王霸各有粹駁。而粹駁之分在乎功利之大小，而不在義利之此例。昔陸賈以仁義折高祖；宣帝謂周政純用德教，而以漢家制度參雜王霸自命。李氏以爲皆昧於治道與王霸之辨，乃爲二詩以譏之。其一曰：「君道乾剛豈易柔，謬牽文義致優遊。高皇馬上辛勤得，總被儒生斷送休。」其二曰：「孝宣應是不知書，便謂先王似豎儒。若使周家純任德，親如管蔡忍行誅。」王政不純用仁義，則前人一切粹駁之分皆不可持矣。〔註14〕李氏辨王霸，除消極破毀俗儒之說外，更有其積極之建設理論，此即孟子之民本，而參以荀子之禮治。其興利圖霸之目的，在安民而不在尊君，此李氏雖言功利而究屬儒家，非商韓之學可知矣。〔註15〕

　　荊公論政，或疑其挾申商之術，以干時君者，第一章第四節已辨之詳矣！然其立言，殆以人生而不能自治，故必待君長之領導。其〈太古〉篇有云：「太古之人，不與禽獸朋也幾何？聖人惡之也，制作焉以別之。下而戾於後世，……

〔註12〕參楊幼炯《中國政治思想史》第九章第二節，頁238。
〔註13〕同註12，頁239～240。
〔註14〕同註8，頁454。
〔註15〕同註8，頁455。

仁義不足澤其性，禮樂不足錮其情，刑政不足綱其惡，蕩然復與禽獸朋矣。……吾以爲識治亂者，當言所以化之之術。」〔註16〕以此肯定「有爲」，乃政治之本來面目，而揚棄道家「無爲」反樸之說。故王氏之學，初與歐陽脩、李覯有其相通處，然未必盡相同也。蓋三人皆就致用言人事，此其相通之點；然歐陽脩本一史家，其言經世致用，常就歷史治亂之迹立論，罕推究政治之本源；李覯以聖人雖言性命，亦不離人事之實際，故闡功利以矯俗儒之弊，因以霸政爲可取；王安石則以聖人有爲，乃以禮樂刑政爲常道，〔註17〕非有取於刑名法術也。此其未必盡同也。

神宗固一有爲之主，嘗謂「舉官多苟且，不用心。宜嚴立法制。」安石曰：「刑名法制，非治之本。是爲吏事，非主道也。精神之運，心術之化，使人自然遷善遠惡者，主道也。」〔註18〕故荊公譏始皇之獨任刑名法制，爲舍本逐末之舉，其〈秦始皇〉詩云：「……遊將跨蓬萊，以海爲丘陵，勒石頌功德，群臣助驕矜。舉世不讀易，但以刑名稱。蚩蚩彼少子，何用辨堅冰？」〔註19〕其論王霸則云：

> 仁義禮信，天下之達道，而王霸之所同也。夫王之與霸，其所以用者則同，而其所以名者則異，何也？蓋其心異而已矣。……王者之道，其心非有求於天下也；所以爲仁義禮信者，以爲吾當爲而已矣。以仁義禮信修其身，而移之政，則天下莫不化之也；是故王者之治，知爲之於此，不知求之於彼，而彼固已化矣。霸者之道則不然，其心未嘗仁也，而患天下惡其不仁，於是示之以仁；其心未嘗義也，而患天下惡其不義，於是示之以義；其於禮信亦若是而已矣。是故霸者之心爲利，而假王者之道以示其所欲，其有爲也，唯恐民之不見，而天下之不聞也。故曰其心異也。〔註20〕

荊公辨王霸，以其心異之故；惟其心異，故霸者有惠而不廣，王者乃能偏安天下也。故王者「以仁義禮信修身，而移之政，則天下莫不化之也。」霸者未嘗以仁義禮信澤其心，而假王者之道，以示其好利之心而已矣。錢穆先生更以其辨王霸，實超越政術，直論心術，於是辨王霸轉爲辨義利。其結合心術與政術，

〔註16〕同註4，卷四四，頁149。

〔註17〕詳同註4，卷四三，頁142〈老子〉。

〔註18〕見《通鑑長編紀事本末》卷五九，熙寧五年二月。

〔註19〕見《王安石詩集》卷九，頁49。

〔註20〕同註19，卷四二，頁133〈王霸〉。

而修身正心與治國平天下一以貫之，此說遂爲後學所遵循，於宋儒思想良可謂一大貢獻也。〔註21〕其次，荊公以王者之化下，爲之以漸；而霸者則不然，其立法煩擾，操之過切。故曰：「善教者，藏其用，民化上而不知所以教之之源；不善教者反此，民知所以教之之源，而不誠化上之意。」〔註22〕不善教者，其教之法乃「暴爲之制，煩爲之防，劬劬於法令誥戒之間。」〔註23〕然有不服教者，雖加刑殺，終不可遏。荊公之論，實無殊於正統之儒術；且孔孟以來，儒者雖重禮樂而不廢刑政。荊公本之，爲三不欺論；其大旨說明任德、任察、任刑三者，乃聖人所兼有，不可偏廢。蓋「任德則有不可化者，任察則有不可周者，任刑則有不可服者。」〔註24〕德、察、刑不可偏廢，徒主一端不足爲治，其意彰明不待辨曉矣。

二、人君之修養

荊公論政，既以王道爲主，而人君之修養，亦與治道息息相關。唐太宗嘗謂其侍臣曰：「看古之帝王，有興有衰，猶朝之有暮，皆爲蔽其耳目，不知時政得失，⋯⋯可愛非君，可畏非民，天子者，有道則人推而爲主，無道則人棄而不用，誠可畏也。」〔註25〕是知人主當講治道，居安思危，而國乃治。荊公亦嘗有類似之言論，曰：「自古人主，享國日久，無至誠惻怛憂天下之心，雖無暴政虐刑加於百姓，而天下未嘗不亂。」〔註26〕又嘗以漢元帝、石顯爲譬，與神宗論人主聞道之要。云：

> 上曰：「小人不過以邪諂合人主，人主有好邪諂，即爲其所中。」安石曰：「人主要聞道，若不聞道，雖不好邪諂，⋯⋯而無術以揆之，亦不免亂亡。自古惟大無道之君，乃以恣睢致亂亡；如漢元帝，非不孜孜爲善，但不聞道，故於君子小人情狀，無以揆之，而爲小人所蔽。陛下試讀〈石顯傳〉，天下後世皆知其爲姦邪，⋯⋯然求其顯然罪狀，即不可得，自非人主聞道，即不能見微，⋯⋯即爲此輩所蔽，至於衰亂而不悟。陛下⋯⋯要揆君子小人情狀，決天下大計，

〔註21〕參錢穆《宋明理學概述》，頁15。
〔註22〕同註4，卷四四，頁149〈原教〉。
〔註23〕同註22。
〔註24〕同註4，卷四二，頁131〈三不欺〉。
〔註25〕見吳兢《貞觀政要》卷一〈政體第二〉，頁45，北大書局。
〔註26〕同註4，卷一，頁13〈上時政疏〉。

須聞道，苟能聞道，即聲色玩好不能累其心，⋯⋯不必勞耳目思慮
而後能察也。〔註27〕

聞道始能見微知著，不爲姦邪諂言所蔽，人主苟能如此，則君子進，小人退，天下之大計決矣。《熙豐知遇錄》載神宗與安石對話，「上曰：『前代或因衰亂，方人情急迫，爲之解釋患難，所以易，今頹壞之俗已久，方收斂使就法度，則不得不難。⋯⋯』安石曰：『以臣所見，似小人未肯革面。臣愚以爲，陛下誠能洞見群臣情僞，操利害以御之，則人孰敢爲難，但朝廷之人莫敢爲邪，則風俗立變，何憂紀綱不立？』」〔註28〕此處亦強調人主洞見群臣情僞之重要。按：貞觀十年，太宗謂房玄齡曰：「朕歷觀前代撥亂創業之主，生長人間，皆識達情僞，罕至於敗亡。」〔註29〕能識達情僞，則朝廷風俗可變，紀綱可立矣。方荊公之初見君，雖言變風俗立法度，然必先之以「講學」，謂學術明，施行於政，乃無沮格，不可遽圖。〔註30〕故欲識達情僞，必留心實務，一切變法，當以講學爲基點。《熙豐知遇錄》屢載安石與上論學事，如熙寧元年十月壬寅，詔講筵權罷《禮記》，自今令講《尙書》。〔註31〕《宋史・王安石傳》，神宗謂曰：「人皆不能知卿，以爲卿但知經術，不曉事務。」安石對曰：「經術正所以經世務，但後世所謂儒者，大抵皆庸人，故世俗皆以爲經術不可施於世務爾！」荊公之學術，前已述之矣，其要在內求知命屬節，外在經世致用。故人主講學，亦當以是爲重矣。

熙寧二年五月十五日，荊公上〈進戒疏〉，具言人主若能早自戒於耳目之欲，則能知人；能得君子竭忠盡智，則天下治矣。其曰：

不淫耳目於聲色玩好之物，然後能精於用志；能精於用志，然後能明於見理；能明於見理，然後能知人；能知人，然後佞人可得而遠。忠臣良士，與有道之君子，類進於時，有以自竭，則法度之行，風俗之成，甚易也。〔註32〕

其次，荊公論惠與勇時，主張以義制行，以義斷惠勇，前已詳言之矣，而其論爲政，亦以義爲本，違義則害政矣。《續通鑑長編》卷二二一，熙寧四年三

〔註27〕同註5，卷二三九，熙寧五年十月壬辰條。

〔註28〕見楊希閔《熙豐知遇錄》，熙寧四年五月（附《王荊公年譜考略》，頁438）。

〔註29〕同註25，卷四〈教戒太子諸王〉第十一，頁24。

〔註30〕詳《熙豐知遇錄》（附《王荊公年譜考略》，頁421）。

〔註31〕同註30，頁428。

〔註32〕同註4，卷一，頁14。

月丙午，安石謂神宗曰：「先王獎人以義爲主，苟違義而好名，則反爲害。」

　　神宗所以急於變法，實肇因於外患。明李光祚序《荊公文集》曰：「蓋宋始終爲禍者遼，前此爲英爲仁爲眞，其禍未燼；後此爲哲爲徽爲欽，其禍益烈。當神宗之時；公遑遑欲樹無前之績，思患豫防，偶爲足兵足食之策，計社稷之安危。……其心蓋曰吾行吾法，而終致富強，鞭笞夷狄，如唐擒頡利可汗故事，則吾願畢，吾道行，堯舜君民之志，庶其酬乎！」〔註33〕然荊公以爲如欲攘外，必先安內；即安內之術，亦非一端，須先明其緩急後先。是以人君爲政，亦須講明緩急先後也。《續通鑑長編》卷二二〇，熙寧四年二月丁丑條曰：

> 上論王猛，王安石曰：「猛宰政公平，流放尸素，拔幽滯，顯賢能，……兵強國富，垂及升平。……」上曰：「流放尸素，誠爲先急。」安石曰：「……臣觀王猛臨終與符堅所言，尤知猛有智慮。……猛知堅不能除慕容垂之徒，故勸以勿伐晉，……不然，以秦之強而欲取晉，何難之有？」上曰：「先知害乃可言利。今內困於財用，則不可以有事於北狄，亦猶內有慕容垂之徒未誅，則不可以有事於晉也。……」……安石曰：「有一日行之而見效者，亦不可不急，若流放尸素之類是也。如用兵於強敵，乃當待時而爲之不可過。」

荊公又嘗與神宗論禦契丹之策，亦足見人主於外交之修養，未可忽之也。《續通鑑長編》卷二六二，熙寧八年四月癸亥條云：

> 安石曰：「……凡卑而驕之，能而示之不能者，將以致敵也。今未欲致敵，豈宜卑而驕之，示以不能？」……又言外敵強則事之，弱則兼之，敵則交之，宜交而事之則納侮，納侮而不能堪則爭？爭則啓釁，故曰示弱太甚，召兵之道也。

凡卑而驕之，能而示之不能者，正所以召敵之道也。示弱太甚，予敵可乘之機，故爲召兵之道，人君所宜深慮，而慎於行者也。方國家承平無事，當修戰備，以應付突發事件，不可耽於逸樂，當知「忘戰必危」之理。《續通鑑長編》卷二三四，熙寧五年六月癸丑條云：

> 上論河北兵不可用。安石曰：「忘戰必危，好戰必亡。當無事之時，作士氣，令不衰惰，乃所謂不忘戰也。人心排下進上，若鼓旗明麗，器械精善，壯勇有技者在眾上，即士氣雖當無事之時，亦不衰惰也。」

〔註33〕見楊希閔《年譜推論》（附《王荊公年譜考略》，頁378）引。

安石論人君之修養，雖似無系統，今就有關資料條列之，約有聞道、講學、行義，並及外交、軍事諸端，亦兼內聖外王之道而言之也。

第二節　人才之培育與任用

一、人才之培育

宋重文而輕武，中央或地方行政均操於文臣之手，太祖嘗曰「今選儒臣幹事者百餘人，分治大藩，縱皆貪濁，亦未及武臣一人也。」〔註34〕太祖以文臣縱貪，弊不及武人之烈，顯見其有矯五代武人專擅之意也。馴至後世，取士無道，學風遂壞，士子所習，專務章句課試之文，非所以切任事之用。故北宋雖有國子學、太學、州學、縣學之設，〔註35〕然當時取士，多由制科，彼輩學無專長，惟務無補之學，荊公有見於此，故注重學校教育，思培育經世人才也。其〈乞改科條制箚子〉有云：

> 古之取士，皆本於學校，故道德一於上，而習俗成於下，其人材皆足以有爲於世。自先王之澤竭，教養之法無所本，士雖有美材而無學校，師友以成就之，議者之所患也。今欲追復古制，……宜先除去聲病對偶之文，使學者得以專意經義，以俟朝廷興建學校，然後講求三代所以教育選舉之法，施於天下，庶幾可復古矣。〔註36〕

觀此，可知安石興建學校之本旨，在齊一道德，使風俗成於天下，以培育有爲之才；教養人才，必除去專講章句課試之文，以通經致用爲主；欲以學校代科舉取士也。然此處所謂「復古」，並非一意泥古，乃法先王之意，以求有所改易更張而已。其〈上仁宗皇帝言事書〉，論仁宗有二帝三王之用心，有仁民愛物之意，而不能內無社稷之憂，外無夷狄之懼，財力日以困窮，風俗日以衰壞，其故何在？患在未能修先王之法度故也。〔註37〕欲變風俗立法度，必先得人才。故曰：

> 夫人才不足，則陛下雖欲改易更革天下之事，以合先王之意，大臣雖

〔註34〕見黃碧端《王安石政治思想之研究》第三章第一節，頁41，引《太平治迹統類》卷二。
〔註35〕詳《宋史》卷一五七，〈選舉志〉三。
〔註36〕見《王安石文集》卷四，頁37。
〔註37〕詳《王安石文集》卷一，頁1。

有能當陛下之意而欲領此者，……其勢未必能也。孟子曰：徒法不能
以自行，非此之謂乎？然則方今之急，在於人才而已。誠能使天下之
才眾多，然後在位之人，可以得其才而取足焉；在位者得其才矣，然
後稍視事勢之可否，而因人情之患苦，變更天下之弊法。〔註38〕

得人才之法，依荊公之見，乃在上位者之責任，故曰：

（人才）何至於今而獨不足乎？……陶冶而成之者非其道故也。所
謂陶冶而成之者，何也？亦教之養之取之任之有其道而已。〔註39〕

依萬言書所述，教之之道在設學校，使「可以為天下國家之用者，則無不在
於學。」；養之之道在「饒之以財，約之以禮，裁之以法」，以「一天下之俗
而成吾法」也。至若取之任之之道，因屬人才任用之範圍，容後再論矣。由
於得人才之法，首在於教，故荊公對於當時學制有所批評，認為州縣之學，
徒虛有其名，即太學亦學非所用。曰：

方今州縣雖有學，取牆壁具而已；非有教導之官，長育人才之事也。
惟太學有教導之官，而未嘗嚴其選。朝廷禮樂刑政之事，未嘗在於學，
學者亦漠然自以為禮樂刑政為有司之事，而非己所當知也。學者之所
教，講說章句而已。講說章句，非古者教人之道也；近歲乃始教之以
課試之文章。夫課試之文章，非博誦強學窮日之力則不及；其能工也，
大則不足以用天下國家，小則不足以為天下國家之用。〔註40〕

學非所用，用非所學，使教育徒為粉飾太平之具文。人才何裨於世道，世亦
何貴造此無限之散才也？〔註41〕然學校之興，非一朝一夕可成，處於過渡時
期，則先改進試士之方。前已引其〈乞改科條制箚子〉，今復觀其〈取材〉篇，
則改進試士之法可知矣。其曰：

以今準古：今之進士，古之文吏也；今之經學，古之儒生也。然其
策進士，則但以章句聲病，苟尚文辭，類皆小能者為之。策經學者，
徒以記問為能，不責大義，類皆蒙鄙者能之。……故才之不可苟取
也久矣！必若差別類能，宜少依漢之賤奏家法之義。策進士者若曰：
「邦家之大計何先？治人之要務何急？政教之利害者何大？安邊之

〔註38〕見《王安石文集》卷一，頁1，〈上仁宗皇帝言事書〉。
〔註39〕同註38。
〔註40〕同註38。
〔註41〕參陳鐘凡《兩宋思想述評》第十一章，頁174。

計策何出？」使之以時務之所宜言之，不直以章句聲病累其心。策經學者宜曰：「禮樂之損益何宜？天地之變化何如？禮器之制度何尚？」各傳經義以對，不獨以記問傳寫爲能，然後署之甲乙以升黜之，庶其取舍之鑑灼於目前。……故學者不習無用之言，則業專而修矣；一心治道，則習貫而入矣。〔註42〕

改革科舉之弊，以更改考試內容爲第一步，蓋考之以詩賦，則競爲雕章琢句；考以課試之文，則競爲博誦強記，其不足以用世一也。考之以經義，在使學者通古今之變，識當世之務，不徒以章句課試之文爲務，庶幾人才足爲世用也。

荊公執政後，於熙寧四年起，展開各項學制之改革，爲說明方便，特表列如次：〔註43〕

	名　　稱	實施時間	說　　　明
教育改革	更貢舉法	熙寧四年	廢明經等科，進士科亦免詩詩賦，專考經義、策論，以通經有文采者爲合格。群經取詩、書、易、周禮、禮記兼以論語、孟子。另設新科目「明法」，試律令刑統大義，以待不能業進士者。
	變太學制	熙寧四年	立太學三舍法，增太學生員名額，分內、外、上三舍，月有月試，年有總考，上舍生名列優等者荐於中書，授以官職，中等者免進士禮部試，下等者免取解。
	設學校	熙寧四年	令各路州府立學，每郡給田十頃以爲學生贍養費之基金。又設武學、律學、醫學三專科。
	一學術	熙寧六年始	六年置經義局，訓釋詩、書、周禮，八年六月頒行於學，號《三經新義》，學者景從。安石罷金陵期間，又作字說以進，亦頒行於學，「主司純用以取士」。

荊公對培育人才之重視，充分表現其致用思想。其「去聲病對偶章句之學」，是爲拔舉眞才，使「可以爲天下國家之用者，則無不在於學」，然後教之以致用之方。其對當時學校之徒具形式，而乏功能，謂：「今乃移其精神，奪其日力，以朝夕從事於無補之學，及其任之以事，然後卒然責之以爲天下國家之用，宜其才之不足以有爲者矣。」〔註44〕針對改革此種「無補之學」，

〔註42〕見《王安石文集》卷四四，頁151〈取材〉。
〔註43〕引自黃碧端《王安石政治思想之研究》第三節第一節，頁42。
〔註44〕同註38。

故設武學、醫學、律學，以達「致用」之目的。其中武學之設，尤見荊公亦尚「文武合一」之思想。〔註45〕觀荊公以上致用、文武合一之教育思想，正與其富國強兵之設施相互對應，足見荊公內聖外王之一貫主張矣。

此外，荊公教育思想之起點，假設人皆具有善性，「塗之人皆可以為禹，蓋人人有善性，而未必善自充也。」〔註46〕故聖人乃順其性而為之制，「以養人之神，正人之氣而歸之正性」，〔註47〕由此一信念，故安石汲汲於以庠序之教「一道德」、「化風俗」，此不啻為安石最具儒家色彩之主張也。劉子健先生論安石之人才主義，謂「王安石以舉事求人才，以人才再舉事，自然偏重行政能力和政治手腕。」〔註48〕此處言人才與變法，為循環不息，頗有創意。然變法之初，用以推行新政之人才，不論賢與不肖，鮮具眼光深遠者，此安石人才主義之致命傷也。故劉氏曰：「王安石最大的失敗是他所用的人才，包括正直的在內，撇開傾軋不論，都只能助他改立制度，不能助他走向深遠的目標，改善『風俗』。換言之，王本人極富於理想，而他的黨徒，多半缺少理想。」〔註49〕果如此，荊公之變革卒未能符其理想，推行新法之人當負泰半之責矣。

二、人才之任用

荊公既已論人才之培育，以養成經世致用為目的，而教之養之祇是耕耘，取之任之方為收穫，兩者雖無必然關係，然一成功之政治家，必將慎於兩者之溝通。荊公振興學校教育後，人才之來源不竭，故能行其大有為之政治。其〈上仁宗皇帝言事書〉中，論取士之道曰：

> 所謂取之之道者，何也？先王之取人也，必於鄉黨，必於庠序，使眾人推其所謂賢能書之，以告于上而察之，誠賢能也，然後隨其德之大小，才之高下，而官使之。所謂察之者，非專用耳目之聰明，而聽私於一人之口也。欲審知其德，問以行；欲審知其才，問以言；

〔註45〕同註38，有云：「先王之時，士之所學者，文武之道也。士之才有可以為公卿大夫，有可以為士，其才之大小宜不宜則有矣；至於武事，則隨其才之大小，未有不學者也。」

〔註46〕見《王安石文集》卷三二，頁39〈答孫長倩書〉。

〔註47〕見《王安石文集》卷四一，頁122〈禮樂論〉。

〔註48〕見劉子健〈王安石曾布與北宋晚期官僚的類型〉。

〔註49〕同註48。

得其言行，則試之以事。所謂察之者，試之以事是也。〔註50〕

荊公論取士，以眾人所推之賢能者，經上覆審後，按其才之小大，而官使之。而察之之道，在試之以事者也。然其間必有一先決條件，即察之者是否健全，如其不然，則所察之對象賢能與否亦未可知，故在上位者須養成明察秋毫之鑑別能力，且其心術不得邪曲，惟處於此種狀況下，取士方能得人。荊公嘗論人君之修養，爲政以義，識達情僞，與此實相呼應也。然當時科舉取士之制度下，「強記博誦而略通於文辭，謂之茂才異等賢良方正，茂才異等賢良方正者，公卿之選也；記不必強，誦不必博，略通於文辭，而又嘗學詩賦，則謂之進士，進士之高者，亦公卿之選也。夫此二科所得之技能，不足以爲公卿，不待論而後可知。」〔註51〕而有才之君子，未必能強記博誦善詩能賦，是以「才之可以爲公卿者，困於無補之學，而以此絀死於嵒野，蓋十八九矣。」〔註52〕「然而不肖者，苟能雕蟲篆刻之學，以此進至乎公卿；」〔註53〕「因得推其類聚之朝廷，此朝廷所以多不肖之人，而雖有賢智，往往困於無助，不得行其意也。」〔註54〕以此推之於州郡，則舉國不肖之徒皆位居要津，賢能者退於草野，蒼生必遭荼毒矣。又論任之之道曰：

> 所謂任之之道者，何也？人之才德，高下厚薄不同，其所任有宜有不宜。……德厚而才高者以爲之長，德薄而才下者以爲之佐屬。又以久於其職，……賢者則其功可以至於成，不肖者則其罪可以致於著；故久其任而待之以考績之法。〔註55〕

夫人才之任用，雖以德才二者爲準，然德才之評定，固無法絕對客觀化，故任職亦無法絕對適當，由是考績之法遂生，考績正所以定黜陟也。然其間有一問題產生，即任用之適當與否，與其能否展其所長有關，故主其事者不可不慎！荊公以爲當時用人，並未依照分類任職，謂「方今取之既不以其道，至於任之，又不問其德之所宜，而問其出身之後先；不論其才之稱否，而論其歷任之多少。以文學進者，且使之治財；已使之治財矣，又轉使之典獄；已使之典獄矣，又轉而使之治禮；是則一人之身，而責之以百官之所能備，宜其人才之難爲也。」

〔註50〕　同註38。
〔註51〕　同註38。
〔註52〕　同註38。
〔註53〕　同註38。
〔註54〕　同註38。
〔註55〕　同註38。

〔註56〕方人才之取得，欲按其德才分類任職，既已難矣。當其陞遷時，究以德才爲主，抑以出身之後先，歷任之多少爲準，實難遽下決定，蓋德才之鑑定誠難也。而荊公此處以德才爲任之之道，正顯示其人才主義之主張也。至若以一人之身，責之以百官之所能備，若無在職、轉任之訓練，其本職尚難勝任，況能兼備百官之務哉？加以官吏不得久于其任，五日京兆，「賢者則其功不可以及於成；不肖者則其罪不可以至於著。」〔註57〕則考績益形困難，而黜陟進退一無所據，此任人不以其道之流弊也。

荊公嘗論在位者不知人才，不用人才之患，曰：

> 天下之患，不患材之不眾，患上之人不欲其眾；不患士之不欲爲，患上之人不使其爲也。……其尤蔽者，以爲吾之位可以去辱絕危，終身無天下之患，材之得失，無補於治亂之數；……此一蔽也。又或以謂吾之爵祿貴富，足以誘天下之士，榮厚憂戚在我，吾可以坐驕天下之士，……此亦一蔽也。又或不求所以養育取用之道，而諰諰然以爲天下實無材；……此亦一蔽也。〔註58〕

夫在位者，不使天下之人才得以有爲，猶久戀高位，而不汲汲求才以治天下，則其身辱，其國危矣。又設「使得人而不久其官；久其官而不使專其事；使得專其事而不臨之以賞罰；亦不可以成位。」〔註59〕久其官，專其事，任賞罰，爲人盡其才之要道；久其官，任賞罰二項，前已詳論矣，至於「專其事」則有未盡者。蓋荊公之意，以爲當專一事權也。荊公嘗與神宗、曾公亮論及此點，云：

> 上曰：「寇準何所能？及有變則能立大節。」安石曰：「……寇準非能平心忠於爲國，但有才氣，比當時大臣爲勝而已。」公亮曰：「眞宗用寇準，人或問眞宗，眞宗曰：『且要異論相攪，即各不敢爲非。』」安石曰：「若朝廷人人異論相攪，即治道何由成？臣愚以爲，朝廷任事之臣，非同心同德，協于克一，即天下事無可爲者。」〔註60〕

任人之道，必專一事權，而後可以展其才，若不能專任之，一旦爲異論所攻，則棄而不用，國何由以治也？夫「唐以後欲有爲之君，無若宋神宗；得君之

〔註56〕同註38。
〔註57〕同註38。
〔註58〕見《王安石文集》卷三九，頁103～104〈材論〉。
〔註59〕見《王安石文集》卷三九，頁35〈相度牧馬所舉薛向劄子〉。
〔註60〕見《續通鑑長編》卷二一三，熙寧三年七月壬辰條。

專，無若王荊公。……君臣如此，宜得志於天下，可傳於後世也。」〔註61〕
乃大謬不然，叢誹群謗，紛至沓來，幸神宗不為流言所惑，仍專任篤信而不
疑，然荊公終於引退以明其志，用人不專之弊一至於此，可不慎歟。

第三節　理財與整軍

　　方宋神宗之初即位，「嘗欲克復燕雲，恢張先烈。」〔註62〕然「環顧朝臣，
皆習故守常，莫有能任其事者，安石一出，……不覺如魚得水：如膠投漆，
而傾心納之。」〔註63〕荊公深感神宗之知遇，躍然欲有所試，故其新法，首
以理財、整軍為重點。熊公哲先生嘗曰：

　　　　介甫新法，其要不過二事，一為「足兵」，一為「足食」，是二者，
　　　　皆時勢所不得不然。……夫有宋財用之困乏，溫公及子瞻蓋皆嘗言
　　　　之，茲不具論，而神宗即位之初，亦嘗語文彥博等，謂「當今理財
　　　　最為急務，養兵備邊，府庫不可不豐。」嗚呼，當時立政之所急，
　　　　舍此無餘事矣。〔註64〕

理財與整軍，固荊公新法之要旨，今分述如次：

一、理　財

　　蕭公權先生論李覯政治思想時，謂「自孟子以來，儒者承其遺教，多以
言利為恥。李氏一反其風，以為聖人無不言利者。」〔註65〕安石亦嘗辨利非
不可為，曰：

　　　　孟子所言利者，為利吾國（如曲防過糴）利吾身耳；至狗彘食人食
　　　　則檢之，野有餓莩則發之，是所謂政事。政事所以理財，理財乃所
　　　　謂義也。一部《周禮》理財居其半，周公豈為利哉？〔註66〕

又論財政誠廣大社會賴以生聚之資，曰：

　　　　夫合天下之眾者財，理天下之財者法，守天下之法者吏也。吏不良

〔註61〕見《熙豐知遇錄》（附《王荊公年譜考略》後一，頁421）。
〔註62〕見《廿二史箚記》卷二六，頁348「王安石之得君」，樂天版。
〔註63〕同註62。
〔註64〕見《王安石政略》卷首導言中，頁13。
〔註65〕見蕭公權《中國政治思想史》一四章，頁453。
〔註66〕見《王安石文集》卷二九，頁12〈答曾公立書〉。

則有法而莫守，法不善則有財而莫理。有財而莫理，則阡陌閭巷之賤人，皆能私取予之勢，擅萬物之利，以與人主爭黔首，而放其無窮之欲。〔註67〕

此處，荊公已言及理財須法，與得其人而守其法之重要性，其理財論之基礎已立。然則為用兵而理財，豈非掊克聚斂，無所不至乎？曰不然。蓋荊公理財之目的，乃所以「發達國民經濟」、「整理財政」而已。〔註68〕是以熙寧元年十一月，荊公嘗與司馬溫公辯理財於帝前：

王安石曰：「……國用不足者，以未得善理財者故也。」光曰：「善理財者，不過頭會箕斂耳。」安石曰：「不然，善理財者，不加賦而國用足。」光曰：「天下安有此理？天地所生財貨百物，不在民，則在官，彼設法奪民，其害乃甚於加賦，此蓋桑弘羊欺武帝之言，司馬遷書之，以見其不明耳。」爭議不已。〔註69〕

按：溫公以為「國用所以不足者，在於用度太奢，賞賜不節，宗室繁多，官職冗濫，軍旅不精。」〔註70〕此儒家節用愛民之傳統經濟思想。陶希聖先生嘗謂「普通的儒家，總是主張節制消費，便是由於他們是不生產而支配生產的階級，他們的出發點是『天地生財只有此數』，只有依身分來節制的一法。〈孔孟荀都是這樣。〉說到理財，至多不過主張『損上益下』，換句話說，政府少要兩文。」〔註71〕斯論極是。而荊公上〈本朝百年無事劄子〉即云：

其於理財，大抵無法，故雖儉約而民不富，雖憂勤而國不強。〔註72〕

又〈與馬運判書〉曰：

嘗以謂方今之所以窮空，不獨費出之無節，又失所以生財之道故也。……蓋近世之言利雖善矣，皆有國者資天下之術耳，直相市於門之內而已！此其所以困與？〔註73〕

荊公一反節用為理財之本，而積極於開源，今觀其〈上仁宗皇帝言事書〉，於理財之道言之甚詳，云：

〔註67〕同註66，卷二六，頁158〈度支副使廳壁題名記〉

〔註68〕詳梁啟超《王荊公》一○章，頁63。

〔註69〕見《宋史紀事本末》卷三七，頁260〈王安石變法〉。

〔註70〕詳《通鑑長編紀事本末》卷六六議減兵數雜數條。

〔註71〕見陶希聖《中國政治思想史（四）》，頁50。

〔註72〕同註66，卷三，頁34。

〔註73〕同註66，卷三，頁33。

> 蓋因天下之力，以生天下之財；取天下之財，以供天下之費；……
> 今天下不見兵革之具，……人致己力以生天下之財，然而公私常以
> 困窮爲患者，殆以理財未得其道，而有司不能度世之宜而通其變耳。

〔註74〕

至此，荊公理財之思想可謂具矣。而見諸行事，尚有一重要關鍵，即社會生產者言，積極主張增加生產，消極則反對兼并。周世輔先生嘗論荊公理財政策之由來，引「乞制置三司條例」，「理天下之財，不可以無義。夫以義理天下之財，則轉輸之勞逸，不可以不均；用度之多寡，不可以不通；貨賄之有無，不可以不制；而輕重斂散之權，不可以無術。」〔註75〕據此四大原則，毅然實施下列各種新法：（1）青苗法，（2）均輸法，（3）市易法，（4）免役法，（5）方田均稅，以及興修農田水利。〔註76〕茲按其實行次第表列如下：〔註77〕

	名　稱	實施時間	說　　明
農業改革	青苗法	熙寧二年九月	地方政府以諸路常平所存錢穀，每年二次放貸，人民自由請貸，令出息二分，春散秋斂，穀熟還官，而舊有常平、廣惠之法，遂變而爲青苗矣。
	農田水利法	熙寧二年十一月	分遣諸路常平官，使專領農田水利，吏民能知土地種植之法，陂塘汙埤堤堰溝洫利害者，皆得自言，行之有效，隨功利大小酬賞，興修水利農田，起熙寧三年至九年，府界及諸路闢田三十六萬一千一百七十八頃有奇。
	免役法	熙寧三年十一月	宋之役法，役出於民，州縣皆有常數。新法凡當役人戶，據家貲高下，各令出錢，僱人充役，下至單丁女戶本來無役者，亦一概輸錢，謂之助役錢。
商業改革	均輸法	熙寧二年七月	以發運之職改爲均輸，用近易遠，預知在京倉庫就當辦者，得以便宜蓄買，藉通天下之貨制爲輕重斂散之術，使輸者既便而有無得以懋遷焉。
	市易法	熙寧五年三月	在京師置市易務官，以代均輸法，凡貨之可市，及滯於民而不售者，平其價，市之，願以易官物者聽。若欲市於官，則度其抵而貸之錢，責期使償，半歲輸息十一，及歲倍之。
	方田均稅法	熙寧五年八月	是法所以防田賦之不均，以東西南北各千步，當四十一頃六十六畝一百六十步爲一方，分地計量，隨陂原平澤而定其地，並辨其色，然後定其肥瘠，分爲五等，以定稅則。

〔註74〕同註66，卷一，頁7。
〔註75〕同註66，卷七，頁66。
〔註76〕參周世輔《論王安石的政治思想》，《革命思想月刊》七卷3期。
〔註77〕錄自黃碧端《王安石政治思想之研究》，第三章第一節，頁38。

二、整　軍

　　荊公之軍政思想，於〈省兵〉詩中略見端倪，即擇將之重要，與寓兵于農之政策，前已述之矣。其於〈上仁宗皇帝言事書〉中，亦坦率指陳：「社稷之託，封疆之守，陛下其能久以天幸爲常，而無一旦之憂乎？蓋漢之張角，三十六萬同日而起，所在郡國，莫能發其謀；唐之黃巢，橫行天下，而所至將吏，無敢與之抗者；漢唐之所以亡，禍自此始。」〔註78〕又於〈本朝百年無事箚子〉謂：「兵士雜於疲老，而未嘗申敕訓練，又不爲之擇將，而久其疆場之權；宿衛則聚卒伍無賴之人，而未有以變五代姑息羈縻之俗。」〔註79〕此荊公與神宗念念不忘邊防，及收復燕雲、肅清西夏之願望，故主練兵、擇將，進而行保甲法也。夫北宋之世，二虜爲患，久據燕雲與西陲，且常寇邊，宋人不唯不敢征伐，且忍辱以歲幣安撫之。荊公有鑒于此，亦頗有經略之志，故執政後，平定西南諸蠻，威服交阯，收復河湟，逐步行其理想。梁任公云：

> 荊公之政策，先肅清小醜，且藉此以增長軍事上之經驗，然後從事
> 於大敵，而其策二敵也，謂彼若合以謀我，則吾所以應之者且殆，
> 則先圖其較易圖者，然後及其難圖者，復河湟以制西夏，制西夏以
> 弱契丹，此荊公畢世之抱負。〔註80〕

梁氏之論頗精闢，亦足見荊公軍事素養之一斑。此外，荊公詩集中有〈陰山畫虎圖〉一首，言其擇將開邊，經營幽燕之志。云：「……低迴使我思古人，此地摶兵走戎羯，禽逃獸遁亦蕭然，豈若封疆今晏眠！契丹弋獵漢耕作，飛將自老南山邊，還能射虎隨少年？」〔註81〕柯敦伯云：「陰山畫虎圖詩一首，……自寫其開邊禦侮之懷抱。」〔註82〕詩集中又有〈澶州〉一首，藉野老之言，明宋上下因循苟且，自取屈辱，詩云：

> ……野老豈知此，爲予談近事，邊關一失守，北望皆胡騎。……紛
> 紛擅將相，誰爲開長利？焦頭收末功，尚足誇一是，歡盟自此數，
> 日月行人至。馳迎傳馬單，走送牛車弊，征求事供給，廝養猶珍麗，
> 戈甲久已銷，澶人益憔悴。……〔註83〕

〔註78〕同註66，卷一，頁10。
〔註79〕同註66，卷四，頁34。
〔註80〕同註68，一三章，頁117。
〔註81〕見《王安石詩集》卷九，頁51。
〔註82〕見柯敦伯《王安石》三章一節，頁121。
〔註83〕見李注本卷二〇，頁104～105。

末云爲奉歲幣，使澶人日益困竭，心頗不忍。欲去此弊，唯有整軍經武一途。
北宋之兵雖多而不可用，究其因，則爲兵冗而驕惰，將濫而不材，此第一章
第二節已述及。而根本之策，則爲行保甲法，廢募兵爲徵兵也。《宋史》卷一
九二兵志六保甲云：

> 帝（神宗）又言節財用。安石對以「減兵最急。」……帝又言：「邊
> 兵不足以守，徒費衣廩；然固邊圉又不可悉減。」安石曰：「今更減
> 兵，即誠無以待急緩；不減，則費財困國無已時。臣以爲儻不能理
> 兵，稍復古制，則中國無富强之理。」

按此處所謂「古制」，即日後所行保甲之法是也。荊公既以開邊爲志，議者
又以其窮兵黷武，終必貽患後世，梁任公特以「荊公之武功」一章爲其辨白。
〔註84〕今觀荊公〈與趙卨書〉，則公豈有意於黷武哉？其曰：

> 議者多言遽欲開納西人，則示之以弱，彼更倔强，以事情料之，殆
> 不如此。以我衆大，當彼寡小，我尚疲弊厭兵，即彼偷欲得和可知。
> 我深閉固鉅，使彼不得安息，則彼上下忿懼，并力一心，致死於我，
> 此彼所以能倔强也。……老子曰：「抗兵相加，哀者勝矣。」此之謂
> 也。〔註85〕

荊公言安邊善後，援老子「哀兵勝」之言以自戒，則黷武豈其本意哉？荊公
軍政之改革，有省兵、保甲、保馬、軍器監、置將諸法，茲列表如次：〔註86〕

	名　稱	實施時間	說　　明
軍事改革	省　兵	熙寧二年	詔併廢諸軍營，既而歲費大省，神宗因謂「天下財用，朝廷稍加意，則所省不可勝計，乃者銷併軍營，計一歲所省，爲錢四十五萬緡，米四十萬石，紬絹二十疋，布三萬端，馬藁二百萬。庶事若此，邦財可勝用哉！」蓋省兵之目的，既在改革軍事，亦在節省財用。
	保甲法	熙寧二年始	藉鄉村之民，二丁取一爲保丁，十家爲保，五保爲一大保，十大保爲都保，保各有保長，選主戶有幹力者任之，使保丁日常習武，定期會試，逐漸取代禁軍。
	保馬法	熙寧五年	凡畿內及京東、京西、河北、河東、陝西五路之義勇保甲，許領官馬自養或領官錢買馬自養，其意在寓兵於農外，更寓馬於民。

〔註84〕同註68，一三章，頁116～128。
〔註85〕同註66，卷二九，頁15。
〔註86〕同註77，頁40。

| 軍器監法 | 熙寧六年 | 置軍器監於京師，募天下良工為匠師，便專造軍器。 |
| 置將 | 熙寧七年始 | 熙寧七年置擁護京畿之兵凡三十七將，八年置西北邊防之兵凡四十二將，元豐四年置分戍東南之兵凡十三將，使兵知其將，將練其士卒，平居訓厲蒐擇，無復出戍外，有事而後遣焉。 |

第四節　新法精神綜述

　　北宋之世，積弊誠多，前已概述之矣。然質而言之，曰貧與弱耳。荊公深知其弊，故執政後，以至誠惻怛憂天下之心，汲汲焉變革舊法，議行新政；而其中心目標則在「富國強兵」。蓋國不富，則不足以濟貧；兵不強，則不足以救弱故也。欲達「富國強兵」之目標，必針對足以妨礙新法推行之頹風敗法，先予改易更革，此創新法實施之原則：「變風俗」，「立法度」是也。而其實施之綱要，約有三端：曰理財、整軍，人才之培育與任用是也。理財所以富國；整軍所以強兵；至若人才之培育與任用，則為貫徹前二者之效用也。其實施辦法，前已列表略述之矣，至於實際推行情形、效果，當時及後世之反映，難以罄述，其可得而言者，曰新法之精神而已。分述如次：

一、理財方面

（一）青苗法

　　熙寧三年二月，荊公嘗對神宗曰：「常平新法，乃振貧乏，抑兼并，廣儲蓄，以備百姓凶荒。」〔註87〕此「常平新法」即青苗法是也。蓋荊公鑒於兼并之家，常乘農民青黃不接時，借貸以邀倍息，故特設此法，以濟其困乏也。今觀其法之設，約有抑制兼并，助民增產，濟年歲饑荒之用意。蓋常平廣惠倉之糴本貸予農民，以防制民間高利貸剝奪，故曰：「民既受貸，則兼并之家，不得乘新陳不接，以邀倍息。」又曰：「昔之貧者，舉息之於豪民，今之貧者，舉息之於官，官薄其息而民救其乏。」〔註88〕其寓言詩九首之四有云：「婚喪孰不供？貸錢免爾縈；耕收孰不給？傾粟助之生。物嬴我收之，物窘出使營；後世不務此，區區挫兼并。」荊公之意，在挫兼并，其具體措施，則行青苗法，貸錢穀予民，使其從事生產也。荊公嘗云：「今通一路有無，貴發賤歛，

〔註87〕見《續通鑑長編拾補》卷七，熙寧三年二月癸亥條。
〔註88〕並見《王安石文集》卷三，頁28〈上五事劄子〉。

以廣蓄積，平物價，使農人有以赴時趨事，而兼并不得乘其急。凡此皆以爲民，而公家無所利其入，是亦先王散惠興利，以爲耕斂補助之意也。」〔註89〕如此，使農民從事生產，不違農時，以爲農民生活之保障矣。黃乃隆謂青苗法「實則與現代的農貸較爲相似。」〔註90〕可謂揣知其本矣。且青苗法每年「貴發賤斂，以廣蓄積。」以待荒年饑歲，而散之於民也。

（二）農田水利法

荊公執政之初，即分遣諸路常平官使專領農田水利，吏民能知土地種植之法，興修水利者，即得自言，行之有效，而論功酬賞。蓋吾國以農立國，修水土之利，即所以增加農民收入，而厚植國力也。觀荊公〈本朝百年無事箚子〉中，有云：「農民壞於徭役，而未嘗特見救恤；又不爲之設官，以修其水土之利。」〔註91〕可知其「務農理財」，對水土之利，向極重視也。先是，公知鄞縣時，即致力於「起隄堰，決陂塘，爲水陸之利。」〔註92〕及其當國，汲汲於農田水利之設施，此蓋行其素志者也。

（三）免役法

免役法者，令民輸錢，雇人充役，使無追呼刑責之虞，免賠累破產之苦，使專心一意於稼穡也。此法乃革除北宋差役制度，浪費人力，妨礙農耕，效力低微之弊者也。《宋史》有云：

> 帝（神宗）之力主免役者，知民間通苦差役，而衙役之任重行遠者
> 尤甚。特刱免役，雖均敷雇直，不能不取之民；然民得一意田畝，
> 實解前日困弊，故群議雜起，意不爲變。〔註93〕

荊公之前，亦有謀改良差役者，如熊公哲所謂「自仁宗以來，如范希文，則以爲天下縣多，故役繁而民瘠，欲稍并省，以減徭役。韓稚圭則請罷里正衙前，而就五等戶，選貲最高者一戶爲『鄉戶衙前』，驗鄉之闊狹，役之疏密而均之。」〔註94〕然根本改革之道，則爲免役法。荊公〈上五事箚子〉云：

〔註89〕見《宋史》卷一七六〈食貨志上〉四常平義倉。
〔註90〕見《王安石新法研述》，頁85，引黃乃隆《王安石變法的財經政策述評》第四章第一節之二。
〔註91〕同註88，卷四，頁34。
〔註92〕見《宋史本傳》。
〔註93〕見《宋史》卷一七七〈食貨志上〉五役法上。
〔註94〕見《王安石政略》卷三，頁96。

舉天下之役，人人用募；釋天下之農，歸於畎畝。〔註95〕

則其役免除農民徭役之苦，使得以專力農事可知矣。

其次，免役法之施設，乃「易征徭之性質，爲賦稅之性質，視前非有所增，而其徵收免役錢也，量其財力，差其等第，富者所徵較重，貧者所徵甚微，其尤貧者，則盡豁免之；而曩之享受免役特權之坊郭等第戶，及未成丁、單丁、女戶、寺觀、品官形勢之家，今則亦須減半輸助役錢。凡此種種，皆旨在均平繇役，優貧裁富，以消除舊時豪強不供賦役，而國家一切負擔，盡責諸弱而無力鄉毗之不平宿弊也。」〔註96〕荊公〈上五事箚子〉云：

> 蓋免役之法，出於周官所謂府、史、胥、徒，王制所謂庶人在官者也。然而九州之民，貧富不均，風俗不齊，版籍之高下不足據；今一旦變之，則使之家至戶到，均平如一。……故免役之法成，則農時不奪，而民力均矣。〔註97〕

蓋荊公有見於「農民壞於徭役，而未嘗特見救恤。」故思救恤農民耳。又此法與保甲法亦有關連，因人民既服兵役矣，若使其困於差役之煩，則二法均不得行明矣。

（四）均輸法

均輸之法，始於漢桑弘羊，至唐劉晏而益完密。荊公實師其制，非創作也。古代貨幣之用未周，民以實物爲市，其國家之徵租稅，亦以實物，故緣道里之遠近，而輸送之勞佚有所不均，緣年歲之豐歉，而供求之相劑有所不調，下既大受其害，而上亦不蒙其利。〔註98〕故荊公〈乞制置三司條例〉云：

> 夫以義理天下之財，則轉輸之勞逸不可以不均；用度之多寡，不可以不通；貨賄之有無，不可以不制；而輕重歛散之權，不可以無術。今天下財用窘急無餘，典領之官，拘於弊法，內外不以相知，盈虛不以相補，諸路上供，歲有定額。豐年便道，可以多致，而不敢不贏；年儉物貴，難於供備，而不敢不足；遠方有倍蓰之輸，中都有半價之鬻。三司發運使，按簿書，促期會而已，無所可否增損於其間。至遇軍國郊祀之大費，則遣使劃刷，殆無餘藏；

〔註95〕同註88。
〔註96〕見《王安石新法研述》，頁146。
〔註97〕同註88。
〔註98〕見梁啓超《王荊公》第十章，頁75。

諸司財用事，往往爲伏匿，不敢實言以備緩急；又憂年計之不足，
則多爲支移折變以取之。民納租稅數，至或倍其本數，而朝廷所
用之物，多求於不產，責於非時，富商大賈，因時乘公私之急，
以擅輕重歛散之權。臣等以謂發運使……宜假以錢貨，繼其用之
不給，使周知六路財賦之有無，而移用之。凡糴買稅歛，上供之
物，皆得徙貴就賤，用近易遠；令在京庫藏，年支見在之定數所
當供辦者，得以從便變賣，以待上令。稍收輕重歛散之權，歸之
公上，而制有無，以便轉輸，省勞費，去重歛，寬農民，庶幾國
用可足，民財不匱矣。〔註99〕

此均輸法設施之本旨矣，析言之，則爲「均轉輸之勞佚」、「通用度之多寡」；
蓋均輸法者，「凡糴買稅歛上供之物，皆得徙貴就賤，用近易遠」，而「所當
供辦者，得以從便變賣」也。且均輸之法，假發運使以錢貨，「繼其用之不
給，使周知六路財賦之有無」，而懋遷之，庶幾天下之貨物得暢其流，而軍儲
國用可以無匱矣。又諸路財賦轉輸不便，遂使豪商乘機擅輕重之權，均輸法，
所以均天下之輸，制爲輕重歛散之術，稍奪其權，歸之公上，而制其有無，
以便轉輸也。此法與市易法相輔相成，則其效益更見卓著。蓋市易者，所以
通天下之貨財；均輸者，所以均各路之貢賦者也。〔註100〕

（五）市易法

《續通鑑長編》卷二三一，神宗熙寧五年三月丙午條云：

詔曰：「天下商旅物貨至京，多爲兼并之家所困，往往折閱失業。至
於行鋪稗販，亦爲取利，致多窮窘。」

同年，王安石曰：「如茶一行，自來有十餘戶，若客人將茶到京，即先饋獻設
燕，乞爲定價。此十餘戶所買茶，更不敢取利；但得爲定高價，即於下戶倍
取利，以償其費。」〔註101〕此當時邸店抑勒商販之大概也。梁任公以爲，市
易法乃商業銀行之性質，〔註102〕其用意有二：

一則專注經濟學上所謂分配之一方面，用以裁抑豪富，保護貧

〔註99〕同註88，卷七，頁66。

〔註100〕同註98，頁76第四市易法：「市易與均輸，其立法之意略同，惟均輸所及者，
僅在定額之租稅；而市易所及者，則在一般之商務，故其範圍有廣狹之異，
而既有市易，則均輸之效，已可並寓於其中也。」

〔註101〕見《續通鑑長編》卷二三六，熙寧五年閏七月丙辰條。

〔註102〕見梁啓超《王荊公》第十章第四市易法注文，頁77。

民。……一則更注重於經濟學上所謂生產之一方面，使金融機關，
得以流通，而母財之用愈廣。〔註103〕

斯論極是。又市易法，本爲抑制豪商巨賈，照顧小商販，亦所以扶植農民也。
熊公哲云：

我國爲農業社會，故善言理財者，殆未有不注意扶植農人者，安石
新政，亦救濟農人之政爲多。即市易一法，謂爲征商之政，可也；
謂爲救濟農人之政，亦可也。其與青苗一法用意，不過一爲直接，
一爲間接，稍不同耳。蓋抑商即所以伸農。〔註104〕

此所謂「抑商」，蓋抑制豪商巨賈者也。要之，市場法所以求分配平均，與扶
助商販，及小工小農生產者，貸以生產之資，以增進其販運或生產力，因收
餘息，以饒國用也。

（五）方田均稅法

有宋勢官富姓，肆意侵奪民田，加以稅收煩重，致富民之買田，有產無
稅；貧者賣田，產去稅存之情形，前已述之矣。是以自太宗時，陳靖首提「均
由」之議；至眞宗時，御史張廣又倡言，依宇文融成法檢覈曠土，凡以謀救
田賦之不均而已。而仁宗時，亦曾因田賦不均，而一下限田之詔；即介甫所
主之方田一法，亦實本于郭諮之成規，而以意加詳密焉耳。〔註105〕《宋史》
卷一七四〈食貨志〉上二方田云：「熙寧五年，重修定方田法，詔司農以均稅
條約并式頒之天下。」由此可知，方田均稅法之施行，旨在從清理田籍，以
求均定天下之田賦者也。

二、軍政方面

（一）省　兵

藝祖開國之初，養兵僅二十萬，至仁宗慶曆間，遞增至一百二十五萬九
千；兵員日益擴充，費用龐大，竭民財而養之，誠爲中央財政之一大負擔也。
梁任公曰：「宋以養兵敝其國，擁百餘萬之兵，所費居歲入三之二。」〔註106〕
故安石嘗對神宗言，節財用當以省兵爲最急；且謂若不減，則費財困國無已

〔註103〕同註98，頁76。
〔註104〕同註94，附錄四表解下附記欄，頁295。
〔註105〕同註94，卷三，頁113。
〔註106〕同註100，第十一章，頁88。

時也。〔註107〕則知省兵之旨當在節財用也。且擁兵百餘萬，而不能以一戰者，〔註108〕推其原因，固非一端，然其病之甚者，當如荊公所謂「兵士雜於疲老，而未嘗申勅訓練」〔註109〕是也。且省兵之後，亦同時精訓練，汰疲老，而行精兵之策也。《續通鑑長編拾補》卷五，熙寧二年十月戊戌條云：

> 上問：「節財如何？」王安石對以「減兵最急。」上曰：「此慶曆數
> 已甚減矣，惟別有措置乃可耳！」安石曰：「精訓練募兵，而鼓舞三
> 路百姓習兵，則兵可省。」……上曰：「柴世宗如何得兵精？」安石
> 曰：「亦止是簡汰。」

蓋減兵不僅爲國家節財用，爲百姓紓貧困，且精於訓練，增強戰力，以待不時之須也。

（二）保甲法

緣保甲法之設，本欲以改革兵制，即廢募兵爲徵兵是也。而其實施之先，即以保甲組織人民自治之團體始，以掃除姦盜，安定民生。與今日地方義警之制相類也。《續通鑑長編》卷二一八，熙寧三年十二月乙丑條云：

> 每一大保，逐夜輪差五人，於保內分往來巡警，每獲賊，除編敕賞
> 格外，如告獲竊盜徒以上，每名賞錢三千，杖以上一千。同保內有
> 犯強竊盜、殺人……知而不告，論如五保律。

又使民漸習兵，建立後備兵及國民兵是也。荊公嘗以爲「募兵不如民兵，糴米不如興農事，……然須早訓練民兵，民兵成，則當減募兵。」〔註110〕蓋保甲既行，民漸習兵，使與募兵相參，進而代正軍上番，漸達廢募兵之目的矣。《續通鑑長編》卷二二一，熙寧四年三月丁未條，載荊公對神宗曰：

> 今所以爲保甲，……既人人能射，又爲旗鼓變其耳目，漸與約免稅上
> 番代巡檢下兵士；又令都副保正能捕賊者獎之，或使爲官，則人競勸。

又保甲之費，僅當募兵十之一二，可省財費。《宋史》卷一九二〈兵志六〉保甲云：

> 帝曰：「保甲義勇芻糧之費，當預爲計之。」安石曰：「當減募兵之
> 費以供之——所供保甲之費，纔養兵十之一二。」

〔註107〕詳本章第三節二整軍，引《宋史》卷一九二兵志六保甲。

〔註108〕同註106。

〔註109〕同註89，卷四，頁34，〈本朝百年無事箚子〉。

〔註110〕見《續通鑑長編》卷二六二，熙寧八年四月甲子條。

方保甲法之初行，鄉民驚擾，至有截指斷腕以避丁者，韓維言之，帝以問安石。安石曰：「就令有之，亦不足怪。……保甲法不特除盜，可漸習為兵，且省財費。」〔註111〕觀此，則保甲法之精神俱見矣。

（三）保馬法

宋代馬極缺乏，荊公之前，特置群牧監，常以樞府大臣領之，以重其事，然官馬作弊甚多，糜費浩大，而不能收蕃息之效，至荊公而有保馬法。〔註112〕此法實與保甲法相維繫，蓋教民兵騎戰，不可以無馬，故貸馬於保甲使自養之，則可以習戰禦盜，實屬公私兩便矣。然「馬者生物，其肥瘠生死，往往不盡由人力，而責養養之，有失則令其賠償，此非政體也。」〔註113〕梁任公之論為得也。

（四）軍器監法

北宋之世，軍器皆委諸州造作，朝廷未設專官司其事；自仁宗以降，習於太平，軍器之作，但務充數，而不堪用矣。熙寧五年，安石子雱上書曰：

> 方今外禦兩邊之患，而內虞剽盜之變，征伐擒捕之策，未嘗不以為首務；而至於戎器，則獨不為之卹。蓋今天下歲課弓弩甲冑之類，入充武庫之積，以千萬數，而無堅完精利，真可為武備者。臣嘗觀於諸州將作院，至有兵匠乏缺，而拘市人以備役；所作之器，但形質既具，則精麤之實，一切無所問。……臣私計其便，莫若更制其法度，斂數州之所作，而聚以為一處，……使專於其職。且募天下之良工，散為匠師於諸監；而朝廷亦當內置工官，以總制其事，然後察其精麤之實，而重為賞罰；則人人各求勝，不飭而皆精矣。〔註114〕

其建議，蓋有見於舊制敝壞，軍械惡劣，欲求其精良，必更其制。且軍器之造作，須統一管理，求其精利，此軍器監法之本旨矣。

（五）置　將

梁任公曰：「藝祖鑒晚唐五季之弊，懼將之能私有其兵也，於是創為更戍之法，分遣禁旅，戍守邊城，其以弭悍將驕卒之跋扈，計良得矣，然其弊也，非

〔註111〕見《續通鑑》卷六八熙寧四年五月壬子條。
〔註112〕同註78，第十一章，頁107。
〔註113〕同註112。
〔註114〕見《續通鑑長編》卷二四五，熙寧六年六月己亥條注文引。

徒踐更旁午，蝕財病民而已，而以將不知兵，兵不知將之故，而有兵等於無兵。及荊公執政，始部分諸路將兵，總隸禁旅，使兵知其將，將練其士，平居知有訓厲，而無番戍之勞，有事而後遣焉，此實宋兵制一大改革也。」〔註115〕故將官不得私有其兵，有訓練之實，而無更戍之煩也。然帥鴻勳以爲：「所謂『將』者，非職官之銜名——將帥之謂，乃一軍隊組織之名稱也。……其曰第幾將，第幾將（或第指指揮）者，猶今言第幾師，第幾團耳。」〔註116〕緣置將者，固兼兩者而言之也。即置某將於某地，平居則訓練其士卒，有事則遣赴前線，而無番戍之勞者也。

三、人才之培育與任用方面

（一）更貢舉法

　　荊公原則上反對貢舉制度，主張代之以學校。〔註117〕然學校之興，固非一朝一夕可奏效，故先革貢舉之弊，「使學者得以專意經意，以俟朝廷興建學校」〔註118〕也。又其對神宗言曰：

　　　　今人材乏少，且其學術不一，異論紛然，不能一道德故也。欲一道
　　　　德，則當修學校，欲修學校，則貢舉法不可不變。〔註119〕

由此觀之，貢舉制度之改革，不過一時權宜之計耳。其待學校之漸興，而科舉取士之制乃漸廢也。

（二）變太學制

　　宋初，京師雖有「國子學」「太學」，俱隸於國子監，惟皆徒具虛名，但爲游士寄應之所，殊無國子肄習之法；蓋祁祁士子，大都熱衷科舉，漠視學校教育，故親太學如傳舍。〔註120〕及神宗即位，垂意儒學，以天下郡縣既皆有學，歲時月各有試程，其藝能以次差升舍，其最優者爲上舍，免發解及禮部試而特賜之第，遂專以此取士。〔註121〕其漸以學校替代科舉取士，於此開端矣。

〔註115〕同註98，第十一章，頁94。
〔註116〕同註96，頁212。
〔註117〕詳同註88，卷一，頁1〈上仁宗皇帝言事書〉。
〔註118〕詳本章第二節一，引〈乞改科條制箚子〉。
〔註119〕見《宋史紀事本末》卷三八，頁294。
〔註120〕同註96，頁253。
〔註121〕同註119，頁295。

（三）設學校

梁任公評安石之教育行政改革曰：「觀其所設施，大率注重於京師大學，而各州縣之學，規模似未大完，不知史失載耶？抑當時之力，尚有所不暇給也。」又曰：「至其大學，以較諸今日歐、美各國，雖未可云備，然觀其有律學醫學等科，與經學並重，則是分科大學制，實濫觴於是，……然即此曇花一現，已足爲我國學術史之光矣！」〔註122〕又熊公哲曰：

> 我國士習，自漢唐以來，病于文懦不振久矣！……不復知武事爲學者所不可忽。而介甫上仁宗書，乃斤斤以天下學士恥于執兵爲憂，以謂古之所謂士者，其才之大小宜不宜，則有矣，未有置武事而不學者。……故其振興太學之始，「武學」與「律學」「醫學」並列爲科，直以之與「經學」並重，此則吾人今日目觀吾民族之積弱不武，愈不能不深恨後世之士，無能發揚此義也。〔註123〕

二氏對荊公立武學一節，推崇可謂備至矣。

（四）一學術

《三經新義》之修撰與頒行，前已述之矣。此大學之統一教本耳，亦介甫變易士習之大端也。而當時或後世反對《三經新義》者，以爲此舉不啻學術專制者也。〔註124〕梁任公於此，論之極爲精闢，其曰：

> 考荊公平日言論，多以一學術爲正人心之本，則史所云云，諒非誣辭，此實荊公政術之最陋者也。蓋欲社會之進化，在先保其思想之自由，故今世言政治者，無一不以整齊畫一爲貴；而獨於學術則反是，任其並起齊苗，而信仰各從乎人之所好，則理以辨而愈明，人心之靈，瀹之而不竭矣；強束而歸於一，則是敝之也。〔註125〕

又曰：

> 考荊公當時，亦並非於新義外，悉禁異說，不過大學以此爲教耳！……蓋使荊公而禁異說，則爲戕賊思想之自由，然公固未嘗禁之，不過提倡己之所主張而已。夫學者有其所主張之說，則必欲發

〔註122〕並同註98，第十二章，頁113。

〔註123〕同註96，卷四，頁139。

〔註124〕如《司馬文正公傳家集》卷五四〈起請科場箚子〉云：「王安石不當以一家私學，欲蓋掩先儒，今天下學官講解，及科場程試，同己者取，異己者黜，使聖人坦白之言，轉而陷於奇僻，先王中正之道，流而入於異端。」

〔註125〕同註98，第十二章，頁111。

> 揮光大之以易天下，非徒於理不悖，抑責任亦應爾也，於公何尤？
> 若夫學者不求自立，而惟揣摩執政之所好尚，欲以干祿，此則學者
> 之罪，而非倡新說者之罪也。〔註126〕

觀此，則世之以《三經新義》厚誣荊公者，其將何辭以對乎？

〔註126〕同註125。

第四章　王安石之評價

　　自宋以來，批評王安石者多矣。贊譽者有之；譏評者有之；折衷者有之。
今按此三項，列舉於下。而言之未切於理，徒肆謾罵者，或屬文學方面者〈因
非研究範圍〉不與焉。

（一）屬於贊譽者

　　荊公弟子陸佃於《陶山集》卷十一，有〈神宗實錄敍論〉曰：

> 安石性剛，論事上前，有所爭辯時，辭色皆屬，上輒改容，爲此欣
> 納。蓋自三代而後，君相相知，義兼師友，言聽計從，了無形迹，
> 未有若茲之盛也。〔註1〕

此言安石性情之剛正，兼及神宗之能得相也。南宋陸象山撰〈荊國王文公祠
堂記〉，云：

> 英特邁往，不屑於流俗聲色利達之習，介然無毫毛得以入於其心。
> 潔白之操，寒於冰霜，公之質也；掃俗學之凡陋，振弊法之因循，
> 道術必爲孔孟，勳績必爲伊周，公之志也。〔註2〕

此稱其志學，且及於事業也。元吳澄〈臨川王文公集序〉曰：

> 荊國文公，才優學博而識高。……其行卓，其志堅，超越富貴之外，
> 無一毫利欲之泊，少壯至老死如一。〔註3〕

其推崇荊公學識與人格，可謂極矣。明陳汝翁〈甘露園長書四論〉王安石一，
云：

〔註1〕見《年譜推論》（附《王荊公年譜考略》，頁382）。
〔註2〕見《象山全集》卷一九，頁156。
〔註3〕見《王荊公年譜考略》卷首一，頁14。

> 熙寧新法，所稱爲民最害者，莫如免役、青苗，而斷斷新法立赤幟
> 而攻之者，在當時莫如蘇子瞻、范堯夫，而在後莫如朱元晦。子瞻
> 論免役之害，……及君實議復差役，又極言役可雇不可差。……而
> 堯夫亦謂差役一事當熟講，不然滋爲民害。然則向之所謂必不可行
> 而以爲有錢荒之弊者，又後之所謂必不可罷，罷則滋害而以俟聖人
> 於百世也。朱元晦恨介甫汲汲財利，使天下囂然喪其樂生之心，及
> 建社倉，……猶之乎青苗法也。〔註4〕

此言荊公免役，青苗二法，有其存在價值，雖反對派，亦詆其名而襲其實也。
章袞〈王臨川文集序〉云：

> 公之節行文章，既已大過於人，而道德經濟，又獨惓惓以身任之。

〔註5〕

稱荊公之節行道德經濟，及其所行新法之美意也。〔註6〕清顏習齋《宋史評》
曰：

> 荊公廉潔高尚，浩然有古人正己以正天下之意。及既出也，慨然欲
> 堯舜三代其君，所行法如農田、保甲、保馬……皆屬良法，後多踵
> 行。〔註7〕

此以荊公內聖之道既明，欲行其外王之道，故創爲新法也。至於蔡上翔撰《王
荊公年譜考略》，爲荊公辨誣之處，更不勝枚舉矣。梁啓超著《王荊公》，敘
論曰：

> 以余所見宋太傅荊國王文公安石，其德量汪然若千頃之陂；其氣節嶽
> 然若萬仞之壁；其學術集九流之粹；……其所設施之事功，適應於時
> 代之要求而救其弊；其良法美意，往往傳諸今日莫之能廢。〔註8〕

推崇荊公，溢於言表。蔣復璁於《王安石評傳》末云：

> 荊公進以禮，退以義，出則霖雨蒼生，入則簞食陋巷，孟子所謂「禹
> 稷顏回同道」，惟荊公有之。〔註9〕

此以禮義譽荊公進退之節，足見其人格之光明磊落也。

〔註4〕同註3，雜錄卷之一，頁345～346。
〔註5〕同註3，頁17。
〔註6〕同註5。
〔註7〕見《宋史新探》，頁168《王安石評傳》引。
〔註8〕見梁啓超《王荊公》，頁1。
〔註9〕同註7，頁181。

（二）屬於譏評者

南宋朱熹〈讀兩陳諫議遺墨〉有云：

> （安石）爲人，質雖清介，而器本偏狹；志雖高遠，而學實凡近，
> 其所論說，蓋特見聞臆度之近似耳。顧乃挾以爲高，足己自聖，不
> 復以格物致己、克己復禮爲事，而勉求其所未至，以增益其所不能，
> 是以其于天下之事，每以躁率任意而失之于前，又以狠愎徇私而敗
> 之于後，此其所以爲受病之源。〔註10〕

此從器量、學術、修養各方面譏評荊公者，然朱元晦之意，與司馬君實謂荊
公「自信太厚」〔註11〕可謂近矣。又朱子嘗論安石：

> 以文章節行高一世，而尤以道德經濟爲己任，……乃汲汲以財利兵
> 革爲先務。引用凶邪，排擯忠直。……辛之群姦嗣虐，流毒四海，
> 至於崇寧宣和之際，而禍亂極矣。〔註12〕

是則以後世朋黨禍亂之責，加諸安石之身者也。清顧炎武《日知錄》「宋世風
俗」條云：

> 宋自仁宗在位四十餘年，雖所用或非其人，而風俗醇厚，好尚端
> 方。……及神宗朝，荊公秉政，驟獎趨媚之徒，深鋤異己之輩。……
> 馴至紹聖崇寧，而黨禍大起，國事日非，膏肓之疾，遂不可治。
>
> 〔註13〕

此以荊公執政後，引用小人，排除異己，致風俗之壞也。王夫之《宋論》曰：

> 安石之所必爲者，以桑弘羊、劉晏自任，而文之曰周官之法，堯舜
> 之道；則固自以爲是，斥之爲非而不服。……夫君子有其必不可爲
> 者，以去就要君也，起大獄以報睚眦之怨也，辱老成而獎游士也，
> 喜諂諛而委腹心也。……若此者，皆君子所固窮瀕死而必不爲者，
> 乃安石則皆爲之矣。〔註14〕

斯則詬荊公步桑弘羊、劉晏財政之實，而附會周禮以行也。又列舉其罪狀，
至八條之夥矣。

〔註10〕見《王安石政略》附錄三，頁240。
〔註11〕見《司馬文正公傳家集》卷60〈與王介甫書〉。
〔註12〕同註3，卷首一，頁11引《王安石本傳》論曰下。
〔註13〕見《日知錄》卷一七，頁380。
〔註14〕見《宋論》卷六，頁117。

（三）屬於折衷者

荊公歿後，司馬光有簡與呂誨云：

> 介甫文章節義，過人處甚多，但性不曉事而喜遂非，致忠直疏遠，
> 讒佞輻湊，敗壞百度，以致於此。〔註15〕

此以文章節義言荊公之過人處；又以性不曉事而喜遂過言之非也。程氏遺書
曰：

> 新政之改，亦是吾黨爭之有太過，成就今日之事，塗炭天下，亦須
> 兩分其罪可也。〔註16〕

黨爭太過，使新法不得行，致天下塗炭，故須兩分其罪也。南宋陸象山〈荊
國王文公祠堂記〉又云：

> 新法之議，舉朝譁譁，行之未幾，天下洶洶，公方秉執《周禮》，精
> 白言之，自信所學，確乎不疑：君子力爭，繼之以去；小人投機，
> 密贊其決，忠樸屏伏，憸狡得志，曾不為悟，公之蔽也。〔註17〕

前言荊公之質，志；今復道其蔽，則此應屬折衷之論也，且因「自信所學」
而「曾不為悟」，亦並非絕對為非者也。明陳汝錡〈甘露園長書四論〉王安石
一，既為新法辨矣。然又云：

> 原介甫所以負當時謗，而貽後世指摘不解者，一則峻逐言者以期於
> 法之必行，而為士大夫所不喜。一則更張無序，……紛紛而為閭里
> 市井所驚疑。重以用事諸臣，推行太過，浸違初旨者，比比有之，
> 此則介甫所不得不任其咎者。〔註18〕

則此亦折衷之論也。清《四庫全書總目提要》「周官新義」條云：

> 安石以《周禮》亂宋，學者類能言之。然《周禮》之不可行於後世，
> 微特人人知之，安石亦未嘗不知也。安石之意，本以宋當積弱之後，
> 而欲濟之以富強；又懼富強之說，必為儒者所排擊。於是附會經義，
> 以鉗儒者之口；實非真信《周禮》為可行。迨其後用之不得人，行
> 之不得其道，百弊叢生，而宋以大壞。

此言安石欲達富強之目的，因懼儒者之排擊，故託《周禮》以行，蓋不得不

〔註15〕同註7，頁180引。
〔註16〕見《河南程氏遺書》第二上，頁28。
〔註17〕同註2。
〔註18〕同註4，頁346。

然矣，則亦爲調和之論矣。

　　上既臚舉十餘家之批評，然僅略述其義而不加論辨者，蓋存其本來面目，以供參考而已。此亦「知人論世之不易易」也。〔註19〕

〔註19〕同註8。

第五章 結 論

　　荊公生於有宋承平日久之後，目睹政治、經濟、軍事、社會、教育，百弊叢生，遂力陳變革之方，其攸關實務之思想者，曰「變風俗，立法度」也。由此開展，遂有王霸論、人才之培育與任用、理財、整軍諸端，其細則前已具論之矣。茲撮其要，約有下列數點：

1. 荊公之辨王霸，以心異之故，斯發揚孟子「尊王賤霸」而有以得之也。
2. 其論人君之修養，偏重聞道、講學、行義，此亦荊公平生所奉行者也。
3. 人才之培育，以經世致用為目的；人才之任用，因其才德，分類而任職，繼之以考績，定其黜陟。而任人之道，以專一事權為先。
4. 人才既足，則可以談變法；變法之迫切需要，因二虜為患於外，府庫空虛於內故也。由是，理財與整軍，乃富強之本矣。
5. 荊公理財之基本觀念，為「因天下之力，以生天下之財，而供天下之費。」其思想源於社會生產者之立場，故雖欲「富國強兵」，而不專以掊克聚斂為務也。
6. 其整軍之最終目的，在於保甲法之實現。蓋保甲者，寓兵於民，民兵合一也。而省兵、置將，其過渡時期之措施也。至若保馬、軍器監二法，蓋由保甲而來也。
7. 學校所以替代科舉而取士者也。故更貢舉法，為學校未全面振興前之權宜措施；而變太學制，則為興學校之開端也。《三經新義》之頒行，為荊公欲發揮其主張之最佳說明，非悉禁異己之論故也。

　　荊公之學術，內之在知命厲節，外之在經世致用，凡平生立身行己，與夫施於有政者，皆其學也。然則，欲成不世之功，為生民立命者，必夙有素

養使然。以此究荊公之哲學思想，而成宇宙論、人性論、人生觀與道德觀三部，前已論之矣。茲撮其要，約有數端：

1. 荊公本其「道以致用」之精神，以無爲釋宇宙，以有爲釋人生。原則上，不放棄老子虛，無之高明境界；而人生態度，則一反老莊放任無爲之教也。

2. 其以「性者情之本，情者性之用。」言性情合一。人之喜怒哀樂好惡欲七者，未發而在於心，謂之性；已發而形於外，謂之情。

3. 對諸家人性論之批評，總括之，其所以主性善、性惡、性善惡混者，乃就情，習而言，故未得乎性之實也。又力闢「性善情惡」之說，而主「性無善惡，情有善惡」也。

4. 由批評諸家人性論，歸向孟子性善說，此則一大轉變期也。由性善出發，復經充、養、復、順性之歷程，其人性論得以完成矣。

5. 荊公以「盡誠以立性」，爲賢者之境界；「盡性以至誠」，爲聖人之境界；而以「性之所固有，神之所自生」含有《中庸》「至誠如神」之意。故聖人盡性以至誠，即可達於神之境界。

6. 其論大人與神聖也，合三種境界而爲一，以聖人貫通之。仍本「道以致用」之精神有以致之也。

7. 修道之序，以「致一以精天下之理，則可以入神」，釋易「一致而百慮」之神之境界。然同時不忘「安身崇德」乃聖人之工夫，以此嚮往「精義入神」之最高境界。

8. 其論仁與智，歸結於「能盡人道，則聖人矣。」而「仁者，聖之次也；知者，仁之次也。」由仁、智以入聖人之境矣。

9. 論惠與勇，主張以義制行，以義斷惠勇；不以「輕與輕死」爲人之所難能，而以輕與輕死斷惠勇。此荊公之特殊見解也。

至於荊公生平部份，因資料繁富，非一二語所可盡，文具於前，故不爲之撮要也。

參考書目

（一）

1. 《王安石全集》，河洛圖書出版社。
2. 《王臨川全集》，世界書局。
3. 《箋註王荊文公詩》，李壁，廣文書局。
4. 《王荊公文鈔》，茅坤，臺灣中華書局。
5. 《王安石詩》，夏敬觀，商務印書館人人文庫。
6. 《王荊公年譜考略》，蔡上翔，洪氏出版社。
7. 《王安石評傳》，柯昌頤，商務印書館。
8. 《王安石》，柯敦伯，商務印書館萬有文庫薈要。
9. 《王荊公》，梁啓超，正中書局（六大政治家內）。
10. 《王安石政略》，熊公哲，商務印書館人人文庫。
11. 《王安石新法研述》，帥鴻勳，正中書局。
12. 《王安石の信仰思想等年譜》，日人東一夫，日本風間書房（附《王安石新法の研究》）
13. *Reform In Sung China*，劉子健，Harvard University Press.

（二）

1. 《十三經注疏》，新文豐出版社。
2. 《四庫全書總目提要》，藝文印書館。
3. 《四書集註》，朱熹，世界書局。
4. 《史記》，司馬遷，藝文印書館。
5. 《宋史》，托克托，鼎文書局。

6. 《續資治通鑑長編》，李燾，世界書局。

7. 《資治通鑑長編紀事本末》，楊仲良，文海出版社。

8. 《新校續資治通鑑》，畢沅，世界書局。

9. 《宋史紀事本末》，陳邦瞻，三民書局。

10. 《宋史質》，王洙，大化書局。

11. 《遼史》，托克托，鼎文書局。

12. 《讀通鑑論》，王夫之，廣文書局。

13. 《宋論》，同前，洪氏出版社。

14. 《宋史》，方豪，中華文化出版事業社。

15. 《廿二史劄記》，趙翼，樂天出版社。

16. 《讀史方輿紀要》，顧祖禹，新興書局。

17. 《貞觀政要》，吳兢，北大書局。

18. 《文獻通考》，馬端臨，商務印書館萬有文庫第二集。

19. 《宋遼金史》，金毓黻，洪氏出版社。

20. 《宋史新探》，蔣復璁，正中書局。

21. 《宋人傳記資料索引》，昌彼得等，鼎文書局。

22. 《宋人軼事彙編》，丁傳靖，商務印書館。

23. 《王安石老子注》，嚴靈峰輯，無求備齋老子集成初編。

24. 《荀子集解》，王先謙，藝文印書館。

25. 《法言義疏》，汪榮寶，世界書局。

26. 《標點本論衡》，王充，學人月刊雜誌社。

27. 《涑水紀聞》，司馬光，世界書局。

28. 《河南程氏遺書》，商務印書館。

29. 《朱子語類輯略》，張伯行，商務印書館人人文庫。

30. 《日知錄》，顧炎武，唯一書業中心。

31. 《宋元學案》，黃宗羲，河洛圖書出版社。

32. 《韓昌黎文集校注》，馬其昶，河洛圖書出版社。

33. 《歐陽文忠公文集》，歐陽修，四部叢刊本。

34. 《司馬文正公傳家集》，司馬光，商務印書館萬有文庫薈要。

35. 《曾鞏全集》，曾鞏，河洛圖書出版社。

36. 《蘇東坡全集》，蘇軾，河洛圖書出版社。

37. 《朱文公文集》，朱熹，四部叢刊本。

38. 《象山全集》，陸九淵，四部叢刊本。

39. 《文定集》，汪應辰，聚珍板叢書本。

40. 《避暑錄話》，葉夢得，商務人人文庫（宋人筆記小說選）。

41. 《苕溪漁隱叢話》，胡仔，世界書局。

42. 《冷齋夜話》，釋惠洪，弘道詩話叢刊本。

43. 《中國哲學史》，馮友蘭。

44. 《中國哲學史》，勞思光，三民書局。

45. 《兩宋思想述評》，陳鐘凡，華世出版社。

46. 《理學綱要》，呂思勉，華世出版社。

47. 《宋儒與佛教》，林科棠，商務印書館國學小叢書。

48. 《宋明理學概述》，錢穆，中華文化出版事業委員會。

49. 《中國哲學思想論集》（宋明篇），牧童出版社。

50. 《中國文化史》，柳詒徵，正中書局。

51. 《中國人性論史》，徐復觀，商務印書館。

52. 《心體與性體》，牟宗三，正中書局。

53. 《中國政治思想史》，陶希聖，全民出版社。

54. 《中國政治思想史》，蕭公權，華岡出版有限公司。

55. 《中國政治思想史》，楊幼炯，商務印書館。

56. 《中國政治思想史綱》，謝扶雅，正中書局。

57. 《宋元政治思想史》，王雲五，商務印書館。

58. 《中國社會政治史》，薩孟武，三民書局。

59. 《中國法治思想》，薩孟武，彥博出版社。

60. 《王安石政治思想之研究》，黃碧端，台大政研所碩士論文。

61. 《王荊公詩探究》，李燕新，高師國研所碩士論文。

（三）參考期刊

1. 〈宋史王安石傳註〉，林瑞翰，《大陸雜誌》二七卷 1-5 期。

2. 〈王荊公的青年時代〉，吳葦，《人生》329 期。

3. 〈王安石著述考〉，于大成，《中央圖書館館刊》新一卷 3 期。

4. 〈王安石曾布與北宋晚期官僚的類型〉，劉子健，《清華學報》二卷 1 期。

5. 〈北宋新舊黨爭與其學術關係〉，雷飛龍，《政大學報》11 期。

6. 〈王安石的性論〉，賀麟，《思想與時代月刊》43 期。

7. 〈論王安石的哲學思想〉，周世輔，《革命思想月刊》七卷 1、2 期。

8. 〈宋代政治思想之大勢〉，汪大華，《政治評論》一九卷 5 期。

9. 〈王安石原過書後〉，楊胤宗，《建設》九卷 12 期。

10. 〈論王安石的政治思想〉，周世輔，《革命思想月刊》七卷 3 期。

11. 〈王安石及其新法綜合分析〉，陳芳草，《現代學苑》五卷 5 期。

12. 〈北宋役法之爭的剖析〉，姚秀彥，《淡江學報》7 期。

13. 〈宋代保甲〉，林瑞翰，《大陸雜誌》二〇卷 7 期。

14. 〈熙寧變法叢考〉，林瑞翰，《中華文化復興月刊》五卷 1 期。

15. 〈論宋代之軍隊〉，方豪，《民生評論》五卷 1 期。

16. 〈王安石變法之功過毀譽〉，魯文，《台灣省立台北圖書館館刊》1 期。